기획의 역사

History of Planning

이병철 지음

UUP

기획의 역사

2011년 12월 23일 **초판 인쇄** ▪ 2011년 12월 30일 **초판 발행** ▪ **지은이** 이병철 ▪ **펴낸이** 이철
▪ **펴낸곳** UUP(울산대학교출판부) 680-749 울산광역시 남구 대학로 93(무거동) 울산대학교 출판부
▪ 전화 (052)259-2488 팩스 (052)277-3011 ▪ **홈페이지** http://uup.ulsan.ac.kr
▪ **출판등록** 제370-1996-000001호(1996.3.13)
▪ ₩ 15,000

ISBN 978.89.7868.265.7 (93350)

머리말

인류가 이 지구상에 존재하면서부터 기획이라는 인간만이 가지고 있는 고등적인 사고의 행태가 존재했을 것으로 믿어진다. 왜냐하면 인간은 생각하는 동물이고 또한 합리적인 생각을 할 수 있는 존재이기 때문이다. 합리적이란 일의 수순을 알고 있을 뿐만 아니라 경제적 용어를 빌리자면 비용과 편익을 비교해 볼 수 있는 다른 말로 하자면 효율성을 가늠할 수 있는 사고력을 의미한다. 따라서 인간은 한정된 자원을 극대화하기 위해 합리적 사고를 통한 배분을 하게 되는데 이러한 과정에서 자연스럽게 기획이라는 개념을 사용하게 되는 것이다.

고고학이나 인류학 또는 역사학 등의 발달에 힘입어 많은 고대 문명들이 발굴되고 연구되어 새로운 사실들이 우리들의 앞에 드러나고 있으며 중세나 근대 그리고 현대도 이에 예외일 수는 없다. 그리고 이러한 문명의 사실들은 역사적인 실에 꿰여 논리적으로 과거의 흐름들을 여과 없이 진솔하게 보여주고 있다.

기획에 관련된 사실들도 이에 예외일 수는 없다. 특히 고대부터 현대까지 많은 문명들의 부침이 있었고 이에 따른 역사적 흐름도 있었다. 이를 살펴보면 기획과 관련된 내용들도 상당수 찾아볼 수 있고 이것을 일관된 역사의 실에 꿰어 본다면 상당한 의미를 가질 수 있는 지적 호기심의 충족을 가질 수 있지 않을까하는 생각을 해보았다.

이러한 생각이 자가발전을 하여 기획에 대한 역사적 변천과정을 책으로 쓰면 어떨까하는 생각을 갖게 되었다. 그래서 이미 2006년에 출판된『행정기획의 역사와 이론』이라는 책에서 이론 부분을 빼고 역사 부분만을 중심으로 하여 새로운 책을 출판하기로 마음을 먹었다. 이를 위해 기존의 집필되어진 원고를 새로운 시각에 맞추어 수정하였으며 역사적 내용이 부족한 부분에 대해서는 새로운 연구를 통해 새롭게 원고를 작성하였다.

특히 책의 앞부분에 나오는 4대 고대문명 시대의 기획, 고대 그리스 시대의 기획, 그리고 고대 로마 시대의 기획으로 정리 된 고대 시대의 기획과 고대 시대의 붕괴와 이에 뒤 이어 나타난 중세시대의 기획 그리고 르네상스 시대의 기획은 완전히 새로운 시각에서 새로운 관련 자료들을 수집하고 집대성하여 새롭게 집필을 하였다.

이렇게 새롭게 구성이 된 고대시대의 기획은 고대 문명이었던 인더스 문명, 이집트 문명, 메소포타미아 문명 그리고 황하 문명을 중심으로 하여 이 시대의 기획 특히 고대 도시 기획을 중심으로 하여 서술을 하였다. 이러한 내용이 제1장 '고대 4대 문명의 기획', 그리고 제2장 '고대 그리스 문명의 기획', 제3장 '고대 로마 문명의 기획'에 서술이 되어졌다.

그리고 고대 로마제국의 멸망으로 인해 빚어진 중세시대를 풍미하는 기획 역시 새롭게 써졌는데 그 내용이 제4장 '중세시대의 기획'에 서술이 되어졌다. 그리고 중세시대에 종지부를 찍게 만든 문예부흥과 종교개혁으로 대변되는 르네상스에 이루어진 기획도 새로이 써졌는데 그 내용 역시 제5장 '르네상스 시대의 기획'에 서술이 되어졌다.

그리고 제6장 '산업혁명시대의 기획'부터 제11장 '한국의 기획'까지는 기획의 역사를 이해하고 변천상을 설명하는데 도움이 되도록 기존의 자료들을 재구성하고 재편집하여 집필을 하였다. 산업혁명 시대부터 나타나는 근대 유럽과 근대 미국의 도시기획의 역사적 변천과정을 현재의 시점까지 서술하였으며, 제정 러시아를 붕괴시키고 탄생한 소련을 기원으로 하는 국가기획의 역사적 변천과정 역시 현재의 시점까지 서술하였다.

이를 장 별로 살펴보면 제6장 '산업혁명시대의 기획'에서는 근대사회를 형성하게 만든 산업혁명시대에 이루어진 여러 가지 도시기획의 변천상을 집필하였으며 제7장 '근대유럽의 기획'에서는 근대 시대에 주요 열강이었던 프랑스, 스페인, 영국, 독일 등에서 이루어진 여러 가지 도시기획의 역사적 변천상과 특히 소련의 국가기획의 발원과 역사적인 변천상을 집필하였으며 제8장 '근대 미국의 기획'에서는 독립 후 미국에서 이루어진 여러 가지 도시기획의 역사적 변천상을 집필하였다.

그리고 제9장 '현대 유럽의 기획'에서는 2차 세계 대전 이후의 현대 시대를 역사적 배경으로 하여 프랑스, 영국, 독일 등에서 이루어진 도시기획과 국가기획의 여러 가지 역사적 변천상을 집필하였다. 그리고 제10장 '현대 미국의 기획'에서는 이 시대 동안 미국에서 이루어진 여러 가지 기획의 역사적 변천상을 집필하였으며 마지막으로 제11장 '한국의 기획'에서는 대한민국 정부수립 이후 한국에서 이루어진 경제계획을 중심으로 하는 국가기획의 역사적 변천상을 집필하였다.

이 저서를 통해 고대부터 현대까지 이루어진 기획의 역사적 흐름을 이해하고 설명할 수 있도록 집필을 하려고 노력하였다.

그러나 본 저서의 내용이 저자의 이러한 의도를 얼마만큼 제대로 반영을 하였는지는 독자들이 판단할 몫이라 생각한다. 부족함이 있다면 많은 지도와 편달을 부탁드리는 바이다.

그리고 집필과정과 출판과정에서 도움을 준 여러 분들에게도 진심으로 따뜻한 감사의 마음을 전하고자 한다.

끝으로 이 책이 발간될 수 있도록 지원을 해 준 울산대학교 학교당국과 좋은 책을 만들기 위해 여러모로 노력을 아끼지 않으신 울산대학교 출판부 관계인 여러분들에게 진심어린 감사의 뜻을 드리고 싶다.

2011년 12월

울산대학교 문수캠퍼스 연구실에서

이 병 철

목 차

제1장
고대 4대 문명의 기획

제1절 고대 인더스 문명의 도시기획

1. 인더스 문명의 두 고대도시 : 하라파와 모헨조다로

네 개의 고대문명 중 하나로 지칭되는 인더스 문명은 인더스 계곡 문명이라고도 불리어진다. 인더스 강이 흐르는 양안의 비옥한 계곡을 중심으로 하여 발전을 한 문명이기 때문이다. 또한 인더스 계곡 문명은 가장 먼저 발굴이 된 것이 하라파(Harappa)였기 때문에 이 지명을 따서 하라파 문명이라고도 불리어지기도 한다. 인더스 문명의 초기 근원에 대해서는 여러 가지 설이 존재하지만 일반적으로 기원전 6,000년경에 메르가르(Mehrgarh)[1)]

1) 메르가르는 기원전 7,000년에서 기원전 3,200년까지 가장 중요한 신석기 고고학적 장소중의 하나이다. 이곳은 파키스탄의 발루치스탄 주의 카치 평원에 있다. 그리고 남아시아에서 농경과 축산의 증거를 지닌 가장 오래된 곳이기도 하다. http://ko.wikipedia.org/wiki/%EB%A9%94%EB%A5%B4%EA%B0%80%EB%A5%B4(2011년 7월 14일)

에서부터 시작이 된 것으로 추정을 하기도 한다.

인더스 문명은 이 용어에서도 나타나고 있지만 인더스 강을 떼어 놓고는 생각할 수 없는 문명이다. 이를 다시 부언하여 설명한다면 인더스 강이 존재했기 때문에 인더스 문명이 존재할 수 있었고 또한 개화할 수 있었다는 의미이다. 그래서 인더스 강을 이 지역의 사람들은 고래로부터 '어머니의 강'이라고 불러왔던 것이다.

인더스 강은 이 지역의 사람들에게 풍부한 식수를 제공해주었을 뿐만 아니라 농사가 가능토록 하는 농업용수를 제공해 주었고 필요한 물자의 운송과 통신을 제공해 줄 수 있었던 것이다. 어머니의 강이라 불리어질 만큼 이 지역의 사람들에게 생명의 젖줄로서의 역할을 충실히 수행하였던 것이다. 바로 이것이 인더스 강을 중심으로 하여 고대 도시가 융성하고 새로운 문명이 개화하게 되는 가장 중요한 동인(動因)이 되었던 것이다.

고대 문명 중 하나로 회자되고 있는 인더스 문명을 대표하는 두개의 오래 된 고대 도시가 있다. 하나는 모헨조다로(Mohenjo-Daro)이고 다른 하나는 하라파이다. 이 두 고대도시는 지금부터 5,000년에서 4,500년 전인 기원전 3,000여 년 경부터 2,500여 년 경에 현재 파키스탄에 위치하고 있는 펀자브(Punjab)와 신드(Sindh) 내의 인더스 강 계곡을 따라 원시적 도시 형태를 띠면서 조성이 되었다.

물론 모헨조다로와 하라파만이 이 지역의 유일한 촌락으로 자리를 잡은 것은 아니었고 대표적인 이 두 도시 이외에 2,000여개의 크고 작은 촌락이 이 강을 중심으로 모여 나름대로의 지역 공동체를 형성해 나갔던 것이다.

2,000여개의 크고 작은 촌락과 더불어 모헨조다로와 하라파

를 중심으로 하여 인더스 문명이 개화를 하던 이 시기는 고고학자나 역사학자들의 주장들에 의하면 유프라테스(Euphrates) 강과 티그리스(Tigris) 강 사이의 비옥한 델타 삼각평원지대에 형성된 고대문명 발상지의 하나인 메소포타미아(Mesopotamia)와 아프리카 나일(Nile) 강 유역에 자리 잡은 고대 이집트(Egypt) 문명이 개화하던 시기와 유사하게 겹치는 것으로 추정이 되고 있다.

모헨조다로와 하라파로 이름 지어지고 있는 두개의 고대도시는 문명의 척도 중 하나로 간주되고 있는 나름대로의 독자적인 기록 체계를 가지면서 다양한 사회 구조와 경제 시스템을 지닌 도시 문명으로 자리매김해 나갔던 것으로 이해되고 있다.

이 두 고대도시 중 먼저 인더스 강 상류에 위치하고 있었던 하라파에 대해 살펴보기로 하자.

이 고대도시는 1924년 존 마셜에 의해 최초로 발굴이 되었다 하며, 기원전 3,300년부터 기원전 1,600년까지 존재했던 것으로 추정을 하고 있으며 주민의 수는 4만 여명에 이르렀고 그 넓이는 약 30만 평방 마일에 해당하는 지역에 걸쳐 있었던 것[2)]으로 추정을 하고 있어 그 시대의 기준으로 볼 때 상당한 규모를 지니고 있는 대도시였던 것으로 믿어진다. 또한 이에 그치지 않고 고유의 문자까지 가지고 이를 바탕으로 하여 기록과 문서를 활용하는 고도의 문명사회였다는 주장도 있다.

이러한 주장이 사실이라면 하라파는 매우 발달된 대단위 도시 문명을 이루었던 것으로 추정할 수 있으며 이러한 것이 가능했던 것은 히말라야에서 발원하여 2,900킬로미터를 흘러 아라비아해로 흐르는 인더스 강이 있었기 때문인 것으로 사료가 된다.

---

2) 게오르그 포이어스타인 외 지음, 정광식 옮김, 『최초의 문명은 고대 인도에서 시작되었다』 (서울: 사군자, 2000), 121쪽.

다음으로 인더스 강 하류에 자리 잡고 발달된 또 다른 고대 도시인 모헨조다로는 2.5제곱킬로미터의 넓이를 가졌다고 주장이 됨으로써 이 지역에서 가장 규모가 큰 도시 중 하나로 평가받고 있다. 특히 발굴된 모헨조다로의 도시체계를 볼 때 현재와 비교해도 전혀 손색이 없는 도시기획이 이루어졌다는 주장이 일반화 되어있다.

그 예로 도로체계가 바둑판식의 격자형 도로로 되어있어 계획도시였음을 손쉽게 알 수 있다는 점이다. 또한 도로의 폭이 11미터나 되었으며 도로 옆의 벽 높이는 10여 미터에 달하는 것으로 볼 때 자연스레 조성된 길과는 완전히 구별되는 인위적으로 그리고 계획적으로 조성된 도로임을 알 수 있게 한다는 점이다. 그리고 발굴된 도시의 규모로 미루어 볼 때 20만 명 정도의 인구가 모여 살았을 것으로 추정이 되어 이 시대 기준으로 볼 때 상당한 규모를 지니는 대도시가 아니었나 싶다.

이 도시를 발굴하고 이를 면밀하게 분석한 학자들의 주장에 의하면 도시계획이 제대로 이루어진 도시답게 이 거대한 도시는 크게 두 개의 구역으로 나뉘어져 있었다 한다. 하나는 성채구역이고 다른 하나는 주거구역이었다고 한다.

우선 성채구역은 커다란 광장이 있었고 이 안에 공공시설물들이 들어서있었으며 종교적 의식을 행하는 신전과 성스런 종교의식을 행하기 전에 몸을 깨끗이 세척할 수 있는 대형목욕탕도 이곳에 있었다고 한다. 특히 대형목욕탕은 현재 발굴되어 나타난 규모로 미루어 짐작할 때 가로가 12미터에 이르고 폭이 7미터에 달하는 크기였다고 하니 가히 그 규모에 놀라움을 금하기 어렵다.

그리고 또 다른 구역인 주거구역은 앞서 설명한 성채구역과는 일정한 거리를 두고 떨어져 위치하게끔 도시계획이 되어져 있었다한다. 주거구역은 앞서 언급하였듯이 격자형의 바둑판식 도로로 구획이 나뉘어져 있었다한다. 그리고 이 지역에서 나는 흙을 구워서 만든 진흙벽돌로 주택 등을 지어 생활하도록 하였으며 주택들은 격자형의 도로변에 면하도록 배열을 하였다한다.

그리고 도로변에 면하도록 주택들을 배열을 하였을 경우 도로와 주거공간이 인접한 관계로 사생활이 침해될 수 있는데 이를 막기 위해 도로변에 면한 벽에 창문을 내지 못하도록 하였다한다. 이러한 조치는 주민들의 사생활을 보호할 수 있도록 하는 배려까지 도시계획에 반영되어 있었음을 의미하는 것으로 이해할 수 있는 것이다.

또한 도시의 핵심 기반 인프라 중 하나인 급수와 배수시설이 현대적 시각으로 보아도 손색이 없을 만큼 잘 마련이 되어있었다한다. 우물이 700여개나 발굴이 된 점으로 미루어 보아 도시가 필요로 하는 급수 량을 충족시킬 수 있었을 것으로 판단을 하고 있다.

그리고 배출하는 물 역시 집밖으로 나와 벽돌로 만들어진 긴 하수도관을 통해 도시의 밖으로 배출을 시키는 체계를 완비함으로써 배수시설도 상당한 수준에 도달하였다는 것을 보여주고 있다. 그리고 이에 그치지 않고 현대적 시각에서 보면 맨홀과 같은 것을 하수도관에 설치를 하여 하수도관을 수시로 검사하고 관리한 점 등을 볼 때 배수시설에 대한 관리 능력도 상당 수준에 도달해 있었음을 보여주고 있다한다.

또한 특기할 점은 모헨조다로가 자급자족적인 폐쇄적 형태의 경제체제를 유지하지 않고 보다 개방적인 형태의 경제체제를 유지하기 위해 무역의 중심지 역할을 수행하면서 도시를 성장시켜 나갔다는 점이다.

모헨조다로는 인더스 문명과 공간적으로 상당히 이격되어 있었던 메소포타미아 문명을 서로 연결시키는 교량 역할을 하였으며 이러한 상호교류를 통해 도시의 성장을 도모해 나갔다.

이러한 문명 간 교역의 중심지로 이러한 도시가 발전해 나가는데 있어서 빼놓을 수 없는 역할을 수행 한 것 중 하나는 이 도시들의 도시계획 중 항구 시설을 구축하려는 노력이 매우 출중했었다는 점이다. 예를 들어 로탈(Lothal)[3]에는 벽돌을 쌓아 조성된 전장 200미터 이상의 부두가 설치되어 있었을 뿐만 아니라, 수문을 조절해서 조수의 높낮이와 관계없이 배에 짐을 실을 수 있도록 하는 시설 들이 만들어져서 활용이 되어졌다는 것이다.

이러한 훌륭한 항구 시설 등에 힘을 입은 이들은 페르시아 만을 거슬러 올라가 메소포타미아 지역까지 교역을 할 수 있었던 것이다. 여기에서 얻어지는 부가 바로 인더스 문명의 상징으로 대변되는 모헨조다로와 하라파의 번영에 밑거름이 되었던 것이다.

2. 자하-하크라(Ghaggar-Hakra) 강의 고대도시 : 돌라비라(Dholavira)

종전까지는 인더스 문명하면 하라파와 모헨조다로라는 두 개의 고대 도시로 대변되는 문명으로 인식을 하고 있었다. 그러나 오랜 전설로만 전해 내려오던 옛 항구도시이며 고대도시인 돌

3) 인도 서부 봄베이 북쪽의 캄베이 만두(灣頭)에 있는 인더스문명의 고대도시로 1950년대와 60년대 초에 대규모로 발굴이 되었다. 도시는 남북을 장축(長軸)으로 하는 직사각형을 이루고 있으며, 전체가 두꺼운 벽으로 둘러싸여 있다. 하라파 또는 그 외에서도 볼 수 있는 성채(城砦)는 두꺼운 성벽으로 다시 구획되어 도시의 남동부에 세워져 있다. 유물로 보아 해상교역을 위한 항도(港都)였을 가능성이 짙다. http://100.naver.com/ 100.nhn?docid=55954(2011년 8월 24일)

라비라가 현재 인도 구자라트(Gujarat) 주에 위치하고 있다는 사실이 발굴을 통해 실제로 드러나게 됨으로써 인식의 변화가 불가피하게 되었다.

물론 도시형체를 알아보기 어려울 정도로 황폐화되어있긴 하지만 어렵사리 발굴이 됨으로써 이러한 인식에 수정이 불가피하게 된 것이다. 돌라비라에서 발굴된 도시 유적과 그 규모로 볼 때 하라파나 모헨조다로와 비교를 해도 결코 뒤지지 않는 고대 도시로서의 면모를 가지고 있었던 것이다.

서부 히말라야 산맥을 원천으로 하는 강으로는 앞에서 이미 언급이 되었던 인더스 강 이외에도 자하-하크라 강[4])을 비롯하여 여러 개의 크고 작은 강들이 있다. 이런 강들 중에 자하-하크라라 불리어지는 강가에서 4,500년 전 계획된 고대 도시로 성장한 문명이 바로 돌라비라 문명이다. 하라파와 모헨조다로가 인더스 강을 모체로 하여 탄생한 문명이라고 본다면 돌라비라는 인더스 강이 아닌 자하-하크라 강을 기반으로 하여 개화된 문명이라 볼 수 있다.

그러나 일부의 학자들은 자하-하크라 강 그 자체보다는 이 지역 주민들이 물을 다루는 지혜로운 기술에 의해 이 문명이 싹 텄다는 주장도 하고 있다. 그러나 이러한 주장 역시 자하-하크라 강이 돌라비라 문명의 원천임을 부정하지는 않는다. 왜냐하면 자하-하크라 강이 없었다면 이러한 도시의 젖줄인 수원을 제공해 줄 수 없었기 때문이다. 또한 물을 다루는 지혜로운 기술도 물이 없으면 아무런 의미가 없기 때문이다.

앞서 일부 학자들이 지적한 물을 다루는 지혜로운 기술은 바

4) 인도와 파키스탄의 접경지역을 우기 때에만 간헐적으로 흐르는 강이다. http://en.wikipedia.org/wiki/Ghaggar-Hakra_River(2011년 8월 24일)

로 저수지를 만들어 이를 활용하는 기술을 의미한다. 발굴이 된 돌라비라의 유적을 살펴보면 규모가 큰 저수지를 만들어 우기에 물을 가두어두었다가 건기에 이를 유효적절하게 활용했던 것으로 보이며 이는 또한 그 당시에 이루어진 도시계획의 한 편린을 읽을 수 있게 하는 것이다.

이를 좀 더 구체적으로 살펴보자면 이 당시의 도시기획가들은 보다 효율적인 급수시설을 마련하기 위해 15미터 정도의 높이를 가진 석벽을 구축하여 빗물을 저장하는 저수지를 만들어 이를 활용했으며 이러한 저수지가 17개나 되었다 한다. 또한 일부에서는 돌로 쌓은 댐의 흔적도 보일 뿐만 아니라, 인공수로를 만들고 이를 통해 저수지로 물을 유도하여 저장시켰음을 알 수 있게 한다.

또한 우기와 건기가 심한 지역적 특성을 고려하여 개발한 것으로 보이는 계단식 우물[5] 등 여러 우물들이 발견되는 것으로 보아 지하수를 활용하는 지혜 역시 대단했음을 보여주고 있다. 재미있는 사실은 이 지역의 주민들이 식수용 물과 목욕용 물을 구분하여 사용한 흔적도 발견이 된다는 점이다.

이러한 급수 시설 못지않게 인더스 강의 하라파나 모헨조다로 등과 같은 다른 고대 도시들처럼 배수시설 역시 잘 구비되어 있었던 것으로 드러나고 있어 놀라움을 던져주고 있다.

이러한 급수시설과 배수시설 등 물을 다루는 그들의 지혜와 솜씨로 미루어 볼 때 이 고대도시는 상당히 풍부한 물을 공급을 받았을 뿐만 아니라 이를 자신들의 삶을 보다 윤택하게 하는데 지혜롭게 활용을 했을 것으로 추정이 되며 이를 바탕으로 문명

5) 우기 때와 건기 때의 우물 수면의 높낮이 차이가 큼을 고려하여 만든 우물로써, 건기에 우물의 수면이 내려가서 물을 푸기 어려운 점을 해소하기 위해 계단을 따라 깊은 곳까지 걸어 내려가서 물을 쉽게 풀 수 있도록 고안되어진 우물을 의미한다.

도시다운 풍요로운 삶을 구가했을 것으로 생각이 든다.

더욱 놀라운 사실은 앞서 언급을 하였듯이 이들이 문명의 핵심인 자기 고유의 문자까지 가지고 있었던 것으로 추정이 된다는 점이다. 돌라비라라는 고대도시에서 출토된 나무판에 새겨진 그림문자들은 아직까지 판독이 되지 않고 있긴 하지만 다수 학자들의 견해는 이것이 문자임이 확실하다는 입장이다.6) 이러한 맥락에서 본다면 이 문명은 문자까지 가진 고도로 발전된 고대 문명이었음에 틀림이 없다고 단정을 해도 지나침이 없을 것이다.

한 가지 특기할 점은 돌라비라가 하라파나 모헨조다로와 같은 다른 인더스 문명의 도시들과 다르게 주택들이 흙이 아닌 돌로 지어졌다는 점이다. 하라파나 모헨조다로의 주택들이 구운 흙벽돌로 지어진 것과 완연한 차이를 드러내는 것이다. 이러한 차이는 지역 토양의 차이에서 기인되는 것으로 볼 수 있다. 하라파나 모헨조다로의 흙은 불로 구워 벽돌로 만들기 쉬운 반면 돌라비라의 토양은 그렇지 못하기 때문인 것으로 추정이 되는 것이다.

어쨌든 고도로 발전된 고대 문명 도시로 성장을 하여 풍요로운 삶을 만들어 가던 돌라비라에도 어두운 먹구름이 드리워졌다. 기원전 1,800년경 기후조건의 변화와 강의 진로가 바뀌면서 자하-하크라 강도 말라버렸던 것이다. 이로 인해 돌라비라라는 도시는 몰락의 길을 걷게 되었던 것이다.

이러한 고대도시 돌라비라의 흥망성쇠를 지켜보면서 물과 도시와의 관계가 얼마나 중요한지 그리고 문명의 근원은 바로 물

---

6) 게오르그 포이어스타인 외 지음, 정광식 옮김, 『최초의 문명은 고대 인도에서 시작되었다』 (서울 : 사군자, 2000), 129쪽.

에 바탕을 두고 있음을 확실히 알 수 있게 되는 것이다. 어쨌든 전설로만 전해 내려오던 돌라비라라는 거대한 고대 도시 유적을 발굴해 냄으로써 인더스 문명의 분포범위를 인도 구자라트 지방까지로 확대시킬 수 있게 되었다는 점은 돌라비라가 우리에게 던져주는 또 다른 의미의 선물이라 볼 수 있다.

3. 인더스 고대 도시 기획의 특성

앞서 살펴 본 하라파나 모헨조다로 그리고 돌라비라 등 인더스문명을 대표하는 여러 고대도시들이 지니고 있는 기획의 특성을 다음과 같이 정리할 수 있을 것이다.

대부분의 고대 도시들이 그러하듯이 강을 따라 체계적으로 계획화 된 도시기획을 하였다는 점이다. 그리고 도로체계가 바둑판식의 격자형 도로로 되어있어 계획도시였음을 손쉽게 알 수 있다는 점이다.

나아가 모헨조다로에서 두드러지게 나타나는 특성이기도 하지만 성채구역과 주거구역 등 도시를 효율적으로 구획 정리를 하여 개발을 하였다는 점이다. 또한 이러한 구획 정리지역에 용도에 맞는 건물들을 계획적으로 효율성 높게 배치를 했다는 것이다. 광장, 공공시설물, 신전, 공중목욕탕, 주택 등이 이러한 용도에 따라 배치가 되었던 것이다.

그리고 도시의 핵심 인프라 중 하나인 급수와 배수시설을 체계적으로 설치하는 도시기획을 마련하였다는 점이다. 우물이나 저수지, 돌로 쌓은 댐, 그리고 인공수로 등의 급수시설과 하수도관을 통한 배수시설이 사전에 체계적으로 준비되어 설치되어졌고 이를 관리하는 체계도 완비되어졌다는 점이다.

또 외부문명과의 교역을 위해 부두나 수문조절 시설 등 항만 시설에 대한 체계적인 도시기획이 병행되어졌다는 점이다.

제2절 고대 메소포타미아 문명의 도시기획

고든 차일드(Gorden Childe)는 열 가지의 기준을 가지고 메소포타미아 시대부터 도시문화가 형성이 되었다고 주장을 하고 있다.[7]

참고적으로 그가 제시하는 열 가지의 기준을 설명하자면 첫째, 도시는 전문적인 작도인(作圖人), 교통운송인, 종교인 등이 살고, 이들은 도시외부의 배후지 농촌으로부터 생산된 농산물에 의존하여 살고 있다는 것이다. 둘째, 도시에는 농촌보다 더 많은 주민과 높은 인구밀도를 갖고 있다는 것이다. 셋째, 위대한 예술품이 도시에서 창조되어 도시로부터 배후지로 전파되고 있다는 것이다. 넷째, 도시문화를 유지하기 위한 각종 예술 문화에 관한 기록들이 도시에서 제일 먼저 존재해 왔다는 것이다. 다섯째, 정확한 예측, 분석 등을 가능하게 하는 기초과학의 학문발달이 도시에서 일어나게 된다는 것이다. 여섯째, 농민들은 도시에 있는 승려에게 세금을 납부하고 도시는 그 세금으로 유지가 된다는 것이다. 일곱째, 도시국가가 형성될 때부터 주민들은 독립된 개개인의 자격으로 도시민이 되어, 도시를 구성한다는 것이다. 여덟째, 도시 내에는 지배 상징으로서 기념비적인 공공건물을 두고 있다는 것이다. 아홉째, 도시는 경제를 유지하기 위해서 외부

---

7) Gorden Childe, *What Happened in History* (Baltimore, Maryland : Penguin Books, 1969), pp.97-120. ; 김원, 『도시행정론』(서울 : 박영사, 1988), 4-5쪽에서 재인용.

(농촌 또는 다른 도시)와의 교역을 한다는 것이다. 그리고 열 번째, 도시 내의 계급적 구조가 전문인과 비전문인 사이에서 형성이 된다는 것이다.[8)]

이러한 열 가지 기준은 다소 자의적이어서 일반화하기에는 무리가 따르는 면이 없지는 않지만, 고대 도시문화의 존재여부를 가늠하는데 유용하게 쓸 수 있는 잣대라고 생각이 된다.

어쨌든 이러한 열 가지 기준을 가지고 판단을 해 볼 때 메소포타미아 시대부터 고대 문화가 싹을 틔웠다고 하는 것이 고든 차일드의 주장이며, 또한 많은 관련 학자들의 일반화 된 주장이다.

우리가 흔히 지금 말하고 있는 도시화(urbanization)라는 개념은 일반적으로 아프리카 북동부지역에 자리를 잡고 있는 나일(Nile) 강 유역과 중동(中東)의 티그리스(Tigris) 강과 유프라테스(Euphrates) 강의 사이에 위치한 비옥한 초승달 지역이라 불리어진 삼각지역, 일반적으로 우리는 이곳을 메소포타미아 평원 지역으로 부르고 있는데 이곳을 중심으로 기원전 4,000년 전에 시작된 것으로 알고 있다.

물론 비옥한 초승달 지역 북부지역에 최초의 원시적인 농업적 촌락이 자리를 잡기 시작한 것은 이것보다 더 오래전인 기원전 9,000년경이라고 내다보는 숌퓨(Virginia Schomp) 같은 학자도 있다.[9)] 그녀는 이 시기부터 농사를 위해 강에서 농지까지 관개수로를 뚫어 물을 공급했다고 주장을 하고 있다. 이러한 주장이 사실이라면 이 당시부터 치수를 위한 계획적인 노력이 경주되어졌음을 알 수 있다.

이들은 계획적이고 체계적인 관개수로 등을 통해 효율적인

---

8) 김원, 『도시행정론』(서울 : 박영사, 1988), 4-5쪽.

9) Virginia Schomp, *Ancient Mesopotamia : The Sumerians, Babylonians, And Assyrians* (New York : Franklin Watts, 2005).

치수관리를 하였고 이러한 노력에 의해 성공적인 농사를 일구어 냈다. 그리고 이들은 이러한 풍요로운 농산물의 풍작을 통해 성장해 나갔으며 이 여세를 몰아 남쪽으로 까지 인구 이동을 통해 세를 불려나갔던 것으로 추정이 된다. 이렇게 해서 기원전 3,500년경에 이르러 메소포타미아 남쪽 지역에 최초의 고대 문명으로 수메르(Sumer)라고 알려진 메소포타미아 문명을 개화시키는 기반을 다지게 되는 것이다.[10)]

수메르는 하나의 단일국가는 아니었으며 독립적인 수많은 여러 도시국가(city-states)들이 연합된 형태의 정치공동체 성격을 띠고 있었다. 수메르 인들은 이 지역에 최초의 고대 도시를 건설하고 문자를 사용하였다. 그리고 조직화된 정부, 종교, 법 등을 개발하였을 뿐만 아니라 과학과 기예 그리고 수학을 발전시켜 활용을 하였다. 특히 천문학 등은 상당한 수준까지 발전이 되었던 것으로 추정이 된다. 그러다가 수메르는 기원전 2,000년경에 멸망을 하고 이를 잇는 두 개의 나라가 들어서는데 바로 바빌로니아(Babylonia)과 아시리아(Assyria)이다.[11)]

이 나라들은 이 지역을 거의 3,000여 년 동안 지배하며 메소포타미아 문명을 성숙시켜 나가게 되는 것이다. 이들의 도시기획의 주축은 건축물들에서 나타나는데 건축물의 대부분이 돌보다는 진흙으로 된 벽돌을 사용하고 있다는 점이 특이하다. 그리고 문명이나 문화의 척도로 인식되는 문자를 발명해서 이것을 진흙으로 만든 판에다가 기록을 했다는 것이다. 주로 정부의 문서나 법문서, 기도문, 상업계약서, 심지어는 개인 사신 등이 이러한 식으로 기록이 되어졌다. 이러한 것을 세계 최초의 문자로 기

10) Virginia Schomp, *Ancient Mesopotamia : The Sumerians, Babylonians, And Assyrians* (New York : Franklin Watts, 2005).

11) *Ibid.*

록된 역사적 유물로 간주하는 학자들도 있다.

이외에 도시기획은 아시리아 인들에 의한 왕국건설에서부터 시작되었던 것으로도 알려지고 있다. 주로 이러한 고대도시들은 외적(外敵)으로부터의 공격에 대항하기 위한 성채(城砦)로써 혹은 주변의 농산물을 거래하기 위한 시장으로써 만들어졌다. 또한 고대도시들은 기원전 4,000년에서 3,000년 시기의 청동기시대에 가내수공업형태의 제조업들이 번성하던 곳이기도 하였다.

이 당시 큰 고대도시의 인구는 3,000명에서 5,000명 정도에 이르렀다 하며[12] 대부분이 계획된 도시였다 한다. 이러한 도시들은 피라미드 형태의 사원이나 별들을 관측하는 건물들을 갖추고 있었다고 하며 도시전체를 에워싸는 성벽을 갖추고 도시 중심에는 사원이나 궁전 그리고 공공건물들이 자리를 잡는 형태로 계획이 되었다 한다. 특히 이것들 중에 유리벽돌(glazed brick reliefs)로 지어진 느부갓네살(Nebuchadnezzar)의 장엄한 궁전이 유명하다.[13]

이러한 형태의 대표적인 고대도시 중의 하나가 바빌론(Babylon)[14]이다. 현재의 이라크 알 히라에 있는 유적 터가 바로 이 도시의 존재를 말해주고 있다. 기원전 2,300년경부터 고대 바빌로니아의 "성스러운 도시"로부터 기원전 612년 신 바빌로니아에 이르기까지 바빌로니아의 중심 도시로 여겨졌으며 또한 가장 위대한 도시로도 여겨졌다. 바빌론은 지리적, 상업적으로 유리한 위치에 있어서 고대 바빌로니아 왕국의 수도이자 중심지로 발전

---

12) Anthony J. Catanese and James C. Snyder (eds.), *Urban Planning*, 2nd ed. (New York : McGraw-Hill Book Company, 1988), p.4.

13) Irving Finkel & Michael Seymour (eds.), *Babylon*, 1st edition (Oxford & New York : Oxford University Press, 2009).

14) 현재의 이라크 수도인 바그다드에서 남쪽으로 55마일(약 80킬로미터) 정도 떨어진 곳에 위치하고 있었다고 한다. *Ibid.*, p.4.

했던 것이다.[15] 바빌론의 공중 정원(the Hanging Gardens)은 고대 세계 7대 불가사의 중의 하나로 여겨지고 있으며 성경에 나오는 바벨탑(the Tower of Babel)의 이야기도 바로 이 고대 도시 바빌론과 연계된 것이다.

바빌론제국의 전성기에는 바빌론의 인구가 10,000여 명을 상회하였다고 하는데 이 정도의 도시인구는 그 당시로는 가장 커다란 대도시에 속하는 것이었다 한다. 바빌론은 오리엔트의 중심도시로서 번영하였다. 기원전 1792년 함무라비(Hammurabi)가 바빌론이라는 도시국가의 왕으로 등극하였다. 그는 이웃국가들을 정복하고 메소포타미아의 새롭게 재통합된 국가체계의 중심에 바빌론을 우뚝 세웠다. 이로써 기원전 18세기 함무라비 대왕의 치세에 힘입어 바빌로니아 제국은 본격적으로 번성하게 되는 것이다.[16]

함무라비 대왕의 사적(事蹟) 중 법전(일명 함무라비 법전이라고 함)의 제정은 세계 3대 법전 중 하나라는 말이 의미하듯이 그 의미가 남다르다고 할 수 있다. 또한 함무라비 대왕은 최초의 건축법을 제정한 것으로도 유명하다. 이외에 함무라비 대왕이 이룩한 치적 중에서 달력이나 도량형의 통일, 아카드어의 보급 등은 매우 중요한 업적으로 간주되고 있다. 이때부터 아카드어는 오리엔트 세계의 공통어로서 널리 사용되었다.[17] 그리고 공통의 문자로서 설형문자(楔形文字 ; cuneiform script)[18]가 사용되었다. 그

15) Joan Oates, *Babylon*, Revised edition (Thames & Hudson, 1986). ; http://ko.wikipedia.org/wiki/%EB%B0%94%EB%B9%8C%EB%A1%A0(2011년8월25일)

16) http://ko.wikipedia.org/wiki/%EB%B0%94%EB%B9%8C%EB%A1%A0(2011년8월25일)

17) http://100.naver.com/100.nhn?docid=61529(2011년 8월 25일)

18) 한자(漢字)와 마찬가지로 그림문자에서 생긴 문자로 기원전 3,000년경부터 약 3,000년간 메소포타미아를 중심으로 고대 오리엔트에서 광범하게 사용된 문자이다. http://100. naver.com/100.nhn?docid=91473(2011년 8월 25일)

러나 함무라비 대왕을 정점으로 하여 그 이후 바빌로니아 제국은 쇠퇴하게 되고 결국 외세의 침략을 받아 무너지게 되는 것이다. 바빌로니아 제국의 멸망이후 그 뒤를 이은 국가가 바로 아시리아이다.

이러한 역사적 흥망성쇠를 보인 대 제국의 편린을 고대 도시기획에서 잘 살펴볼 수가 있다. 그 일단으로 메소포타미아 지역의 우르(Ur) 그리고 우르크(Uruk)와 같은 고대 도시에서 이미 체계적으로 잘 정비된 도로와 수로를 확인할 수 있는 것이다.

우르는 메소포타미아 지역 남부에 수메르 문명이 꽃을 피우던 시기에 세워진 고대 도시이다. 유프라테스 강과 티그리스 강이 페르시아 만으로 흘러들어가는 하구에 위치하였으며 인근에 에리두(Eridu)[19]가 있었다.[20] 현재 이들의 흔적이라고 할 수 있는 유적은 해안선의 상승으로 인해 많은 부분이 사라졌으며 오늘날에는 일부 유적만이 이라크 남부의 텔엘무카야 근처에 남아있다.[21] 벽돌을 사용하여 건축을 하였으며 벽돌을 잇는데 회반죽을 사용한 것으로 유명하다. 기원전 30세기경에 도시로 발전하여 기원전 26세기 때에는 큰 도시를 형성하였다.[22]

우르크는 수메르와 바빌로니아 시대의 고대 도시로, 유프라테스 강 동쪽으로 고대의 닐 수로를 따라 이어지는 습지대에 위치하고 있었다. 우루크의 최전성기 인구는 5만 여명에서 8만 여명에 이르렀다고 하며, 성벽 내의 크기는 6평방킬로미터 정도에 달하는 것으로 당시로서는 가장 큰 도시였다 한다.[23] 현재까지

---

19) 우르의 남서쪽으로 7마일 떨어진 고대도시이다. http://ko.wikipedia.org/wiki/%EC%97%90%EB%A6%AC%EB%91%90(2011년8월25일)
20) http://ko.wikipedia.org/wiki/%EC%9A%B0%EB%A5%B4(2011년8월25일)
21) http://ko.wikipedia.org/wiki/%EC%9A%B0%EB%A5%B4(2011년8월25일)
22) http://ko.wikipedia.org/wiki/%EC%9A%B0%EB%A5%B4(2011년8월25일)
23) http://ko.wikipedia.org/wiki/%EC%9A%B0%EB%A3%A8%ED%81%AC(2011년8월25일)

우루크는 밀집된 인구를 가진 세계 최초의 도시로 알려져 있다. 우루크는 또한 전문 관리, 군인 등으로 계층화된 사회를 이루며 메소포타미아 고대 도시 국가 시대를 열었다.[24)]

제3절 고대 이집트 문명의 도시기획

인더스 강 유역과 메소포타미아에서 고대 도시문명이 번영을 구가할 이 당시에 나일 강 유역을 중심으로 하는 이집트(Egypt)의 문명도 번영을 구가하였다.

고대 이집트문명은 고대 그리스의 철학자이며 역사가였던 헤로도토스(Herodotos)가 말하였듯이 "나일 강은 이집트인들에게 준 선물"이었다. 헤로도토스가 말한 것처럼 만약 나일 강[25)]이 없었다면 결코 고대문명으로서 고대 이집트는 존재할 수 없었을 것이다. 이집트는 현재도 전국토의 95%에 이르는 지역이 풀 한포기 나기 어려운 사막지역이다. 세계에서 두 번째로 긴 강인 나일 강 수계를 따른 일부 지역만이 사람이 생존할 수 있는 녹색지대이다. 이집트 인구 8천만 명의 대부분이 나일 강 유역에 거주하는 것도 이러한 이유 때문이다.

실제로 이집트에 가서 현재의 이 나라의 수도인 카이로(Cairo)를 가보면 카이로 시내와 피라미드(pyramid) 군이 서있는 기자(Giza) 지역이 완연하게 구별이 되는 것을 볼 수 있다. 카이로 시내는 나일 강의 수계 안에 포함되는 관계로 푸름이 넘쳐나는 생태공간인 녹색지대인 반면, 쿠푸(Khufu) 왕릉 등 세 개의 피라미드[26)]

24) http://ko.wikipedia.org/wiki/%EC%9A%B0%EB%A3%A8%ED%81%AC(2011년8월25일)
25) 부룬디의 백나일과 에티오피아의 청나일이 나일 강을 형성하고 있다.
26) 기자의 3대 피라미드는 세계 최대의 건축물로서 쿠푸, 카프레, 멘카우레의 피라미드

가 서 있는 기자 지역은 풀 한포기 없는 완전한 사막지역이다.

그야말로 지척간의 거리를 두고 있을 뿐인데 이와 같이 완연한 차이가 난다. 이것은 순전히 나일 강의 존재 여부에 의해 나타나는 현상인 것이다. 나일 강이 흐르는 곳은 푸름으로 빛나는 비옥한 토양지대이고 나일 강이 흐르지 않는 곳은 푸름과는 상반된 사람이 살 수 없는 척박한 불모지인 사막으로 펼쳐지고 있는 것이다. 이러한 완연한 차이점을 볼 때 고대 이집트 문명이 나일 강의 선물이란 이야기는 결코 과장이 아니라는 사실을 실감할 수 있는 것이다.

과거나 지금이나 나일 강의 범람은 이 지역에 사는 사람들에겐 커다란 신의 축복이었다. 나일 강의 범람은 이 지역을 기름지게 만들었고 이것은 주된 식량원인 밀과 같은 보다 풍부한 농산물을 수확하게 만들었고 보다 많은 어족(魚族) 자원들을 거두어들이게 만들었다. 이러한 풍부한 삶의 먹을거리들이 가능했기에 많은 사람들이 모여들어 삶의 터전을 가꾸어 나갈 수 있었고 그러하였기 때문에 사람들이 거주할 수 있는 대형 공간을 만들 수 있었던 것이다. 그리고 그러한 공간이 만들어질 수 있었기 때문에 또한 문화나 문명이 개화 할 수 있었던 것이다.

또한 나일 강의 범람은 아이러니하게도 측량술과 기하학을 발전시키는데 크게 기여를 하였다. 왜냐하면 나일 강의 범람은 기존에 책정해 놓은 토지경계를 무색하게 만들었고 이에 따른 분쟁을 해결하기 위해선 정확한 토지측량과 이를 가능케 해주는 기하학의 발전을 필요로 하였기 때문이다. 그리고 이에 그치지 않고 나일 강의 범람은 과학적 측정과 관련된 기술도 발전을

를 말한다. 높이는 146.7m에 달하는 쿠푸의 것을 비롯하여 이곳 기자의 3대 피라미드는 약 4,500년 전인 기원전 26세기경에 만들어진 것으로 알려져 있다.『위키페디아 백과사전』 http://ko.wikipedia.org/wiki/(2011년 11월 19일)

시켰다. 그 이유는 농사를 짓는데 있어 농업용수의 정확한 예측과 측정의 역할은 무엇보다 중요하고 긴요한 것이기 때문이다. 따라서 이를 위해 나일 강의 수량을 예측하고 이를 활용할 수 있는 기술의 발전이 필요로 되는바 이를 위해 나일 강의 범람을 예측할 수 있도록 측정해주는 나일로 미터(Nilometer)[27]와 같은 측정기기의 발전 등을 가져왔고 이와 연관된 측정기술들을 발전시킬 수 있었던 것이다.

나일 강의 범람이 가져다 준 축복 중의 하나인 이러한 측량술과 기하학 그리고 측정기술들의 발달은 피라미드와 같은 대형 건축물을 축조하는데 있어 매우 유용한 수단이 되었다. 일찍이 이러한 과학적인 기술들이 발전할 수 없었다면 현재까지 웅장한 피라미드나 거대한 신전들로 대변되는 고대 이집트 문명은 존재할 수가 없었을 것이다.

실제로 고대 이집트 파라오(Pharaoh)왕조에 의해서 기원전 2,500년에서 1,500여 년경에 축조된 피라미드는 우선 규모에 있어서 사람들을 완전히 압도하고 있다. 피라미드의 밑변은 229미터의 정방형으로 되어있고 높이는 147미터나 되며 그 네 개의 모서리는 정확하게 동서남북을 가리키고 있다.[28] GPS와 같은 정확한 위치 측정기가 없던 시대에 과학적인 기하학이 발전되어있지 않았다면 이러한 성과는 기대할 수 없는 것이다.

또한 피라미드 한 개를 축조하는데 2.5톤의 돌덩어리가 대략 230만개 정도 소요되었다고 하는데[29] 이것을 축조하는데 필요

---

27) 나일 강의 수위를 측정하기 위해서 A.D.861년에 이집트 카이로 남부지역에 소재한 로다(Rodah) 섬에 지어진 건축물이다. 네이버 백과사전 ; http://100.naver.com/100.nhn?docid=885017(2011년11월19일)

28) 『앞의 책』, 9쪽.

29) "Pyramid", *Encyclopedia Britannica*, Vol. 18 (London : Britannica, Inc., 1969), p.895.

한 도구인 기중기 같은 것도 없는 상태에서 어떻게 이런 대역사를 해냈는가 하는 것도 의문이지만 그러한 엄청난 돌덩어리들을 한 치의 오차도 없이 쌓아 올릴 수 있었던 측량 및 측정기술들의 발전 정도 역시 그 규모의 웅장함과 맞물려 우리를 더욱 놀라게 만드는 것이다.

또한 나일 강 유역을 중심으로 하여 거대하게 형성된 피라미드 군이나 고대 고분(古墳) 군 등을 살펴보면 이 지역에 살았던 사람들이 이러한 대역사를 가능케 만든 것도 나일 강이 거기에 있었기 때문으로 추정을 해볼 수 있는 것이다. 이렇게 추정해 볼 수 있는 이유는 거대한 피라미드 군과 고대 고분군들을 만들어 내기 위해선 엄청난 양의 건축 자재들이 필요로 되었을 것이고 이러한 건축 자재를 가지고 대역사를 만들어 나갈 수많은 인적 자원들이 필요로 되었을 뿐만 아니라 이러한 자재와 인력을 효율적으로 운송할 수 있는 체계적인 시스템이 필요로 되었을 것이기 때문이다. 바로 이러한 필요에 부응할 수 있었던 것이 나일 강이었을 것이다.

나일 강 상류의 화강암 산지로 유명한 아스완(Aswān)에서 피라미드를 짓는데 필요한 돌을 채석을 하여 나일 강을 이용하여 피라미드 공사현장인 기자 지역으로 운송을 하였듯이 건축자재로 사용될 거대한 돌이나 암석들을 공사 현장과는 상당히 이격되어진 채석장에서 캐내어 이를 공사현장까지 운송을 할 필요가 있었을 것이다. 그리고 공사에 투입될 많은 인적 자원들을 필요 할 때마다 필요한 장소로 운송을 하여야 되었고 또 이들이 생활할 수 있게 하기 위해 막대한 식량을 위시한 생필품 등을 필요한 장소로 운송을 하여야 되었을 것이다. 이러한 이유로 매우 효율적인 운송시스템이 필요로 되었을 것이며 이런 맥락에서 나일 강은 하늘이 내려 준 최상의 운송시스템이었던 것이다.

고대 이집트뿐만 아니라 이 당시의 고대 국가 또는 도시 그리고 문명들에게 있어서 강을 이용하는 수계이용 운송체계는 지금의 고속도로와 비견할 수 있는 것이었다. 나일 강은 이 지역의 주민들이 바라는 바대로 톡톡히 이러한 자신의 역할을 수행하였던 것이다. 그러한 의미에서 나일 강은 이집트에 내려준 하늘의 커다란 선물이었던 것이다.

그리고 고대 이집트인들은 피라미드나 고대 고분과 같은 대역사를 일구어나가는데 필요한 지역과 공사현장을 나일 강으로 서로 연결하는 거대한 운송시스템을 구축하고 공사의 핵심이 되는 지역에 거대한 고대 도시들을 새로이 만들었다. 결국 이렇게 만들어진 고대 도시에 많은 사람들이 모여 생활을 하면서 피라미드와 같은 거대 유적과 유물들을 만들어냈던 것이다.

고대 이집트 문명의 유적이 남아있는 흔적을 나일 강을 따라 더듬어 올라가다 보면 이러한 것이 사실이구나 하는 생각과 마주치게 된다. 나일 강 수계에 있는 거대 유적지 다시 말하자면 거대 도시 군들로는 과거 고대 이집트의 수도였던 지중해에 면한 알렉산드리아(Alexandria)를 비롯하여 카이로, 룩소르(Luxor), 아스완 등을 손꼽을 수 있다.

특히 알렉산드리아는 그리스 북방에 자리 잡은 마케도니아의 정복 왕 알렉산드로스 대왕(Alexander the Great)의 특명에 의해 계획적으로 건설이 된 도시였다. 지중해를 접한 나일 강 유역을 점령한 알렉산드로스 대왕은 나일 강의 어구에 자신이 머릿속으로 기획한 새로운 도시를 건설하게 하였는데 그것이 바로 알렉산드리아이었다고 한다. 이러한 도시생성의 이유로 인해 알렉산드리아는 비록 고대 도시이었기는 하지만 고대 지중해지역에서 첫

손 꼽히는 이상적인 도시기획의 전형을 잘 보여주고 있다.

알렉산드리아와 더불어 번성한 나일 강 수계의 대표적인 고대도시로는 현재 룩소르로 불리어지고 있는 테베(Thebes)를 들 수 있다. 중 왕국의 고대 도시인 테베에서는 전성기에 100만 명이 넘는 인구가 모여 살았다고 하니 그 도시의 거대하고 웅장함을 실감할 수 있다. 그리고 이곳에 자리 잡은 거대한 신전들과 관련 유적들을 살펴볼 때 결코 식언이 아님을 확인할 수 있는 것이다. 앞서 언급한 알렉산드리아, 카이로, 룩소르 등에는 예외 없이 이와 같은 고대 문명의 유적들과 그 흔적들이 완연하게 남아 있어 그 당시의 웅장한 자태를 가감 없이 드러내고 있는 것이다.

이러한 웅대하고 찬란한 고대문명을 일구어내었던 고대 이집트는 강력한 정치체제와 효율적인 행정체제를 가지고 있었던 것으로 알려지고 있다. 태양신을 자처하는 파라오(Pharaoh)를 정점으로 하여 그 밑에 하늘의 뜻을 받들고 주관하는 신관들 그리고 파라오의 명령을 집행하고 주민들의 삶과 관련된 여러 일들을 관장하는 지금으로 말하자면 관료집단을 뜻하는 신료들과 그 아래에서 신료들의 크고 작은 지배를 받는 일반백성들 그리고 맨 아래계층으로 짐승처럼 대우를 받았던 노예들로 구성이 되는 엄격한 계급구조의 사회였다.

이러한 엄격한 계층제적 사회는 현재기준으로 보아도 매우 능률적이었던 것으로 판단이 된다. 상명하복과 특히 보고를 중심으로 하는 의사소통의 체계와 이러한 체계를 상당히 조직적으로 구성하고 관리하는 메커니즘이 잘 운영이 되었던 것이다. 이러한 조직적이고 체계적이며 효율적인 소통체계와 관리운영시스템이 고대 이집트 문명의 상징인 피라미드의 건설을 가능케 하였던 것이다.

또한 강력한 왕권을 행사했던 파라오는 다소 이러한 관료시스템에 비효율성이 있다고 생각할 때는 유능한 관료로 하여금 핵심적인 요직에 자리를 잡어 그릇되게 흐르는 일을 바로 잡을 수 있게 임명을 하였을 뿐만 아니라 능력 있는 관료로 하여금 위임된 여러 직책들을 동시에 수행하도록 권능을 부여하여 다소 비효율적인 관료시스템의 불완전한 부분을 보완하도록 하였다.[30] 이러한 왕권의 행사로 인해 관료시스템은 구조적인 측면에서 뿐만 아니라 기능적인 운영의 측면에서도 완전성을 찾아나갔으며 이러한 것이 결국 고대 이집트 문명을 이루는데 있어 근간이 되었던 것이다.

일반적으로 파라오의 죽음 뒤의 집, 즉 유택으로 알려져 있는 피리미드는 얼마 전까지만 해도 전쟁 등을 통해 획득한 노예들을 동원하여 만들어진 것으로 알려져 왔다. 그러나 최근의 수정된 역사적 시각에 따르자면 노예가 아닌 일반 평민들 즉 백성들을 동원하여 만들어졌다는 사실이다. 그리고 이러한 피라미드의 건축공사를 비롯해 모든 토목공사는 나일 강이 범람했을 때를 잡아 이루어졌다고 하는데 그 이유는 이 시기가 농한기이었기 때문이었다. 농한기인 만큼 백성들을 동원하기가 보다 손쉬웠을 것이다. 그리고 해를 거듭하는 대역사였던 만큼 몇 해를 거듭하면서 공사가 진행된 관계로 농번기 때는 집으로 되돌아와 농사를 짓게 하였다고 한다. 물론 다시 농한기가 닥치면 그땐 대규모 토목공사를 위해 다시 동원이 되었던 것이다.

이러한 관점에서 볼 땐 파라오를 비롯한 신료들이 노예보다 훨씬 부리기 힘든 백성들을 효율적으로 동원하고 이를 관리하

---

30) Edgar N. Gladden, *A History of Public Administration : From the Earliest Times to the Eleventh Century*, Vol.1 (London : Frank Cass and Company Limited, 1972), p.62.

여 거대한 파라미드 구축이라는 역사적 대형 프로젝트를 완성했던 것으로 보이며 그런 점에서 매우 체계적이고 조직적이며 효율적인 관리메커니즘을 가지고 있었던 것으로 평가할 수 있는 것이다.

그리고 이러한 역사에 남을 거대한 대역사를 이루어내기 위해 많은 백성들을 건설현장으로 동원해 내고 이렇게 동원된 백성들의 의식주를 비롯한 여러 생활상의 문제들을 해결시켜주기 위해서는 거대한 도시라는 삶의 보금자리가 필요로 되었을 것이다. 그러나 이미 주지하는바와 같이 바로 그 건설공사의 현장은 열사(熱砂)의 사막이었다. 사람이 살기 어려운 불모지인 사막에서 이러한 삶을 영위시키기 위해서는 사람이 살아갈 수 있는 삶의 조건을 충족시켜 주어야 했다. 그래서 만들어진 것이 피라미드 축성을 위해 필요한 인력과 물자를 공급하고 이들의 삶을 보장해 불 수 있는 보금자리로서의 도시의 건설이 필요했던 것이다.

이렇게 생성된 고대 이집트의 도시이기 때문에 인더스 강 유역의 고대도시나 메소포타미아 지역의 고대 도시 등 다른 여타의 고대 도시들과는 색다른 특징을 가지고 있다. 즉 피라미드 건설과 관련하여 새로운 도시가 만들어졌다가 피라미드 축성이 마무리 단계에 접어들면 도시가 쇠퇴되다가 피라미드 가 완공이 되면 도시가 없어졌다는 것이다.

앞에서도 도시생성의 필요성을 설명하였지만 이해의 편의를 위해 좀 더 부연하여 설명을 한다면 다른 기존의 사막에 자리 잡은 도시들과는 달리 자연적인 오아시스(Oasis)를 근거로 하여 도시가 만들어진 것이 아니라 파라미드를 만들기 위한 목적과 그 필요로 만들어진 도시이기 때문에 공사가 다 마쳐지면 더 이상 그 도시가 필요로 되지도 않았고 사막 한 가운데서 도시를 유지하는데도 너무 높은 비용이 요구된 탓으로 도시가 지속될 수도 없었기 때문이다. 또한 피라미드 건설 공사에 동원된 백성들은 모두 귀향을 하기 때문에 더 이상 힘들여 도시를 유지해야 할 필요성도 없었던 것이다.

이와 밀접하게 연관된 예를 하나 들면 오래된 고대 도시 중에 하나인 카운(Kahun)[31]도 그러했다한다. 거대한 피라미드를 축성하기 위해 많은 인부들과 장인들이 운집하는 도시가 만들어졌는데 그 인구가 한 때는 20,000명에 달했다고 한다. 그러나 카운은 영구도시로 번성해 나가지 못하고 피라미드 공사가 완료되면서 도시로서의 운명을 다하고 버려졌다고 한다.[32] 3대 피라미드로 세계적으로 유명한 기자 역시 이와 똑같은 운명을 맞이한 피라미드 건설을 위한 고대 도시에 불과했던 것이다. 이러한 관점에서 볼 때 고대 이집트의 도시들은 피라미드나 대규모 건축토목 공사와 밀접히 연관된 도시의 특성을 갖는다고 이야기 할 수 있는 것이다.

이미 앞서 간단히 언급이 되었지만 고대 이집트의 상징이라 칭할 수 있는 파라오는 절대적인 권력을 장악한 신적 존재였다. 그는 지존의 존재였고 만백성으로 하여금 태양신으로 추앙이 되었다. 그의 권위는 누구도 넘볼 수 없는 절대적인 것이었다. 그의 이러한 절대 권위아래 신료들이 존재를 하였고 파라오에 의해 임명된 이들은 파라오의 신임 속에 충성스런 존재로 남아 있었다. 현재 이 당시의 이집트의 관료인 신료들에 대해선 많은 기록이 남아있지 않다. 그러나 예측컨대 파라오의 절대적인 신

31) 현재 아스완댐이 있는 상 나일 강에 위치하고 있었다 한다.
32) Anthony J. Catanese and James C. Snyder (eds.), *op. cit.*, p.4.

임과 이를 통한 엄청난 부와 권세를 앞세우면서 화려한 생활을 했던 것으로 믿어지며 그들이 운영했던 관료제적 시스템은 매우 효율적으로 운영이 되었을 것으로 판단이 되는 것이다.

그렇게 보는 이유는 신료들의 삶의 편린을 엿볼 수 있는 고대 고분들이 많이 발견이 되어 발굴이 되었고 이러한 발굴조사에 참여한 학자들의 분석결과가 공표가 되었기 때문이다. 이러한 조사결과 중 특히 룩소르 지역에 소재한 '왕가의 계곡'(Valley of the Kings)에서 발굴된 왕들과 인근의 사자(死者)의 도시 네크로폴리스(Necropolis)에서 발굴 된 신료들인 고관대작들의 지하 고분을 살펴보고 분석한 자료들이 이러한 사실을 보다 더 명약관화하게 대변해주고 있는 것이다.

이 고분안의 벽화들이 아직도 그 당시의 색을 유지하면서 잘 보존이 되고 있는데, 이렇게 형상을 그대로 유지하고 있는 벽화에 그려진 여러 그림들과 고대 이집트 상형문자들을 해독해 보면 그들의 삶이 어떠하였고 그들의 권세와 그리고 그들이 누렸을 부귀영화와 그들이 어떻게 백성들을 다스리고 나라를 관리해나갔는지를 미루어 짐작할 수 있게 해준다.

예를 들어 중세 이집트 왕국 시대의 수도였으며 고대 도시의 하나였던 테베에 인근 한 네크로폴리스(Necropolis)에서 발굴 된 라후미라나 멘나(Menna)[33]의 무덤 벽화에 그려져 있는 세금을 징수하는 내용을 담은 그림들은 그 당시 세금이라는 제도가 존재를 하였으며 이를 집행하는 세무공무원들 속칭 세리(稅吏)들이 존재를 했고 이들이 매우 효율적으로 세금을 징수하였으며 만약 세금징수에 불응하거나 세금을 납부하지 못하는 사람들이

33) 묘주 멘나는 투트메스 4세(Thutmes IV) 치하의 경지관리관이었다고 한다. 직책으로 볼 때 그는 파라오의 전답을 관리하던 귀족이었던 것이다. 네이버 지식사전 ; http://terms.naver.com/entry.nhn?docId=260355(2011년11월19일)

있을 경우, 어떻게 대처를 하였는가 하는 것들을 자세히 알 수 있는 정보를 제공하고 있는 것이다.

그리고 부장물로 쏟아져 나온 여러 유물들을 보아도 그들이 자신들이 축적한 부를 통해 얼마만큼 화려한 생활을 했는지를 알 수 있다. 이러한 고대 무덤들을 통해 비록 그들에 관한 기록이 부족하다해도 그들의 삶의 편린뿐만 아니라 그들이 어떠한 정치 및 행정시스템 속에서 어떠한 정치와 행정행위를 했는가를 알 수 있게 해주는 것이다.

그리고 피라미드 이외에 웅장한 자태를 뽐내고 있는 룩소르 신전과 카르나크(Karnak) 신전[34] 등 여러 신전들을 둘러보아도 그들이 얼마나한 권한을 가지고 백성들을 관리하여 이렇게 거대한 역사적 유물들을 만들어냈는가 하는 것을 보면 그들의 역할과 기능을 충분히 이해하게 되는 것이다.

흔하지는 않지만 그런대로 해독이 되어 전해 내려오는 파피루스(papyrus)[35]나 벽화 그리고 돌이나 암석 등에 기재된 기록물이나 실제로 유물이나 유적으로 발굴이 되어 그 시대를 실증적으로 대변해 주고 있는 여러 역사적 사실과 자료들을 접해 볼 때 고대 이집트는 현재와 비교를 해도 전혀 손색이 없는 통치 시스템과 효율적인 행정관료 시스템을 가지고 있었던 것으로 판단

34) 이들 카르나크 신전군은 운하에 의해서 나일 강과 연결되어 있으며, 룩소르 신전과는 인두(人頭)의 스핑크스 참도로 연결되었다. 네이버 지식사전 ; http://terms.naver.com/ entry.nhn?docId=631157(2011년11월19일)

35) 파피루스는 나일 강에서 자라는 갈대의 일종으로 이것을 잘게 썰어 물기를 제거한 다음 말려서 여러 겹으로 포개어 지금의 종이처럼 사용을 하였다. 어떻게 보면 현재 종이의 전신으로 볼 수도 있을 것이다. 그래서 파피루스는 나일 강의 선물이라고 회자되기도 한다. 파피루스로 인해 소통을 보다 원활하게 할 수 있었고 이에 힘입어 고대 이집트 문명이 개화되고 발전할 수 있었기 때문에 파피루스의 발명이 고대 이집트 문명을 가능케 하고 인류문명발전에 기여를 하였다고 평가를 하고 있는 것이다.

이 되며 나아가 이러한 시스템과 이를 효율적으로 운영할 수 있는 관리능력을 통해 거대 유물과 유적들을 만들어냈고 이를 위해 거대한 고대 도시들을 계획적으로 만들어 내었음을 알 수 있게 되는 것이다.

고대 이집트는 앞서 언급하였듯이 나일 강의 선물이기도 하지만 이러한 나일 강을 효율적으로 활용하고 이를 지배했던 것은 바로 고대 이집트인들이었으며 이들은 매우 효율적인 통치 시스템과 행정시스템에 힘입어 역사에 남을 대역사를 일구어냈던 것이다. 어떻게 보면 고대 이집트 문명의 핵심은 바로 확고부동하게 자리 잡았던 절대왕권과 이에 철저하게 충성하는 효율적인 관료집단이 주축이 된 조직적인 시스템에 의해 이루어졌다고 해도 과언이 아니다. 그리고 나일 강 수계에 자리 잡고 있는 효율성을 지니며 계획적으로 만들어진 새로운 도시체계가 이 당시 기준으로 볼 때 어마어마한 숫자의 인력과 물자 및 물동량을 소화시켜서 피라미드 등의 대형 공사에 참여할 수 있도록 지원할 수 있었던 것이다.

자연의 천혜적인 조건과 이러한 주어진 천혜적인 조건을 지혜롭고 슬기롭게 운영을 한 고대 이집트인들이 있었기에 고대 이집트 문명이 개화할 수 있었고 지금까지 전래되어 내려 올 수 있었던 것이다.

제4절 고대 황하 문명의 도시기획

인더스 강 유역과 메소포타미아 지역 그리고 나일 강 수계에 자리 잡은 이집트 문명과 엇비슷한 시기에 중국의 황하 지역에도 고대 문명이 싹을 틔우고 있었다. 황하 문명의 터전을 마련해 준 황하는 칭하이 성의 쿤룬산맥에서 발원하여 5,465킬로미터를 흘러 동쪽 보하이 만으로 흘러 들어가는 세계적인 강이다.

바로 이러한 황하 중류 지역에서 5,000여 년 전 신석기 문화가 태동을 하였다. 지금은 사람이 살기에 부적합한 황량한 황토지대지만 그 당시는 황하가 흘러 비옥한 곳이었다 한다. 그래서 고대 문명이 일어날 수 있는 조건을 갖출 수 있었다는 것이다. 이러한 추론의 당위성은 허난성(河南省) 소재 안양(安陽)에서 은(殷)나라의 갑골(甲骨)문자가 발견됨으로써 사실로써 입증이 되었다. 안양은 이 당시 은나라의 수도 샤오툰(小屯)이었으며[36] 바로 이곳에서 갑골문자를 발견한 것이다.[37] 갑골문자는 거북의 등이나 여러 종류의 동물 뼈 위에 문자를 새긴 것으로 이를 불에 넣고 태우면서 글자의 형상 변화를 보고 길흉화복을 점치는 주술적 수단으로 사용이 되어졌다고 한다. 이 갑골문자를 문화사적으로 중요하게 보는 이유는 이것이 진화하여 중국의 고유문자인 한자의 근간을 이루었기 때문이다.[38]

이러한 문자를 가진 신석기 문화라는 점에서 문명의 발원을 입증하는 것이고 또한 시기적으로 볼 때 다른 3대 고대 문명에

---

36) 샤오툰은 은(殷)나라의 도읍지 유적, 즉 은허(殷墟)가 있는 곳으로 유명하다. 『네이버 백과사전』 ; http://100.naver.com/100.nhn?docid=88724

37) 인쉬(은허)에서 15만 조각이 넘는 갑골문이 발굴되었다 한다. 우물처럼 생긴 YH127 갱에선 한꺼번에 1만7천56조각의 갑골이 나왔다 한다. http://www.busanilbo.com/news2000/html/2008/0717/060020080717.1023084258.html

38) 갑골 문자는 상형 문자이며, 이것은 한자의 초기 형태에 해당 된다.

뒤지지 않기 때문에 황하문명도 고대 문명의 하나로 보게 되는 것이다. 은나라는 번성을 거듭하여 지금의 쓰촨성 청두(성도)까지 세력을 넓혔다 한다.

이렇게 번성했던 황하 문명의 거점 도시들을 살펴보면 상당한 수준의 도시 기획이 이루어졌음을 알 수 있다는 것이다. 중국 허난성 안양현 샤오툰 부락 부근에 있던 고대 은(殷)나라 왕조의 도읍지인 인쉬(殷墟)를 살펴보면 면적은 대략 24제곱미터에 달하였던 것으로 추정이 되며 사람이 살았던 것으로 추정이 되는 집터나 무덤 터, 그리고 은나라를 다스렸던 공공건물터로서 왕궁의 터가 발굴이 되었다. 특히 왕궁이 위치한 곳을 살펴보면 그저 아무런 생각이 없이 왕궁 터를 잡은 것이 아니라 S자 형태로 강이 휘돌아가는 가운데에 위치를 하게 하여 강이 자연스럽게 천연 해자의 역할을 하도록 하였다. 왕궁의 방어까지 고려한 계획적인 위치 선정이었던 것을 알 수 있다.

이러한 발굴된 고대 도시의 유적 터를 근거로 하여 살펴 볼 때 계획적인 도시로서 설계가 된 도시이며 이에 따라 도시기반 시설 등이 제대로 갖추어져 있어서 사람들이 생활하는데 커다란 어려움이 없었던 도시였던 것으로 추정이 되고 있다. 인더스 지역이나 메소포타미아 지역 그리고 중국 등 아시아지역의 도시기획 가들이 세계의 도시기획에 원조(元祖)를 이루었다는 점은 잘 알려지지 않은 사실이기도 하지만 이러한 관점에서 볼 때 이것은 부인하기 어려운 엄연한 사실 이었던 것이다.

또한 이러한 도시기획과는 별도로 농업에 전적으로 의존했던 이 당시의 고대 중국에서 대 풍작을 이루었을 때 이를 낭비하지 않고 잉여농산물로 최대한 비축하여 두었다가 차후에 계속해서 흉작과 기근이 발생하였을 때 이미 비축된 양곡으로 빈민을 구

제하였던 일은 이 시대에도 체계적인 구휼정책과 기획 적 행정 개념이 존재하였음을 알게 하는 것이다.39)

앞에서 잠깐 언급하였듯이 이러한 효율적이고 체계적인 관료 조직 메커니즘을 통한 이집트에서의 피라미드의 축조나 이를 가까운 거리에서 지원하기 위한 도시건설과 관련 된 기획, 그리고 중국 최초의 통일 국가였던 진(秦)나라에서의 만리장성의 축성 그리고 최근 윤곽을 드러내고 있는 진시황 능(秦始皇陵)의 축조 등과 같은 역사적인 대 역사(大役事)에서도 신속, 정확한 보고 체계나 조직화된 협동체계 와 함께 이러한 대 역사를 체계적으로 기획하고 이를 계획적으로 건설해 나간 기획의 편린과 흔적을 읽을 수 있는 것이다.

앞서 고대 이집트의 피라미드에 대해 언급을 하였지만 고대 중국 진나라 시대에 축성이 되어 진 만리장성(萬里長城) 역시 규모에 있어서 압권을 이룬다. 성의 높이가 6미터에서 9미터에 이르고 두께가 4.5미터이며 길이가 2,400킬로미터에 이르는 장성으로써, 말 그대로 엄청난 규모를 자랑하는 성이다.40) 4대 고대 문명의 발생과 번성의 시기보다는 다소 늦은 시점인 기원전 770년부터 명조에 이르기까지 2천년에 걸쳐 축성된 각지의 만리장성은 서로 연결될 경우에 지구 둘레를 한 바퀴 돌고도 남음이 있다 한다.41)

또한 진시황42)에 의해 축조된 진시황 능 역시 세계 10대 수수

---

39) 김형렬, 『정책학』 (서울 : 법문사, 2000), 10쪽.

40) 김형렬, 『앞의 책』, 10쪽. 진시황 이후 중국 역대 왕조들은 만리장성을 증축하여 지금은 길이가 약 6,000여㎞에 달한다고 알려져 있다.

41) 『앞의 책』, 10쪽.

42) 진시황은 기원전 221년 전국시대 한·위·조·초·연·제나라 등 6국을 물리치고 중국을 처음으로 통일한 절대 권력자이었다. 그는 시안에 도읍을 정하고 군현(郡縣)제도를 시행하여 중국 최초의 중앙집권체제 왕국을 건설하였다. 북부지역 오랑캐의 침략을 막기 위해 만리장성을 축성하였고 도량형과 화폐를 통일하는 등 치세에 열을 올리

께끼 중의 하나라고 일컬어질 만큼 규모나 호화(豪華)스러움에 있어서 놀라서 벌린 입을 다물지 못하게 한다. 산시(陜西)성 시안(西安)에 위치한 이 황 능은 사람의 시신을 안치한 능이라기보다는 하나의 거대한 지하도시라고 함이 더 옳은 표현일지 모른다. 전체면적이 2 제곱킬로미터 (60여만 평)에 달하고, 지하 4층의 거대한 궁전으로 되어 있으며 묘역 안팎에는 내성(內城)과 외성(外城)을 쌓아 당시 도읍지인 시안의 모습을 그대로 담고 있으며 묘역 외 성곽 길이만 12 킬로미터에 달한다. 그리고 편전과 부장묘도 설치하여 그 규모의 웅대함을 배가시키고 있다.

그리고 진시황 능에서 동쪽으로 1.5㎞ 떨어진 곳에서 발견된 병마용 1호 갱에서 발견된 횡대와 종대로 늘어선 6,000여 개 이상의 흙으로 빚은 6척 장신의 토용(土俑)과 병마 용들은 조각의 섬세성과 외모와 표정이 하나도 똑같은 것이 없을 만큼 정교하고 차별화 되어있다. 아직 발굴이 제대로 이루어지지 못한 병마용 2호 갱[43]과 병마용 3호 갱[44]이 앞으로 발굴 작업을 모두 마치고 세상에 그 전모를 모두 드러내게 되면 그 규모의 웅대함과 찬란한 고대 문화의 실상들을 보다 더 자세하게 알게 될 것으로 기대가 된다.

기도 하였으나 실정 중에 하나로 대변되는 분서갱유(焚書坑儒)사건을 일으키기도 한 장본인이기도 하였다. 그는 통일 11년만인 기원전 210년에 사망하였으며 그가 이룩한 중국 최초의 통일국가는 202년 농민반란으로 멸망하고 뒤이어 한(漢)나라가 들어서게 된다.

43) 현재 발굴된 자료에 입각하여 추론을 하면 이 갱은 기마군단을 상징하여 축조된 것으로 사료가 된다. 그렇게 보는 이유는 이곳에 흙으로 빚은 많은 전투용 군마들이 발견되고 있기 때문이다.

44) 이 갱은 현재 발굴된 자료에 입각하여 추론을 하면 진시황을 지키는 보병과 기병을 총괄하고 지휘하는 지휘부를 상징하여 축조한 것으로 사료가 된다. 그렇게 보는 이유는 이곳에 흙으로 빚은 많은 병사들이 있는데 이들의 복식을 보면 1호 갱과 달리 전투복인 갑옷을 입지 않고 지체가 높은 사람들이 입었던 평상복을 입고 있다는 점 때문이다.

이와 같이 중국의 황하 문명은 중국 문화 발전의 기틀을 마련해 주었을 뿐만 아니라 나아가 계획적인 도시 발달의 기원을 제공해 주었다고 평가할 수 있다.

::참고문헌

게오르그 포이어스타인 외 지음, 정광식 옮김. (2000).『최초의 문명은 고대 인도에서 시작되었다』, 서울 : 사군자.

김원. (1988).『도시행정론』, 서울 : 박영사.

김형렬. (2000).『정책학』, 서울 : 법문사.

『네이버 백과사전』

Catanese, Anthony J. and James C. Snyder (eds.). (1988). *Urban Planning*, 2nd ed., New York : McGraw-Hill Book Company.

Childe, Gorden. (1969). *What Happened in History*, Baltimore, Maryland : Penguin Books.

Finkel, Irving & Michael Seymour (eds). (2009). *Babylon*, 1st edition, Oxford & New York : Oxford University Press.

Oates, Joan. (1986). *Babylon*, Revised edition, Thames & Hudson.

"Pyramid". (1969). *Encyclopedia Britannica*, Vol.18, London : Britannica, Inc.

Schomp, Virginia. (2005). *Ancient Mesopotamia : The Sumerians, Babylonians, and Assyrians*, New York : Franklin Watts.

http://en.wikipedia.org/wiki/Ghaggar-Hakra_River

http://ko.wikipedia.org/wiki/%EB%A9%94%EB%A5%B4%EA%B0%80%EB%A5%B4

http://ko.wikipedia.org/wiki/%EB%B0%94%EB%B9%8C%EB%A1%A0
http://ko.wikipedia.org/wiki/%EC%97%90%EB%A6%AC%EB%91%90
http://ko.wikipedia.org/wiki/%EC%9A%B0%EB%A5%B4
http://ko.wikipedia.org/wiki/%EC%9A%B0%EB%A3%A8%ED%81%AC
http://www.busanilbo.com/news2000/html/2008/0717/060020080717.1023084258.html
http://100.naver.com/100.nhn?docid=55954
http://100.naver.com/100.nhn?docid=61529
http://100.naver.com/100.nhn?docid=88724
http://100.naver.com/100.nhn?docid=91473

제2장

고대 그리스 문명의 기획

고대 그리스 도시기획을 집대성하고 이를 실천에 옮기는데는 도시기획에 대한 아이디어를 가진 철학자들의 혜안과 도시기획에 대한 안목과 건축 토목에 대한 지식을 가진 건축가들의 노력이 조화롭게 어우러진 결과였다. 따라서 이곳에서는 고대 그리스의 도시기획 발전을 논하는데 있어 빼놓을 수 없는 대표적인 건축가인 히포다마스(Hippodamus)와 철학자인 플라톤(Plato)과 아리스토텔레스(Aristotle)를 중심으로 하여 고대 로마의 도시기획 그리고 더 나아가 서구의 도시기획에 커다란 영향을 끼쳤던 고대 그리스의 도시기획에 대해 살펴보고자 한다.

많은 세월이 흘러온 지금까지 도시와 도시에 세워진 건물들과 관련된 많은 역사적 자료들이 발굴되고 해석이 되긴 했지만 아직도 고대 도시기획에 대한 이론들은 제한적이라 볼 수 있다. 고대 그리스 밀레토스(Miletos)의 히포다마스(Hippodamus)가 최초의 도시 기획가로서 그 이름이 역사적으로 기록이 된 기원전

5세기 까진 고대 도시기획에 대한 이론은 불모지나 다름이 없었고, 이러한 그 당시의 사정을 고려해 본다면 분명 그는 도시기획의 창안자 또는 도시기획의 아버지라고 볼 수 있는 것이다.1)

도시기획가들에 대한 기록이 그렇게 많지 않았음에도 불구하고 고대 그리스의 플라톤이나 아리스토텔레스 같은 철학자들이 도시 기획과 관련되어 많이 언급이 되고 회자되고 있다. 전해 내려오는 관련 역사적 문헌들을 살펴보자면 그 당시의 철학자들은 도시의 형태 등에 대해 많은 숙고를 했던 것이 분명하다. 플라톤이나 아리스토텔레스가 이 문제에 대해 고민을 했던 글들과 그들의 철학적 사색이 낳은 결과들을 보면 이들의 이 문제에 대한 철학적 사유가 도시기획과 밀접한 관련성을 가지고 있음을 알 수 있게 한다.

플라톤은 사원들이 아고라 주변에 위치해야 한다고 주장하고 있다. 그리고 도시가 가지고 있는 순결성을 유지하기 위해 사원은 도시를 원처럼 둘러싸듯이 하여 위치해야 한다고 충고하고 있다. 그리고 행정부서와 사법부는 너무나 신성한 것이기 때문에 사원과 근접한 곳에 위치를 시켜야 한다고 충고를 한다. 그리고 시민들의 삶의 터전인 주택들은 유사시 성벽처럼 기능할 수 있도록 조성이 되어져야 하며 교통체계의 소통 원활화를 위해 도로와 면하게 설계되어져야 한다고 충고를 한다.2)

철학자인 아리스토텔레스의 충고는 플라톤보다 더 구체적이고 종합적이다. 그는 시민의 건강과 정치적, 군사적 안녕이 도시기획에서 가장 먼저 고려해야 할 중요 요소라는 점을 분명히 하고 있다. 그러나 도시 방어적 관점에서 시민의 안녕과 직결되는

1) E. J. Owens, *The City in the Greek and Roman World*, Reprint edition (New York : Routledge, 1992), p.4. ; http://en.wikipedia.org/wiki/Hippodamus_of_Miletus
2) *Ibid.*, p.4.

성벽을 쌓는 문제에 있어선 플라톤과 입장을 달리하고 있다. 또한 도시의 입지를 선정하는데 있어 물을 필수적 요인 중에 하나로 반드시 고려해야 한다는 점도 강조하고 있다.[3)]

생각은 다소 다른 면이 없지 않지만 플라톤과 아리스토텔레스는 이상적인 도시국가를 정립하는데 있어 이론적이고 사회학적이고 도덕적인 개념에 대해 많은 관심을 가지고 있는 점은 서로 일치한다. 그리고 도시기획가들이 참고해야 할 요인들, 즉 건물의 위치나 방향, 시민들의 안녕을 위한 도시의 방어, 시민들의 건강, 도시와 건물들의 심미적 배려 등에 대한 전반적인 고려사항들을 제시하고 있는 점도 서로 일치한다.[4)]

그리스뿐만 아니라 뒤에 살펴보게 될 로마에 있어서도 이와 관련된 많은 연구기록들이 있다. 특히 비투르비우스(Marcus Vitruvius Pollio)의 도시기획과 관련된 연구결과를 담은 저작은 매우 유용한 연구기록이다. 이 기록을 통해 비투르비우스는 도시기획의 중요성을 강조하였다.[5)] 또한 프론티누스(Sextus Julius Frontinus)가 내놓은 로마로의 물 공급에 대한 연구결과물도 매우 유용하다. 그리고 그리스의 명의인 히포크라테스(Hippocrates)는 도로의 배치가 시민들의 건강과 밀접한 관련이 있다고 생각을 했기 때문에 도시기획을 할 때 도로의 배치에 유념을 할 것을 충고하고 있다.[6)]

그리스나 로마의 많은 도시기획가들은 도시의 방어와 지속적인 물 공급을 가능케 하는 자연적 조건을 중시하고 이를 활용하려 하였으며, 실제적이고 실용적인 관점에 근거하여 도시계획

---

3) *Ibid.*, p.4.
4) *Ibid.*, p.5.
5) *Ibid.*, p.6.
6) *Ibid.*, p.5.

을 짜려고 했다. 그리스와 로마 시대의 도시기획의 표준적 모델은 뒤에서 자세히 살펴 볼 기회가 있겠지만 '히포다마스 식 격자형 모형'(Hippodamian gridded city model)이었다. 이모형이 최초로 사용이 된 것은 5세기 중반에 그리스 아티키 주의 한 도시로 아테네 도시 지역의 일부를 구성했던 항구도시 피레아스(Peiraeus)이었다.[7] 이 후 이모형은 그리스와 로마의 도시기획에 폭넓게 사용이 되었다.

그러나 이모형이 모든 것을 다 대변해 주는 것은 아니다. 도시기획은 보다 더 많은 것을 필요로 하였다. 도시기획가의 목적은 시민들에게 물질적인 풍요를 제공함에 의해 또한 심미적이고 가시적인 안락과 쾌적함을 주는 도시환경을 만들어냄에 의해 도시생활의 조건을 개선하고 개량하려고 하는 것이다.[8]

우선 히포다마스의 도시기획과 관련된 내용을 살펴 본 후 플라톤과 아리스토텔레스의 도시기획과 관련된 내용을 보다 더 구체적으로 살펴보기로 하자.

제1절 히포다마스의 도시기획

지금까지 도시와 도시에 세워진 건물들과 관련된 많은 역사적 자료들이 발굴되고 해석이 되긴 했지만 아직도 고대시대의 도시기획에 대한 이론들은 제한적이라고 볼 수 있다. 앞서 살펴보고 언급하였지만 고대 그리스의 대표적인 건축가인 히포다마

7) http://en.wikipedia.org/wiki/Peiraeus

8) E. J. Owens, *The City in the Greek and Roman World*, Reprint edition (New York : Routledge, 1992), p.6.

스가 최초의 도시 기획가로서 그 이름이 역사적으로 기록이 된 기원전 5세기 까진 고대 도시기획에 대한 이론은 불모지나 다름이 없는 형편이었다. 이러한 그 당시의 사정을 고려해 볼 때 그를 도시기획의 창안자 또는 도시기획의 아버지로 부르는 것은 어쩌면 자연스러운 일로 받아들여진다.[9)]

히포다마스는 기원전 5세기 경 고대 그리스 아나톨리아 서부 해안에 있던 이오니아의 도시였던 밀레토스(Miletos)에서 태어났고 이곳에서 살았다. 아리스토텔레스(Aristoteles)가 전하는 말에 따르자면, 그는 도시기획에 있어서 선구자이고 개척자였던 모양이다. 그는 일만 여명의 자유남성시민을 위시해 여성시민, 어린아이들 그리고 노예들을 합쳐 5만 여명이 거주할 수 있는 이상적인 도시를 설계하였으며 도시의 기능적 문제들에 대해서도 깊은 연구를 하였다. 그리고 이에 그치지 않고 이러한 문제들을 국가 행정체계와 연결 지어 진단하고 해결을 하려는 노력도 아끼지 않았다.

건축학으로 수련을 받은 그는 도시의 물리적 기획에 대한 이론을 개발해 내었다. 그는 메소포타미아의 수메르(Sumer) 지역에 소재한 도시들과 이집트 지역의 도시들을 면밀하게 관찰을 한 후, 도시공간의 기하학적인 배분을 위해 바둑판식의 격자형(格子型 : gridiron) 도로체계가 필요하다는 것을 인지하고 이를 제안하였다.

일명 '히포다마스 식 격자형 도시모형'(Hippodamian gridded city model)으로 불리어지는 이것은 세인들의 공감을 얻어 고대 그리스와 로마 시대에 있어 대부분의 신도시 계획에 이와 같은 도로형식을 따르게 하여 도시기획의 표준적 모델이 되었다. 이모형

---

9) *Ibid.*, p.4. ; http://en.wikipedia.org/wiki/Hippodamus_of_Miletus

이 최초로 사용이 된 것은 5세기 중반으로, 그리스 아티카(Attica) 주의 한 도시로 아테네 도시 지역의 일부를 구성했던 항구도시 피레아스(Peiraeus)이었다.[10)]

이러한 기여에 그치지 않고 히포다마스는 주거공간을 쉽게 공공건물이나 공공영역에 접근하여 서비스를 받을 수 있도록 설계를 하였다. 또한 주택들의 배치에 있어서도 개인의 사생활이 보장될 수 있도록 배열을 시켰다. 이와 같이 그가 심사숙고하여 설계한 이러한 주거공간의 배열 하나 하나에도 그리스의 민주주의 정신이 배어있음을 엿볼 수 있게 한다.[11)]

그는 또한 바둑판식의 직사각형 도로의 중앙에 아고라(agora)라고 이름 붙여진 중앙시장이요 시민의 사교장이며 직접민주주의를 위한 정치적인 집회장소로 활용되는 공간을 만들어 이것을 도시기획의 한 요소로 개념화 시켰다.[12)] 물론 도시의 중심 역할을 하는 공간이기에 중요 간선도로가 이곳으로 연결되도록 설계를 하였으며 이로 인해 아고라를 중심으로 방사상의 도로가 뻗쳐나갔다.

일상적으로 아고라의 위치는 시민이 자주 모이는 중심가에 두어 시민들 간의 상품 거래나 물물교역 등 도시 생활을 편리하게 할 수 있도록[13)] 도시의 주된 입구와 아크로폴리스(acropolis) 입구 사이에 있었으며 시가지는 아고라 주위에 동심원 상으로 위치하여 발전되어 나갔다.

아크로폴리스의 위치는 도시 지형 중에서 가장 높은 곳이 선

---

10) http://en.wikipedia.org/wiki/Peiraeus
11) 이병철, 『행정기획의 역사와 이론』 (울산 : 울산대학교출판부, 2006), 163쪽.
12) *op. cit.*, p.6.
13) R. E. Wycherley, *How the Greeks Built Cities* (New York : Doubleday, Inc., 1969), p.35.

택이 되었다. 높이 솟은 언덕위에 자신들의 수호신을 모신 아크로폴리스를 형성하여 성역으로 만들었다. 이 당시 그리스인들은 자신의 존재적 정체성과 도시 활동의 구심점을 종교에 두고 있었기 때문에 자신들이 가장 성스럽다고 생각하는 곳에 아크로폴리스를 형성하고 성역화 된 이곳에 자신들을 지켜주는 신이 존재한다고 생각을 했다. 따라서 신이 자신들을 지켜주는 이 도시를 떠나거나 버려서는 안 된다는 깊은 신앙적 믿음을 가지고 있었다.

그리스의 대표적인 중심 국가였던 아테네의 경우도 예외가 아니어서 도시의 높은 언덕에 아크로폴리스를 형성시키고 이곳에 전쟁의 신인 아테나(Athena) 여신을 모신 도리스 양식의 파르테논(Parthenon) 신전[14]을 세웠다. 이 신전의 건축은 기원전 5세기 중엽 아테네의 모든 시민에게 공직을 개방하는 것을 골자로 하는 민주제를 지지했던 페리클레스(Pericles)가 주도를 하였다. 그는 당대의 이름난 건축가 피디아스(Fidias)에게 이 신전을 짓게 만들었다.[15]

건축을 하는데 소요된 기간만 15년이 걸렸으며 약 2만 5천개의 대리석이 사용이 되었다고 한다. 건축재원은 페르시아에 대적키 위해 결성된 에게 해 동맹이었던 델로스 동맹(Delian League)의 기금에서 빼내어 썼는데 이것이 후일 문제가 되어 아테네를 중심으로 하는 델로스 동맹의 와해를 낳게 만드는 하나의 요인이 된다.[16]

---

14) 그리스 아테네의 아크로폴리스에 있는 신전으로 기원전 479년에 페르시아 인이 파괴한 옛 신전 자리에 아테네인이 아테네의 수호여신 아테나에게 바친 것으로서, 도리스식 신전의 극치를 나타내는 걸작이다. 기원전 447년에 기공하여, 기원전 438년에 완성하였다. http://100.naver.com/100.nhn?docid=157081(2011년 8월 22일)

15) 건축물인 제우스 신상과 파르테논 신전의 아테나 여신상의 총지휘를 맡은 이가 바로 피디아스이다.

파르테논 신전은 장축 70미터, 단축 31미터로 거대한 구조물로 건축이 되었으며 내부는 황금과 상아로 만든 아테나 여신이 있고 신전 바깥에는 12미터 높이의 아테나 여신상이 신전의 정면 앞에 서 있었다 한다. 아테네의 민주주의 상징이며 수호신과 같은 역할을 했던 파르테논 신전은 아크로폴리스의 중심에서 아테네라는 폴리스를 굽어 내려 살피는 형상을 함으로써 아테네의 중심으로 인지되었다. 그리고 파르테논 신전의 북쪽에 위치하고 있는 이오니아식 신전인 에레크테이온(Erechtheion) 신전 역시 아크로폴리스의 중앙을 차지하면서 성역 중 성역으로 자리매김을 하였다.

또한 아크로폴리스 인근에 있는 프닉스(pnyx) 언덕에서는 민회가 열렸던 장소가 위치하고 있다. 이곳은 민주주의의 상징인 민회가 열리는 곳으로 이 당시 민회는 입법부, 사법부, 행정부의 역할을 하는 것이었다. 고대 그리스의 도시기획가들은 아크로폴리스의 중심적 위치 그리고 그 곳에 위치한 상징적 신전들은 아테네를 대표하는 곳이며 아테네인들의 심적 구심점으로 작용하도록 하였던 것이다.

그리고 이것을 중심으로 해서 구릉의 기슭에 시가지를 형성시켰다. 물론 이 시가지의 중심에 아고라를 위치시키고 있다. 사람들이 모인다는 뜻을 가진 아고라는 토론의 장으로 도심의 광장을 의미하였으나 원래는 시장의 의미를 가진 것이었다 한다. 고대 그리스시대의 아고라는 아크로폴리스의 북서쪽 기슭에 있었다. 실제로 고대 아테네에는 상점들이 들어선 주랑이 있고 이 주랑의 근처에 연설대가 있어 누구나 자신의 의견을 표출하고

---

16) 아테네를 중심으로 하는 델로스동맹과 스파르타(Sparta)를 중심으로 하는 펠로폰네소스 동맹(Peloponnesian League) 간의 대결이 이루어지고 결국 아테네를 중심으로 하는 델로스 동맹이 스파르타에게 무릎을 꿇게 되는 것이다.

자 하는 자는 이 연설 대에 올라가 자기주장을 펼쳤다고 한다. 또한 이 아고라 광장에는 시민법정이 위치하였으며 이곳에는 500인단 회의가 열렸다 한다.

아고라의 공간적 배치를 입체화하여 설명을 해보면 광장을 중심으로 하여 이 광장을 둘러싸고 중앙주랑, 아탈로스 주랑(Stoa of Attalos)[17], 시민법정, 만남의 장, 500인단 회의소가 위치하고 있었으며 광장 안에는 자유 연설대가 위치하였다 한다. 이 아고라는 앞서 언급했듯이 정치적 집회장소로도 활용이 되었지만 시장과 같이 상업적인 용도의 모임이 이루어지는 장소이기도 했던 것이다.[18] 한마디로 시민의 생활 무대가 되는 다목적 용도로 사용을 할 수 있도록 설계가 됨으로 해서 공공건물을 위시해 시장, 극장 등이 시민의 광장인 이곳을 중심으로 구성되도록 한 것이다.[19] 기원전 6세기경에 건설 된 그리스에서 가장 오래된 극장인 디오니소스 극장(Theater of Dionysos)도 이곳에 위치하고 있다. 건설 된 당시 약 17,000명 정도의 관객을 수용할 수 있는 규모가 큰 극장이었다고 한다.

또한 공공장소에 대한 사적 침해를 막고 토지의 효율적인 활용을 위해 건축규제도 이루어지도록 하였다. 이러한 그의 도시기획에 대한 철학과 이러한 정신이 깃든 설계는 그리스뿐만 아

---

17) 아탈로스 주랑(Stoa of Attalos)은 아크로폴리스 북쪽에 있는 고대 아고라(아테네 아고라)의 동쪽 끝에 있다. 2층 건물로 고대 그리스 유적 가운데 유일하게 거의 완벽하게 복원된 건축물이라고 한다. 아탈로스 주랑은 길이가 120m, 너비가 20m에 이르는 건축물이다. 바깥쪽 기둥은 단순하고 남성미가 넘치는 도리아식이고 안쪽 기둥은 부드러운 이오니아식이다. http://kin.naver.com/open100/(2011년8월31일)

18) A. W. Lawrence, *Greek Architecture*, Fifth Edition (New Haven, Connecticut : The Yale University Press, 1996).

19) R. E. Wycherley, *How the Greeks Built Cities : The Relationships of Architecture and Town Planning to Everyday Life in Ancient Greece*, 2nd edition (New York : W. W. Norton & Company, 1976).

니라 그리스의 식민도시 예를 들면 지금의 터키에 위치한 아나톨리아 서부 해안에 있던 고대 그리스 이오니아의 도시였던 밀레토스(Miletus)나 고대 그리스의 주택정원으로 유명했던 밀레토스 인근에 자리 잡고 있던 고대 도시 프리에네(Priene), 그리고 지금의 이탈리아에 위치한 튜리(Thurii) 등에도 폭 넓게 파급이 되었다.[20)]

그는 도시기획의 물리적 한계에 대해서도 깊은 혜안을 가지고 있었다. 기원전 400년에 이미 아테네는 시민인구 4만 명에다가 10만 여명에 이르는 노예와 각국의 외국인으로 넘쳐나는 세계에서 가장 큰 도시가 되어 있었다. 그는 그리스에서 가장 발달된 대표적인 도시국가이며 그리스 문화를 대변하는 중심지로써 아테네는 이 정도의 크기와 위용을 갖추어야 한다고 생각을 하였지만 다른 한편으로 기타의 도시들은 적정규모가 1만 명 정도선이 이상적이라고 생각하였다.

그가 이런 생각을 한 것은 도시에 거주하는 자들이 소비할 식량과 물의 공급한계를 염두에 두었기 때문이다. 이것이 고대 로마뿐만 아니라 21세기 우리가 살고 있는 현재에 이르기까지 도시기획을 할 때 물리적 성장의 한계로 도시의 규모를 결정할 때 반드시 고려해야 하는 핵심적 요인으로 자리를 잡게 만든 대표적인 사례가 되는 것이다.[21)]

---

20) 이병철, 『앞의 책』, 163-164쪽. ; 그리스의 도시기획가들은 자신들의 건물이나 도로 그리고 숲과 나무들을 배열하고 정렬하는데도 획일적인 단일 모형을 채택하였다. 이런 맥락에서 볼 때 그리스의 도시기획은 정해진 마스터플랜에 따라 엄격하게 설계되고 적용이 된 것으로 볼 수 있다. Constantinos A. Doxiadis, *Architectural Space in Ancient Greece* (Cambridge, Massachusetts : The MIT Press, 1977).

21) 이병철, 『앞의 책』, 164쪽.

제2절 플라톤과 아리스토텔레스의 도시기획

고대 그리스의 도시기획가들에 대한 기록이 그렇게 많지 않음에도 불구하고 플라톤이나 아리스토텔레스 같은 철학자들이 도시 기획과 관련되어 많이 언급이 되는 점은 특이하다고 볼 수 있다. 이런 면에서 볼 때 그 당시의 철학자들이 도시와 관련된 문제들에 대해 많은 관심과 깊은 숙고를 했던 것이 분명하다. 플라톤이나 아리스토텔레스가 이 문제에 대해 고민을 했던 글들과 그들의 철학적 사색이 낳은 결과들을 보면 이들이 이러한 문제를 철학적 사유의 대상으로 삼고 보다 나은 좋은 도시를 만들어나가려는 의지와 대안적 생각들을 쉴 새 없이 토해냈음을 알 수 있다. 이러한 맥락에서 볼 때 이들의 생각들이 도시기획과 밀접한 관련성을 가지고 도시문제해결을 위해 노력하고 있음을 알 수 있게 한다.

이미 앞에서 언급을 하였듯이 플라톤은 신성한 사원들이 아고라 주변에 위치해야 한다고 주장하였다. 그리고 도시가 가지고 있는 순결성을 유지하기 위해 사원은 도시를 원처럼 둘러싸듯이 하여 위치해야 한다고 충고하였다. 그리고 관공서와 법원 같은 공공기관은 너무나 신성한 것이기 때문에 사원과 근접한 곳에 위치를 시켜야 한다고 제언을 하였다. 그리고 시민들의 삶의 터전인 주택들은 유사시 도시방어를 위해 성벽처럼 기능할 수 있도록 조성이 되어져야 하며 교통의 원활한 소통을 위해 도로와 면하게 설계되어져야 한다고 제안을 하였다.[22)]

아리스토텔레스의 충고는 플라톤보다 좀 더 구체적이고 종합

---

22) E. J. Owens, *The City in the Greek and Roman World*, Reprint edition (New York : Routledge, 1992), p.4.

적이다. 그는 도시에 거주해야하는 시민의 건강과 정치적, 군사적 안녕이 도시기획에서 가장 먼저 고려해야 할 중요 요소라는 점을 분명히 하고 있다. 그러나 도시 방어적 관점에서 시민의 안녕과 직결되는 성벽을 쌓는 문제에 있어선 플라톤과 입장을 달리하고 있다. 또한 도시의 입지를 선정하는데 있어 물을 필수적 요인 중에 하나로 반드시 고려해야 한다는 점도 강조하고 있다.[23)]

이와 같이 생각은 다소 다른 면이 없지 않지만 플라톤과 아리스토텔레스는 이상적인 도시국가를 정립하는데 있어 이론적이고 사회적이고 도덕적인 개념에 대해 많은 관심을 가지고 있었다는 점에서는 서로 일치한다. 그리고 도시기획가들이 참고해야 할 중요 요인들, 즉 시민들이 몸을 담고 살아야 할 건물의 위치나 방향, 시민들의 안녕을 위한 도시의 방어, 시민들의 건강, 도시와 건물들의 심미적이고 예술적인 배려 등에 대한 전반적인 고려사항들을 제시하고 있는 점도 서로 일치한다.[24)]

특히 시민의 건강에 대해 관심을 쏟은 사람으로는 철학자이며 명의로 유명했던 히포크라테스(Hippocrates)[25)]를 빼놓을 수는 없다. 그는 도로의 배치가 시민들의 건강과 밀접한 관련이 있다고 생각을 하였고 그렇기 때문에 도시기획을 할 때 도로의 배치에 유념 할 것을 충고하였다.[26)]

플라톤과 아리스토텔레스가 도시기획과 관련하여 똑같은 목

---

23) *Ibid.*, p.4.

24) *Ibid.*, p.5.

25) 히포크라테스는 고대 그리스의 페리클레스 시대 의사이고, 의학사의 가장 중요한 인물 중의 하나이다. 보통 그를 의학의 아버지라고 부르며 고대 의사의 전형으로 인식하고 있다. 특히 동서고금을 막론하고 의료인이 지켜야 할 금언으로 귀감이 되고 있는 '히포크라테스 선서'를 만든 것으로 유명하다. 저작으로는 『히포크라테스 의학 집성』이 있다. http://ko.wikipedia.org/wiki/%ED%9E%88%ED%8F%AC%ED%81 %AC%EB%9D%BC%ED%85%8C%EC%8A%A4(2011년8월22일)

26) E. J. Owens, *op. cit.*, p.5.

소리로 우려를 표명한 것이 현재 우리들도 겪고 있는 교외화 현상이다. 이미 기원전 400년경에 철학자이며 선각자였던 소크라테스(Socrates)도 이들이 내지르는 우려의 목소리에 앞서 교외화로 인해 도시가 쇠퇴되고 이로 인해 도시의 민주화가 후퇴되는 것을 걱정하면서 도시로 대변되는 그리스문명이 계속 성장하지 않으면 결국에는 쇠퇴하게 될 것이라고 경고를 한바 있었다. 소크라테스의 이러한 경고에 이어 플라톤과 아리스토텔레스 역시 부자들과 지도층이 도시를 뒤로하고 도시 밖으로 나가게 되면 민주주의에 커다란 위협이 될 것이라고 똑같은 경고를 하고 나온 것이다.

그러나 지혜로운 혜안을 지닌 철학자들의 경고에도 불구하고 이러한 현상은 실제로 일어나고 말았다. 자신들의 보다 나은 안락한 삶을 살아가기 위해 민주화를 위한 논쟁과 시민참여를 뒤로하고 부자와 지도층이 서로 앞을 다투며 도시 밖으로 나가게 된 것이다. 물론 그들이 떠난 빈자리는 탐욕스런 정치가나 졸부들이 차지하고 도시의 재산과 보물을 약탈하는 천박하고 혼탁한 행태가 일어났던 것이다.27)

이렇게 됨으로써 소크라테스나 플라톤 그리고 아리스토텔레스의 경고는 현실로 다가서게 되었다. 그리스는 다시 한 번 더 곤궁의 상태로 빠지게 되며 설상가상(雪上加霜)으로 거듭된 전란(戰亂)은 도시를 더욱 황폐화시켜 결국 고대 그리스는 기원전 146년에 고대 로마의 속국이 되어 멸망해버리고 마는 것이다.

이로 인해 부유한 도시의 부유층과 지도층이 도시 밖으로 나가서 도시가 황폐화되는 이러한 현상을 고대 그리스에서 볼 수 있었고 최초의 '교외 화 현상'(suburbanization)으로 도시가 망가

---

27) 이병철, 『앞의 책』, 164쪽.

지고 마는 좋은 역사적 선례(先例)를 경험하게 되었다.[28]

고대 그리스는 이렇게 하여 역사의 뒤안길로 사라졌지만 고대 그리스 도시의 건축계획과 이와 연관된 많은 도시기획은 고전적 스타일로 불리며 현대의 도시기획뿐만 아니라 많은 건물건축설계에 기반을 제공해 주고 있다.[29] 또한 기원전 마지막 3세기 동안의 도시기획은 보다 군사적이고 방어 지향적인 로마 식 기획으로의 전환을 제공해 주었다. 그러나 이 시기의 기획과 설계에 대한 이론과 철학은 아쉽게도 통합되어 일원화되어 있지를 않았다. 이를 최초로 집대성한 것이 바로 로마의 건축가인 비투르비우스(Vitruvius)였다. 그는 그리스의 고전적 스타일을 연구하고 이것을 이론화하여 10권의 책으로 집대성을 하였다.[30]

제3절 고대 그리스의 기타 도시기획

그리스는 발칸 반도의 끝자락에 위치한 탓인지 모르겠지만 섬들이 참으로 많다. 약 2,000여 개의 크고 작은 섬으로 구성이 된 나라이다. 이러한 여러 섬들을 중심으로 해서 고대 그리스는

---

28) *Ibid.*, p.8.

29) 고대 그리스의 대표적인 건축양식을 도리스 양식(Doric style) 또는 도리스식 오더(Doric order)라고도 한다. 이오니아(Ionic order)건축과 코린트(Corinthian order) 건축을 합친 세 건축양식 중에서 가장 오래된 것으로, 주로 도리스 인이 살던 펠로폰네소스반도에서 시작되어 본토 각지 및 이탈리아 남부, 시칠리아에 전파되었다 한다. 도리스 양식의 가장 오래된 유구(遺構)는 올림피아의 헤라신전(BC 7세기 중엽)이며, 이 밖에 코린트의 아폴론신전(BC 5세기 초엽), 그리고 아테네의 파르테논신전(BC 5세기 중엽) 등을 열거할 수 있다. Dora P. Crouch, *Geology and Settlement : Greco-Roman Patterns* (Oxford & New York : Oxford University Press, 2004). ; J. J. Coulton, *Ancient Greek Architects at Work : Problems of Structure and Design* (Ithaca, New York : Cornell University Press, 1995).

30) *Ibid.*, p.8.

수백여 개의 독립적 도시국가인 폴리스(polis)들로 구성이 되어 있었다. 그리고 아테네를 필두로 하여 많은 폴리스들이 이미 앞에서도 언급을 하였지만 '높은 언덕 위의 도시'라는 의미를 가진 아크로폴리스를 가지고 있었다. 이곳은 해당 도시의 수호신을 모신 신전이 있는 관계로 성역과 같은 보호를 받았을 뿐만 아니라, 해당 도시민들의 정신적이고 심리적인 구심점 역할을 하였으며, 지형적으로 높은 곳에 위치한 관계로 도시방어용 요충지 역할을 하기도 하였다. 고대 그리스의 많은 폴리스들은 나름대로 독특한 형태의 도시국가를 만들면서 도시기획의 기본으로 아크로폴리스를 세웠던 것이다.

아테네의 경우도 이러한 큰 틀에서 예외는 아니어서 도시중심의 가장 높은 곳에 아크로폴리스를 조성하도록 도시를 기획하였다. 그리고 이 아크로폴리스에 폴리스의 영적 구심점이 될 수 있는 신전들을 건축하도록 설계를 하였다. 또한 정치적이고 민주적인 공간이며 더불어 자유로운 상행위가 가능한 시장적 공간으로 아고라를 기획하여 조성하였다. 그리고 이 아고라 안에 공공시설을 비롯하여 주랑을 중심으로 하는 상업적 공간을 배치하도록 설계하여 도시의 중심적 생활공간으로 배려를 하였다.

이러한 아테네의 도시기획 모형을 다른 여타의 폴리스들의 도시기획 모형과 비교를 해볼 때 차이가 거의 없이 대동소이함을 알 수 있다. 대체적으로 도시의 영적 중심으로 도시 중심의 높은 곳에 아크로폴리스를 설치하고 이곳에 신전들을 지었으며 아크로폴리스가 위치한 높은 곳의 중턱인 산기슭에 아고라라는 정치적이고 민주적인 공간이면서 상업적인 공간을 마련하여 도시 생활의 근간을 이루게 하였던 것이다.

이러한 고대 그리스의 표준화된 도시기획모형은 에게 해 쪽으로 쭉 뻗어 내려간 발칸반도의 끝자락에 자리 잡은 반도지역의 폴리스들뿐만 아니라 해양 국가였던 고대 그리스의 여러 섬에 위치한 폴리스들에게 까지 영향을 끼쳐 일반화되었던 것이다. 이러한 고대 그리스의 도시기획모형은 메소포타미아나 이집트의 도시기획모형이 크레타나 미케네의 도시기획모형과의 조화로운 접목을 통해 토착화되면서 어느 정도 형태를 이루고 발전된 것으로 판단이 되며 이것이 아테네를 중심으로 하는 도시국가 체제가 공고하게 뿌리를 내리는 시점에서 더욱 그리스화 된 것으로 사료가 된다.

여기에서는 크레타와 미케네의 경우를 살펴본 후 해양 국가였던 아테네와 쌍벽을 이루면서 서로 다른 방향으로 발전을 해나갔던 농업 국가 스파르타의 경우를 살펴보고 고대신탁의 중심이었던 델포이와 반도에 소재한 고대도시가 아니라 도서에 위치한 고대도시인 델로스의 경우를 살펴보고자 한다. 이에 덧붙여 의료치료라는 특수한 목적을 가지고 세운 에피다우루스의 도시기획 역시 살펴보고자 한다.

1. 크레타(Creta)

기원전 2000년 크레타 섬[31]의 크노소스(Knossos)를 중심으로 일어난 크레타 문명 또는 미노스 문명(Minoan civilization)을 이해하기 위해서는 크노소스 궁전을 반드시 집고 넘어가야한다. 고대 그리스 도시기획 발생의 기원을 이해하는데 도움을 줄 수 있기 때문이다. 크레타 문명의 건축 양태나 도시의 설계 등의 계획

31) 이 문명의 중심이 된 고대 도시가 위치한 섬이 바로 크레타이다. 크레타는 그리스에서 제일 큰 섬이기도 하다. 크레타 문명은 미케네 문명의 발상에 많은 영향을 준 것으로 이해되고 있다.

이 미케네 문명에 커다란 영향을 끼쳤다는 것은 이미 널리 알려진 사실이며 크레타의 영향을 받은 미케네 문명이 또한 고대 그리스의 폴리스들의 도시기획에도 많은 영향을 끼쳤기 때문이다.

미노스의 왕궁이라고도 불리는 이 궁전을 기획한 자들은 아주 큰 네모꼴 안뜰을 만들고 이 틀 위에 궁전을 설계하고자 하였다. 안뜰을 둘러싸고 사방으로 방만 1,500여개에 달하는 복잡한 설계를 가진 규모가 큰 궁전을 설계한 것이다. 대부분의 방은 둥근 기둥들이 떠받치고 있는 형태로 설계되었으며 특히 벽면 등에 돌고래와 물고기 그리고 꽃 등으로 화려하게 채색을 하여 예술적 가치가 높은 벽화를 만들어 냈다. 그리고 궁전의 동쪽날개에는 왕과 여왕을 위한 분리된 왕가의 아파트들을 건축하여 왕족의 영역과 기타의 영역을 구분 지웠다. 그리고 이곳에 프레스코 화와 욕실, 화장실, 왕실의 거대한 방들을 만들어 예술성과 실용성이 병존하도록 하였다.

그리고 왕가의 아파트의 북쪽에는 도기류와 보석 세공인, 그리고 그 밖의 다른 기술자들의 작업장을 만들어 왕실보호하의 금은세공과 보석세팅 그리고 도기류의 생산을 지원하여 왕실소유의 부의 창출과 위엄을 강화시키려고 하였다. 그 당시 행정관서의 역할을 수행했을 것으로 추정이 되는 기록보존소도 만들었고 왕실과 귀족들을 위한 극장도 만들어 문화적으로 풍요롭고 여유 있는 삶을 보장하는 배려도 아끼지 않았다.

특히 놀라운 점은 이 궁전이 자연 채광과 배수시설에 있어 어느 고대의 궁전에 뒤지지 않도록 설계를 하였다는 점이다. 자연채광을 이용한 조명과 배수시설에 대한 아이디어를 이러한 거대한 궁전에 접목시키려한 아이디어와 배려는 이 당시 궁전 건축가들과 궁전설계가들의 매우 뛰어난 기량을 엿볼 수 있게 하는 대목이다. 이 당시의 건축가들이나 도시기획가들은 파이스토스(Phaistos), 말리아(Malia), 자크로스(Zakros) 궁전 등 다른 지역의 궁전에도 이와 비슷한 모형을 적용을 시킨 관계로 서로 비교를 해보아도 약간의 차이는 있으나, 이러한 계획과 장식방법 등에서 서로 별다른 차이를 발견하기가 어렵다.

물론 도시기획가들은 귀족이나 궁전 관리들이 궁전에 드나들기 쉽게 하려는 의도를 가진 접근성의 배려에 있어서도 뒤지지 않는 기량을 발휘하고 있다. 그들은 궁전 주위에 화려하고 많은 편의시설들이 갖추어진 대저택을 배치하고 이를 건설함으로써 이러한 문제를 매끄럽게 해결을 하였다. 대저택에는 많은 궁정 관리들과 부유한 시민들이 살았다.

도시기획가들은 크레타의 전체인구의 상한선을 약 10만 명 정도로 두었고 왕궁을 중심으로 4킬로미터 반경 안에 주로 거주할 수 있도록 기획을 했던 것으로 믿어진다.

2. 미케네(Mycenae)

신화로만 존재를 하다가 발굴을 통해 역사에 편입된 고대도시로 그리스 펠로폰네소스반도 아르골리스에 있던 고대 성채도시를 일컫는다. 이 도시를 중심으로 해서 만들어지고 융성했던 문명을 미케네 문명[32]이라고 하는데 기원전 1,400년경에서부터 기원전 1,200년경까지 번영을 누렸다. 호메로스의 서사시에 의하면 미케네는 황금으로 가득한 곳이었다고 한다. 실제로 왕족무덤으로 추정되는 미케네 원형A무덤을 발굴을 하자 황금이 다

---

32) 그리스 3대 문명으로 크레타문명, 트로이문명, 미케네문명을 일컫는데 이 중 하나이다. 호메로스(Homeros)의 일리아드(Iliad)에 의하면 미케네가 트로이를 침략하여 트로이 전쟁을 일으키고 이 10년 전쟁을 통해 트로이를 멸망시켰다는 내용이 나온다.

량으로 쏟아져 나왔다 한다.

그리고 지하분묘이거나 혹은 왕의 보물창고로 추정되는 아트레우스(Atreus)의 창고의 규모를 볼 때 미케네가 얼마나 부유한 도시였던가 하는 것을 추정해볼 수 있다. 돔(dome) 형식으로 원뿔 모양으로 쌓아 올려 진 이 창고는 높이가 12미터에 이르고 지름은 14미터에 달한다. 아가멤논의 황금가면(Mask of Agamemnon)도 미케네의 부유함을 상징적으로 드러내고 있다. 이러한 부의 원천은 미케네가 광범위한 교역을 통한 해상왕국으로 부상을 하면서 축적을 한 것이 아닌가 싶다.

현재까지 남아있는 유적의 대부분은 기원전 1,600년경부터 기원전 1,100년경의 것이다.33), 삼각형의 작은 산에 동서 약 300미터, 남북 약 150미터의 돌로 쌓은 견고한 성벽이 있고, 그 북서쪽 구석에 성문이 있는데 이것이 바로 그 유명한 사자 문(The Lion Gate)이다. 이 성벽 안의 가장 높은 곳에 미케네의 왕궁 터가 위치하였으며 그리스의 다른 도시국가들과 마찬가지로 아크로폴리스가 세워졌었다. 성벽 안에는 왕궁과 신전 그리고 원형무덤구역과 창고 등이 있다. 성벽 밖에는 여러 벌집모양 무덤과 몇 개의 가옥이 있다.34)

미케네를 중심으로 한 미케네문명은 에게문명 후기에 속하며, 기원전 1,200년부터 기원전 1,100년에 발칸반도를 남하해온 도리스인(Dorian)에 의해 멸망되었다.

---

33) 기원전 1,600년부터 기원전 1,100년까지의 기간은 미케네 문명이라고 불린다. http://ko.wikipedia.org/wiki/%EB%AF%B8%EC%BC%80%EB%84%A4(2011년8월31일)

34) 이곳의 '기름장수의 집'에서 선상문자(線狀文字) B가 발견되었다. 미케네 인들이 사용했던 선상문자 B(Linear B)는 점토판(clay tablet)에 새겨진 것이 각지에서 출토되었는데, 초기의 그리스어를 나타내는 것으로 해독되었다. http://100.naver.com/100.nhn?docid=67323(2011년8월31일)

3. 스파르타(Sparta)

고대 도시국가이었던 코린트(Corinth)나 스파르타 역시 폴리스 내에서 가장 높은 곳을 골라 아크로폴리스를 세웠을 뿐만 아니라 아테네와 다름이 없이 아고라를 형성하여 시민광장으로 삼았다. 스파르타의 경우 현재는 아고라가 옛날 그대로의 모습을 보전하고 있지는 않지만 인근에 폐허화 된 야외극장 등의 유적이 남아있어 그 당시의 모습을 어느 정도 가늠해 볼 수 있도록 해준다.

스파르타는 라코니아(Laconia) 평야 지역 중앙의 남쪽 끝자락에 자리를 잡고 도시국가를 세웠다. 그리고 메세니아(Messenia) 전쟁을 통해 비옥한 메세니아 지방을 정복하였다. 이곳은 펠로폰네소스 반도에서 남쪽으로 흐르는 파미소스(Pamisos) 강 유역의 비옥한 평야지대이다. 따라서 스파르타는 다른 도시국가들과 달리 이러한 평야를 통해 식량을 자급자족할 수 있었다. 이러한 기반에 바탕을 두고 강력한 군국주의를 지향하는 군사강국으로 발 돋음 하였다.

그러나 특이한 점은 이 당시 대부분의 도시국가들이 자신의 방어를 위해 도시기획을 할 경우 성벽 등을 쌓도록 하였으나 스파르타는 자신의 방어를 위해 성벽과 같은 방어체계를 전혀 구축하지 않았다는 점이다. 아마도 주변이 높은 산악으로 둘러싸여 있는 관계로 성벽을 쌓지 않아도 방어가 가능한 천혜의 지형적 이점을 가졌기 때문이 아닌가 싶다. 그러나 이러한 지형적 이점과 이에 근거한 도시기획의 방향성은 결국 스파르타를 폐쇄적인 도시국가로 만들어버리는 결과를 초래하게 되는 것이다.

4. 델포이(Delphi)

델포이는 그리스 중부 포기스 지방에 위치한 고대도시이다. 그리스 제2의 고봉 파르나소스 남쪽 산허리, 파이드리아데스 암벽을 배경으로 프레이스토스 계곡을 거쳐 멀리 코린토스만의 바다를 바라보는 곳에 위치를 하였다.[35] 고대 그리스인들은 고대 도시인 델포이를 세상의 중심으로 여겼다. 그래서 델포이라는 고대 도시를 기획한 자들은 이곳에 지구의 배꼽을 상징하는 반구형의 돌인 옴파로스(Omphalos)를 세웠으며, 고대 신탁의 중심을 상징하기 위해 예언의 신인 아폴로를 섬기는 도리스식의 델포이 아폴로(Apollo) 신전을 세웠다.[36]

그리고 이 신전의 한쪽에 마르마리아(Marmaria)라는 성역을 만들고 아테나 여신을 모신 신전을 세웠으며 마르마리아의 상징물로 여겨지는 원형 톨로스(Tholos)도 세웠다.[37] 그리고 아폴로 신전의 뒤편에다가 5,000명을 수용할 수 있는 원형극장인 델포이 극장을 세웠다. 그리고 디오니소스의 소신전과 제단 등을 인근에 세웠다. 또한 그 주변에 아테네인의 보물창고와 운동경기장 그리고 평의회장, 극장, 주랑 등을 배치시켰다.

5. 델로스(Delos)

에게 해에 있는 델로스 섬은 고대 유적의 보고로 일컬어진다. 이 섬은 델로스 동맹의 금고역할을 하였고 나아가 헬레니즘 무

---

35) http://terms.naver.com/entry.nhn?docId=259679(2011년9월1일)

36) 신전은 길이 60m, 폭 23m로 38개의 도리스식 기둥이 전실, 내실, 후실을 둘러싸고 있다. 그리고 이 신전과 더불어 신탁의 상징으로 세운 시빌(Sibyl)의 바위도 있다. 이것은 무녀들이 신탁의 내용을 전한 곳이다.

37) http://100.naver.com/100.nhn?docid=848670(2011년8월31일)

역의 중심 허브 역할을 하였다. 바다를 통한 해외 교역의 중심지가 됨으로 해서 상인을 비롯한 많은 외국인들이 이곳을 오고갔으며 거주까지 하였다. 이러한 외국인들은 자신들이 믿고 있는 모국의 신을 받들기 위해 이곳에 신전을 짓기도 하였다. 가장 대표적인 것이 이집트의 여신 이수스(Issus)를 모신 델로스 세라 페이온 이집트 신전이다.

또한 중개교역 중심지로의 위광에 걸맞게 화려한 건축물들이 기획되어 건설되었는데 그 대표적인 것이 델로스 마스크 하우스이다. 이 건축 내부의 바닥에는 표범 위의 디오니소스 모자이크 등이 화려한 문양으로 수놓아져 있다.

6. 에피다우루스(Epidaurus)

그리스 펠레폰네소스 반노에 위치하고 있는 아르골리스(Argolis) 주 북동 해안에 위치한 고대 도시로 의료적 요양을 목적으로 세워진 도시이기 때문에 의료요양원 등 의료시설을 갖추도록 도시기획이 이루어졌다. 작은 계곡을 따라 기원전 4세기경에 세워진 의술의 신 아스클레피오스(Asklepios) 신전을 비롯한 여러 신전과 제단, 아바톤(Abaton)이라 불렸던 신전, 아르테미스 신전, 아폴로신전, 테미스 신전 등의 성스러운 건축물들을 성역지역으로 만들어 도시 중심에 위치하도록 기획을 하였다.[38]

그리고 이 주변에 의료치료를 위해 세운 1만 5000여명을 수용할 수 있는 에피다우루스 원형극장[39], 치료를 위한 병원, 천정이

38) http://100.naver.com/100.nhn?docid=823746(2011년8월31일)

39) 고대 그리스 시대 원형이 완전하게 보존되어있다. 전형적인 헬레니즘 건축양식으로 지어졌으며, 그리스 건축예술의 걸작 품으로 꼽힌다. 기원전 4세기 말에 건축되어 기원전 2세기 중반에 관객석을 늘리는 증축을 한 것으로 추정된다.

둥근 지하 분묘, 온천 및 숙박시설, 대형 운동장, 체육관, 격투사 양성소 등 세속적인 건축물들 등을 흩어져 배치시켰다.[40)]

::참고문헌

이병철. (2006).『행정기획의 역사와 이론』, 울산 : 울산대학교 출판부.

Coulton, J. J. (1995). *Ancient Greek Architects at Work : Problems of Structure and Design*, Ithaca, New York : Cornell University Press.

Crouch, Dora P. (2004). *Geology and Settlement : Greco-Roman Patterns*, Oxford & New York : Oxford University Press.

Doxiadis, Constantinos A. (1977). *Architectural Space in Ancient Greece*, Cambridge, Mass. : The MIT Press.

Lawrence, A. W. (1996). *Greek Architecture*, Fifth Edition, New Haven, Conn. : The Yale University Press.

Owens, E. J. (1992). *The City in the Greek and Roman World*, Reprint edition, New York : Routledge.

Wycherley, R. E.(1976). *How the Greeks Built Cities : The Relationships of Architecture and Town Planning to Everyday Life in Ancient Greece*, 2nd edition, New York : W. W. Norton & Company.

http://en.wikipedia.org/wiki/Hippodamus_of_Miletus

http://en.wikipedia.org/wiki/Peiraeus

---

40) http://100.naver.com/100.nhn?docid=823746(2011년8월31일)

http://kin.naver.com/open100/
http://ko.wikipedia.org/wiki/%EB%AF%B8%EC%BC%80%EB%8 4%A4
http://ko.wikipedia.org/wiki/%ED%9E%88%ED%8F%AC%ED%8 1%AC%EB%9D%BC%ED%85%8C%EC%8A%A4
http://terms.naver.com/entry.nhn?docId=259679
http://100.naver.com/100.nhn?docid=157081
http://100.naver.com/100.nhn?docid=67323
http://100.naver.com/100.nhn?docid=823746
http://100.naver.com/100.nhn?docid=848670

제3장

고대 로마 문명의 기획

고대 도시는 우리가 상식적으로 생각하는 것과는 달리 대부분이 계획된 도시였다 한다. 이러한 도시들은 방어적 목적을 위해 도시전체를 에워싸는 성벽을 갖추고[1] 도시 중심에는 사원이나 별들을 관측하는 건물들 그리고 궁전이나 관공서 같은 공공건물들이 자리를 잡는 형태로 계획이 되었다 한다.[2] 이러한 형태의 대표적인 계획 도시 중의 하나로 꼽히는 곳이 바빌론(Babylon)[3]이다. 여기에서 하나 집고 넘어갈 것은 공공건물들이 도시 중심에 자리를 잡는 방식으로 도시계획이 만들어지게 되

---

1) 도시계획(town planning)은 도시의 지리적 조건에 맞추어 도시의 산업, 교통, 위생, 사회시설, 교육시설, 주거시설, 레크리에이션 시설 등 최적조건을 형성하게 계획되고 설계하는 것이다. 고대도시에서는 방비가 중시되어 성벽으로 에워싸는 것이 통례였다. 그리스와 로마의 식민도시는 성벽 안의 도로를 바둑판과 같이 배치했다.

2) 이병철, 『행정기획의 역사와 이론』 (울산 : 울산대학교 출판부, 2006), 159쪽.

3) 현재의 이라크 수도인 바그다드에서 남쪽으로 55마일 정도 떨어진 곳에 위치하고 있었다고 한다. Anthony J. Catanese and James C. Snyder (eds.), *Urban Planning*, 2nd ed. (New York : McGraw-Hill Book Company, 1988), p.4.

는 데는 나름대로의 이유가 있었다는 점이다.

도시계획은 도시의 건전한 발전과 질서 있는 정비를 위해 토지 이용의 방법, 도로·공원 등 도시 시설의 정비, 시가지 개발에 대한 계획을 정하여 실행하는 것으로 주택가, 상가, 공공장소, 교통로 등 도시에 필요한 제반 시설을 수요에 맞게 미리 계획하는 것으로 토지이용의 효율성을 극대화시키기 위한 것이다. 따라서 고대에도 도시를 건설하는 경우에 필수적으로 수반되었던 과정으로 적용되었던 것이다.

고대 그리스의 도시기획에서 보여주고 있는 것처럼 민주주의가 발전되어 나갈수록 정치지역공동체의 공공건물과 시설들이 중요하게 간주되었고 그래서 이러한 도시의 공간배치가 도시기획의 중요한 요소들이 되었던 것이다.[4] 그리고 이 당시의 대부분의 도시들은 교통도 편하고 농업도 가능하고 생활용수 공급을 원활하게 해 줄뿐만 아니라 그러면서 외부로부터의 공격에 대해 방어도 용이하게 해주는 커다란 강을 끼고 이를 중심으로 위치하도록 한 것도 도시기획의 중요 고려사항 중 하나였다.

고대 로마도 여기에서 크게 비껴가지 못하였다. 테베레(Tiber)라 이름 붙여진 커다란 강을 끼고 세르비우스(Servius) 성벽을 축성하고 로마 포럼을 구축하는 도시기획을 통해 로마라는 도시로서의 존재를 쌓아나갔던 것이다.

고대 로마는 기원전 753년에 건국을 해서 서기 476년에 멸망을 하였으므로 정확하게는 1,229년에 이르는 장구한 흥망성쇠의 역사를 가지고 있다. 흔히 세상에 회자되는 말처럼 로마는 하루아침에 이루어지지 않았음을 알 수 있다. 『로마인 이야기』를 써서 세계적인 명사가 된 시오노 나나미는 고대 로마인들이 이

---

4) 이병철, 『앞의 책』, 163쪽.

렇게 오랜 세월동안 대 제국을 건설하고 역사의 한 장을 호령했던 것은 그들 특유의 개방성으로 주변의 모든 문화를 포용하여 자신들이 점령한 광활한 지역을 다스렸기 때문이라고 주장하고 있다.

이러한 특성을 지녔던 고대 로마는 세계 최초로 수도라는 개념을 만들면서 도시계획을 역사에 등장시킨 것이다. 당시 로마는 세계의 중심이라는 개념을 갖고 있었으며 로마를 중심으로 집중된 도로를 만들었으며 언제나 도로는 중심에서 세분화 되어 제국의 전 영토로 퍼져 나갔던 것이다.[5)]

도시국가에서 출발하여 제국이 된 로마에서 도시는 결코 간과할 수 없는 중요한 개념이다. 따라서 고대 로마를 제대로 알기 위해선 도시라는 개념을 정확하고 올바르게 이해 할 수 있어야 한다. 이러한 맥락에서 이 글에서는 고대 로마의 도시기획에 대해 살펴보고자 하는 것이다. 이를 위해 고대 로마의 도시기획의 역사적 발전과정을 살펴보고자 하며, 이러한 과정에서 고대 로마가 가지고 있는 도시기획의 특성을 찾아내고자 하는 것이다.

제1절 고대 로마의 도시기획

기획에 대해서는 크게 두 가지 시각이 있는 것 같다. 하나는 합리적인 기획으로 시장의 불확실성을 대체하려는 노력으로 보는 기획에 대한 긍정적인 시각과 다른 하나는 시장의 논리가 기획에 의해 조성된 혼돈에 의해 대체되는 기획을 부정적으로 보려는 하이에크(Friedrich Hayek) 식의 시각[6)]이다. 흔히 이러한 시

5) 시오노 나나미 지음·김석희 옮김, 『로마인 이야기』, 15권 (서울 : 한길사, 2007).

각을 잘 반영해 주는 예로 전자는 미국의 대공황에 대한 국가의 시장개입을 들고 있고 후자는 동구권 사회주의 국가들의 붕괴를 들고 있다.[7] 아마 이러한 기획이 가지는 이중적 시각은 로마 기획에서도 잘 나타나고 있다고 볼 수 있다.

로마의 기획은 한편으로 보면 중앙정부에 의한 모범적인 모델들을 속주나 식민도시들에 전파를 시켜 능률성을 제고시킨 측면에서 보면 전자 적 시각을 인정하게 하나 지방정부에 대한 획일적이고 과도한 개입으로 인해 자율적인 도시기획을 이루지 못하고 다소 붕어빵적인 도시의 개발을 낳았다는 측면에서는 후자 적 시각의 타당성을 인정하게 만든다. 이러한 이중성이 있기에 로마의 도시 기획에 대한 연구는 나름대로의 의미를 가지지 않나 싶다.

고대 그리스가 멸망하고 고대 로마의 시대가 도래 한 이 시기에 있어 도시기획과 설계에 대한 이론과 철학은 아쉽게도 통합되어 일원화되어 있지를 않았다. 이러한 현실을 직시하고 이를 최초로 집대성한 것이 바로 로마의 건축가인 비투르비우스(Marcus Vitruvius Pollio)였다. 그는 고대 그리스 도시기획의 고전적 스타일을 연구하고 이것을 이론화하여 10권의 책으로 집대성을 하였다.[8] 이것은 로마의 도시기획과 관련된 연구결과를 담은 저작으로서 매우 유용한 연구기록이며 이 기록을 통해 그는 도시기획의 중요성을 강조하였다.[9]

---

6) Friedrich Hayek, *The Road to Serfdom* (London : Routledge, 1944).

7) Scott Campbell and Susan S. Fainstein (eds.), *Readings in Planning Theory* (Malden, MA : Blackwell Publishing Ltd, 2003), p.6.

8) Marcus Vitruvius Pollio, *De architectura* (English : *On architecture*, published as *Ten Books on Architecture*) ; D. Rowland, *Vitruvius : Ten Books on Architecture* (Cambridge : Cambridge University Press, 1999). ; Vitruvius (Author), Herbert Langford Warren (Illustrator), Morris Hicky Morgan (Translator), *The Ten Books On Architecture* (1914) (Kessinger Publishing, 2010).

비투르비우스 이외에 이 분야에 특기할 만한 인물은 네르바(Nerva Caesar Augustus) 황제 재임 시에 고대 로마의 수도감독관을 역임하기도 했던 프론티누스(Sextus Julius Frontinus)를 꼽을 수 있는데 그는 1세기 말경 로마시의 수도시설과 그 연혁을 서술한 2권의 『로마 수도론』(De aquaeductu)을 통해 로마로의 물 공급에 대한 유용한 연구결과물을 내놓았다.[10)]

이러한 도시기획에 대한 이론적이고 학술적인 연구를 더욱 부채질 한 것은 로마의 영토가 정복전쟁을 통해 더욱 넓어지고 이러한 광활한 영토를 성공적으로 지배하기 위해 군사기지 그리고 식민도시를 더욱 많이 건설해야 된다는 현실적 필요에서였다. 기원전 200년까지 로마군은 알프스를 제외한 이탈리아반도 전역을 정복했고 뒤이은 300여 년 동안에는 스페인에서 페르시아 만에 이르는 광대한 대제국을 일구어냈다.

이 광대한 대제국의 영토위에 그들은 영원하고 지속적인 난공불락의 군사기지를 건설하려고 했다. 그리고 군사기지화가 된 후 군사적 필요가 줄어들었을 때 이러한 많은 군사기지는 로마제국의 중요한 식민도시들로 자연스럽게 변화가 되어 나갔다.[11)] 이렇게 볼 때 로마의 많은 도시들은 군사적 목적에 의해 만들어졌다고도 볼 수 있다.

또한 로마시대에 도시기획이 발달될 수 있었던 이유로 눈여겨보아야 할 것은 잘 계획된 도시들이 수많은 군사기지들을 계

---

9) E. J. Owens, *The City in the Greek and Roman World*, Reprint edition (New York : Routledge, 1992), p.6.

10) C. Herschel, *The Two Books on The Water Supply of the City of Rome of Frontinus*, (trans with explanatory chapters) New England Water Works Association (1973). ; A. T. Hodge, *Roman Aqueducts & Water Supply*, 2nd ed., (London : Duckworth, 2001).

11) David Macaulay, *City : A Story of Roman Planning and Construction* (New York : Houghton Mifflin Company, 1974).

속 증설시켜 나가는 것보다 로마의 향후 평화와 안녕을 위해 더 중요하다는 사실을 로마인들이 잘 깨닫고 있었다는 점이다. 그리고 이러한 깨달음에 그치지 않고 로마인들은 도시가 상업과 정부 및 행정 그리고 종교의 중심지라는 사실까지 잘 알고 있었고, 이에 한걸음 더 나아가 상업과 정부 및 행정 그리고 종교의 중심지가 바로 도시라는 사실이 많은 사람들로 하여금 이곳에 와서 모여살기를 원하는 이유가 된다는 점 역시 잘 알고 있었다는 점이다.[12]

이러한 관점에서 볼 때 레이 로렌스(Ray Laurence) 등이 주장하듯 로마의 도시는 로마제국의 사회적, 문화적 그리고 경제적 특성들을 가장 잘 표현해 주고 있는 것으로 이해할 수 있는 것이다.[13]

로마시대에 있어 도시기획가들은 도시를 건설하기 전에 향후 건설될 도시가 가지게 될 인구의 최대 규모 또는 적정 규모를 사전에 결정하였으며 공간의 효율적 배분을 위해 주택이나 상점, 광장, 그리고 신전이나 사원 등이 어느 공간에 어떻게 들어서야 할 것인가를 사전에 결정하였다. 그리고 앞으로 건설될 도시가 필요로 하는 물의 양은 물론이고 급수를 위한 상수도의 규모와 수량 그리고 마차가 다닐 수 있는 도로나 사람이 다녀야 할 길 그리고 배수를 위한 하수도의 규모와 수량을 결정했다. 로마의 도시기획가들은 이러한 치밀하고 사전에 준비된 도시 계획에 의해 모든 로마시민들의 요구를 수용하고 이를 만족시키려 노력했다.[14]

또한 로마의 도시기획가들은 계획상 허용될 수 있는 최대의

---

12) *Ibid.*

13) Ray Laurence, Simon Esmonde Cleary, Gareth Sears, *The City in the Roman West, 250 BC-AD 250* (New York : Cambridge University Press, 2011).

14) David Macaulay, *op. cit.*

인구규모에 도달하면 새로운 도시를 다른 장소에 건설할 계획 역시 세워 나갔다. 그들은 도시가 수용할 수 있는 적정인구규모의 초과가 가져올 위험을 이미 알고 있었던 것이다.

도시기획가들이 사전에 심사숙고하여 결정한 도시계획에 입각하여 짜여 진 도시를 둘러싼 성벽의 수용한계를 넘는 인구증가는 현존하는 물의 공급수량과 하수처리 용량[15], 그리고 수용할 수 있는 교통체계에 커다란 부담이 된다는 사실과 도시 시민이 살아가기 위해 의지하는 식량을 거두어들이는 농지를 결국 황폐화시키는 결과를 가져 온다는 사실도 잘 알고 있었다. 도시기획가들의 도시계획과 관련된 이러한 생각들은 기원전 300년에서 150년까지 수많은 로마도시들을 건설하는데 기본적인 사고의 기반을 이루었다.[16]

그리고 이러한 도시기획가들의 비범한 도시기획에 대한 아이디어를 현실화시키는데 있어서 빼놓을 수 없는 것이 바로 혜안을 지닌 로마의 지도자들의 역할이었다는 점이다. 황제를 중심으로 하여 많은 로마의 지도자들이 도시기획가들의 건의를 받아들여 실용적이면서도 아름다운 도시들을 많이 건설하였을 뿐만 아니라, 도시계획을 실행에 옮길 때나 이러한 과정에서 발생하는 문제들을 해결하는데 많은 물적 지원과 인적 지원을 아끼지 않았다는 사실이다.

그 대표적인 사례로 로마 제정 초대 황제였던 아우구스투스(Caesar Divi Filius Augustus)에 의해 추진된 베르보니아(Verbonia) 도

---

15) 오웬스(E. J. Owens)는 수도관, 하수도, 공공건물, 그리고 도시성장을 위해 필요로 되는 법률 등이 고대 로마의 도시를 이해하는데 있어 반드시 고려해야 할 요인들임을 지적하고 있다. E. J. Owens, *The City in the Greek and Roman World*, Reprint edition (New York : Routledge, 1992).

16) David Macaulay, *op. cit.*

시계획과 이의 건설과정을 들 수 있다. 이것은 로마의 이상적인 도시모델이 되었던 것이다. 이를 이해의 편의를 위해 간략히 소개하면 다음과 같다.

포강을 낀 비옥한 계곡 평야에 밀과 포도가 다량으로 생산되었고 이렇게 생산된 것들이 로마로 공급이 되고 있었는데 기원전 26년에 포강이 홍수로 인해 범람을 하여 농작물을 제대로 수확하지 못하게 되었다. 농작 지는 홍수로 인해 심하게 유린되었고 중요한 다리마저 무너져 내렸다. 아우구스투스 황제는 즉시 홍수 피해를 입은 이 지역에 45명의 군 엔지니어와 건축토목 전문가, 측량기사, 피해조사관 그리고 도시기획가 등을 급파하였다. 이들은 새로운 다리를 놓고 도로를 새로 부설하고 새로운 도시를 건설하는데 참여를 하였다. 바로 그 도시가 이상적인 도시모델이 된 베르보니아로 명명이 된 것이다.[17)]

아우구스투스 황제는 새롭게 재건된 도시가 로마를 위해 보다 많은 농작물들을 생산해 주고 상업이 활성화되는 그런 도시로 발전해 주길 희망했다. 새로운 도시개발을 가속화시키기 위해 아우구스투스 황제는 이 도시를 지속적으로 개발하는데 도움을 주고 개발 후 이 도시의 일등시민이 될 수 있도록 2천 여 명의 군인들을 제대시켜 개발 사업에 참여시켰다.[18)] 이러한 아우구스투스 황제의 적극적인 지원과 노력이 없었다면 도시개발과 같은 이와 같은 결과는 얻어낼 수 없었을 것이다.

도시기획에 대한 적극적인 노력을 아끼지 않았던 아우구스투스 황제 이후에도 끊임없이 로마는 발전되어 나갔다. 이러한 발전과정에 있어서 대도시로서 로마에 필요한 것은 효율적인 토

---

17) David Macaulay, *City : A Story of Roman Planning and Construction* (New York : Houghton Mifflin Company, 1974).

18) *Ibid.*

지이용 등을 목적으로 하는 조닝이나 건물을 세우거나 또는 도시설계를 할 때 이와 관련된 행정규제와 같은 기획 적 요소들이 었다. 특히 공공건물들은 철저한 감시와 감독이 필요로 되었다. 또한 마차가 다니고 사람이 다닐 수 있는 도로를 유지하고 교통체계를 제대로 운영하기 위한 관리통제가 필요로 되었는데 이것도 로마라는 도시의 기획 적 요인을 필요로 하는 것이었다. 또한 홍수를 예방하고 이에 대비하는 노력도 기획적인 요소들을 필요로 하였다.[19)]

이뿐만 아니라 로마 시민들이 먹을 식량과 필요한 물을 공급하는 일도 도시가 소화시켜야 할 일로 기획적인 노력이 필요로 되는 것이었다. 특히 물 공급은 로마 시민들의 생명의 원천이라는 점에서 뿐만 아니라 시민들의 건강과 위생을 위해서도 없어서는 안 되는 필수적인 요인이라는 측면에서 체계적인 준비가 필요로 되는 것이었다.[20)]

이러한 도시와 불가분리의 관계에 있는 기획의 수요는 공공부문으로만 한정되는 것은 아니었다. 일반 민간부문에서도 기획의 필요성은 부정할 수 없는 것이었다. 하나의 예로서 민간 시장을 활성화하기 위해 다양한 상품거래가 이루어지도록 하는 것 역시 체계적인 기획 적 노력을 필요로 하는 것이었다. 또한 로마 시민들의 여홍이나 레저 역시 도시기획과 절연된 것으로 생각할 수 없으며, 화재나 다른 여타의 재앙에 대한 대비 그리고 주택이나 교육 역시 이에 예외일 수는 없는 것이었다.[21)]

이러한 맥락에서 볼 때, 로마에 있어서 정치, 경제, 사회생활

---

19) O. F. Robinson, *Ancient Rome : City Planning and Administration*, New edition (New York : Routledge, 1994).

20) *Ibid.*

21) *Ibid.*

그리고 종교에 있어 도시가 가지는 의미는 아무리 강조한다해도 지나침이 없는 것이었다. 로마에 있어 도시가 가지는 의미는 바로 문명 그 자체였던 것이다. 도시가 없었다면 문명도 없었다는 의미다. 『펠로폰네소스 전쟁사』를 저술하여 유명해 진 고대 그리스의 역사가인 투키디데스(Thucydides) 역시 도시생활을 안정, 안전, 그리고 번영과 동일시하였다.[22)]

도시의 정치적 그리고 행정적 역할은 그리스의 아고라나 로마의 포럼에서 이루어졌다. 아고라나 포럼으로 표현되는 이러한 것들은 도로의 네트워크화를 통하여 여타의 다른 도시의 기능들과 연계되는데 있어 도시의 심장 역할을 하였다. 그리고 이것은 아크로폴리스처럼 도시의 정치적 그리고 행정적 독립의 지표가 되었다. 시민들의 여흥, 경쟁, 그리고 레저 활동들이 도시의 세부 전문적 건축물 등이 새롭게 만들어지기 전 까지는 이곳에서 이루어졌다.[23)]

고대 도시의 기획에 있어 경제적 요인과 종교적 요인이 과소평가되는 경우가 많은 데 이것은 잘못된 것이다. 과거의 도시나 현재의 도시나 모두 중요한 경제적 역할을 수행한다. 궁극적으로 볼 때 도시의 물리적 발전은 그 도시가 가지고 있으며 또한 활용할 수 있는 자원에 의해 결정이 되는 것이다. 따라서 그 도시가 가지고 있는 항구나 성문, 아고라나 포럼, 그리고 사람들이 운집할 수 있는 공간 등이 경제적인 관점에서 주목을 받게 되는

---

22) E. J. Owens, *The City in the Greek and Roman World,* Reprint edition (New York : Routledge, 1992), p.1. ; Robert B. Strassler (ed.), *The Landmark Thucydides* (New York : A Touchstone Book, 1996). ; Thucydides, *History of the Peloponnesian War*. ; Donald Kagan, *The Peloponnesian War* (New York : Viking Press, 2003). ; Victor Davis Hanson, *A War Like No Other : How the Athenians and Spartans Fought the Peloponnesian War* (New York : Random House, 2005).

23) E. J. Owens, *op. cit.*, p.3.

것이다.

그리고 이러한 인프라와 더불어 이러한 공간에 규모가 크고 상업적 목적 등을 가진 여러 건물들이 들어서는 것이 도시의 물리적 발전에 또 하나의 큰 원동력을 제공하게 되는 것이다.[24] 그리고 고대 도시를 구성하는 또 다른 중요 요인으로 종교를 빼 놓을 수 없다. 신전이나 사원, 그리고 성스러운 장소나 유적 등이 도시의 틀을 이루는 중요한 요소가 된다. 이러한 도시의 여러 구성 요인들을 질서정연하게 만들고 배치해 나가는 사람들이 이 시대의 도시 기획가들이었으며 이러한 일을 수행하는 것이 그들이 해야 할 일들이었다.[25]

제2절 카이사르 시대의 로마의 도시기획

카이사르(Julius Caesar)는 웅대한 꿈을 가지고 수도인 로마를 재개발하려고 하였다. 카이사르의 수도 재개발 구상은 정치, 행정, 사법, 종교, 그리고 경제가 혼연일체가 되는 방식을 채택하였다.[26] 로마 포럼으로 널리 알려져 있는 포로 로마노(Foro Romano) 안에 있는 신전들이나 카피톨리노(Capitolino) 언덕에 서 있는 신전들처럼 카이사르 이전의 신전들은 서로 고립되어 있었던 것이 일반적인 형태였다. 이렇게 세워지게 되었던 이유는 그리스 신전 양식을 모방하였기 때문이었다.[27] 그러나 카이사

---

24) *Ibid.*, p.3.

25) *Ibid.*, p.4.

26) 시오노 나나미 지음 · 김석희 옮김, 『로마인 이야기 : 율리우스 카이사르 (하)』(서울 : 한길사, 1999), 331쪽.

27) 『앞의 책』, 331쪽.

르는 이러한 과거 답습 적이며 일상적인 양식을 거부하였다.

그가 기원전 55년부터 시작해서 기원전 46년에 준공한 카이사르의 포럼이 그 대표적인 예이다. 이 포럼은 길이가 165미터에 달하고 너비가 75미터에 이르는 것으로 이곳에 상점이 늘어서게 하여 종교와 경제가 동거를 하게하였을 뿐만 아니라 로마 최초의 국립도서관이 들어서도록 계획을 하고 다른 쪽에는 학교가 들어서도록 계획을 함으로써 교육 역시 함께 할 수 있도록 설계를 하여 건설을 하였던 것이다.[28]

이러한 그의 노력은 성벽 밖에 펼쳐져 있는 마르스 광장에도 미쳤는데 카이사르는 이곳에 '사입타 율리아'를 건설하였다. 민회 투표장 겸 시민들에게 휴식처를 제공하는 것이 목적이었다.[29] 이 건축물은 길이가 300미터이고 너비가 125미터에 달하는 규모이면서 사방을 원기둥으로 떠받치는 건물구조를 가지고 있었다. 그는 또한 반원형 석조 극장을 건설할 계획을 세웠고 이것은 그의 실질적인 후계자인 아우구스투스 황제에 의해 완성이 되었다.[30]

카이사르는 로마의 도심을 확장하기 위해 기원전 6세기부터 제6대 왕 세르비우스 툴리우스(Servius Tullius)가 세운 총 길이 8킬로미터에 이르고 성문이 열네 군데나 되는 세르비우스 성벽을 허물어버렸다.[31] 이 성벽은 실제로 제2차 포에니 전쟁(Punic War) 당시 카르타고(Carthago)의 명장 한니발(Hannibal)이 침공해 왔을 때 로마를 확고하게 지켜내는데 큰 역할을 한 것이었다.

---

28) 『앞의 책』, 331-332쪽.
29) 『앞의 책』, 335쪽.
30) 이 극장은 아우구스투스가 자신의 일찍 죽은 조카를 기리는 뜻에서 '마르켈루스 극장'이라고 이름을 지었다고 한다. 『앞의 책』, 335쪽.
31) 오늘날에는 테르미날 역 앞과 아벤티노 언덕과 카피톨리노 언덕 위에 성벽의 흔적이 조금 남아있다. 『앞의 책』, 338쪽.

시오노 나나미는 한니발이 그토록 강렬하게 로마를 무찌르고 싶어 하고 그것을 위해서는 어떠한 희생도 감수해온 그가 자신의 손아귀에 거의 굴러들어 온 로마를 지척에 두고 로마를 둘러싸고 있는 성벽을 결국 넘지 못하고 이탈리아 남부로 회군을 하는 모습을 잘 묘사하고 있다. 그만큼 이 성벽은 처참하게 유린될 위기에 처한 로마를 지켜내는데 큰 역할을 했던 것이다.

> 한니발은 이제 로마군과 만날 위험이 없는 라티나 가도를 따라 수도 로마로 달려갔다. 부하들이 로마 성벽에서 4.5 킬로미터 떨어진 지점에 숙영지를 만드는 동안, 그 자신은 기병대만 이끌고 라티나 가도를 따라 더욱 북상하여 로마 성벽이 보이는 곳까지 나아갔다. 성벽 근처에 이르자, 그는 로마를 둘러싼 성벽을 따라 '산책'을 감행했다. 콜리나 성문까지 갔으니까, 로마의 전체 성벽의 3분의 1을 둘러본 셈이다. 기원전 390년에 갈리아 인이 침입한 이후 179년 동안 로마의 수도에 까지 적이 접근한 적은 한 번도 없었다. 한니발의 이 대담한 시위에는 로마인들도 심장이 멎어버릴 만큼 놀랐다. 성벽 위로 몰려나온 로마인들이 숨을 죽이고 지켜보는 가운데, 백마를 탄 36세의 장군은 화살의 사정거리를 벗어난 거리에서 산책을 멈추지 않았다. 하지만 로마를 둘러싼 성벽은 견고하여 1개 군단 정도의 공격으로는 꿈쩍도 하지 않는다................ 기원전 211년의 이 '로마행'은 그토록 강렬하게 로마를 무찌르고 싶어 했고 그것을 위해서는 어떠한 희생도 감수해온 한니발이 로마를 본 처음이자 마지막 기회가 되었다.[32)]

그러나 카이사르는 지체 없이 자신의 결심에 따라 로마 방어에 핵심이었던 성벽을 허물어버렸던 것이다. 이러한 그의 처사는 성벽이 없이도 평화를 유지할 수 있다는 그의 강인한 자신감

---

32) 시오노 나나미 지음 · 김석희 옮김, 『로마인 이야기 : 한니발 전쟁』(서울 : 한길사, 1995, 2000), 233-234쪽.

을 드러내는 행동으로 볼 수도 있는 것이다.

그는 이외에 많은 공공사업을 펼쳤다. 그 중 로마의 외항이었던 오스티아의 항만 설비를 개선시킨 것이 유명하다. 물론 대규모 사업이었기 때문에 클라우디우스(Tiberius Claudius) 황제와 트라야누스(Nerva Traianus) 황제에 이르러 이루어졌다.[33] 반원형의 항구는 클라우디우스 황제가 건설을 하여 완공을 하였고 육각형의 항구는 트라야누스 황제가 건설을 하여 완공을 하였다고 한다.[34] 이 반월형과 육각형의 항구는 서로 하나로 맞추어져 구성이 되었으며 각기 오른쪽과 왼쪽에 위치를 하였고 서로 통할 수 있게 수로로 연결이 되어있었다고 한다.

아우구스투스 황제가 비현실적이라고 생각하여 착공조차 하지 않은 테베레 강을 새롭게 개발하려고 했던 사업도 카이사르가 착안한 공공사업이었다. 이 사업은 구불구불한 테베레 강의 흐름을 종래의 물줄기와 바티칸 배후를 흐르는 지류로 양분하여 테베레 동안(마르스 광장)의 홍수를 막는 동시에 테베레 서안(바티칸)을 로마 시내로 끌어들이는 사업이었다.[35] 아우구스투스 황제는 카이사르의 이 사업을 불발로 그치게 만들었지만 어쨌든 로마에 직접적인 피해를 입히는 홍수를 막기 위해 제방 축조를 통해 이 문제를 해결한 것으로 알려지고 있다.

이러한 카이사르의 노력에 의해 로마는 새로운 형태의 도시로 자리매김을 하게 되는 것이다.

---

33) 시오노 나나미 지음 · 김석희 옮김, 『로마인 이야기 : 율리우스 카이사르 (하)』(서울 : 한길사, 1999), 341쪽.
34) 크리스 스카레 지음 · 윤미경 옮김, 『로마 황제』(서울 : 갑인공방, 2004), 55쪽.
35) 시오노 나나미 지음 · 김석희 옮김, 『앞의 책』, 341쪽.

제3절 아우구스투스 황제시대의 로마의 도시기획

아우구스투스 시대의 로마의 도시기획은 지금의 기준으로 본다고 해도 손색이 없을 정도로 훌륭한 것이었다. 아우구스투스가 권력을 잡았을 당시의 로마는 이미 700여 년의 역사를 지닌 국가였기 때문에 이미 상당 부분 도시의 형태가 자리 잡혀 있었다. 로마 주변을 흐르고 있는 테베레 강가에 자리 잡은 고대 로마의 일곱 언덕 중 하나인 카피톨리노(Capitoline)[36]를 중심으로 하여 그 정상에 유피테르 카피톨리누스 신전이 자리 잡고 있었다.[37] 로마인들의 영적 구심점을 도시중심으로 삼은 것이다. 그리고 이미 정치와 행정 그리고 경제의 중심지인 로마 포럼(Roman Forum)이 조성이 되어있었는데 아우구스투수는 이를 확장하는 노력을 기울였다.[38]

특히 이러한 노력의 일환으로 마르스 울토르(Mars Ultor) 사원이 있는 아우구스투스 포럼이 새롭게 조성이 되기도 하였다. 이 포럼을 세운 명목상의 목적은 속주 행정을 위해 더 유용한 시설물을 제공한다는 것이었지만 내면적인 실제 목적은 자신이 몸담은 가문이 매우 강력하다는 것을 드러내기 위한 것이었다.

포럼의 중앙에는 율리우스 카이사르(Gaius Julius Caesar) 살해

---

36) 로마의 일곱 언덕 중 하나로 로마 포럼을 사이에 두고 팔라티노(팔라티누스 : Palatinus) 언덕과 마주보고 있다.

37) 로마는 도시기획도 고대 그리스에서 배워왔다. 그리스 도시기획의 원칙은 높은 산 위나 산자락을 끼고 만들어서 방어에 유리한 곳에 짓는 것이다. 고대 그리스 아테네 중앙의 높은 언덕에 성벽을 두르고 신전을 세운 것이 아크로폴리스(Acropolis)이고 이곳에 세워진 신전이 파르테논(Parthenon) 신전이다.

38) 로마는 그리스의 아크로폴리스를 모방하여 카피톨리노 언덕 위에 주피터 신전을 세웠고 이 신전 아래 평지에는 아고라를 본 떠 포럼을 만들었다. 물론 로마는 후대로 가면서 건축기술을 발달시켜 평지에 도시를 건설하게 된다. 아치를 사용해 건물을 고층화시켰으며 돔으로 웅장한 실내공간을 창출했던 것이다.

에 대한 아우구스투스의 복수를 상징하는 복수자 마르스의 웅장한 신전이 자리 잡고 있으며 다른 한쪽의 주랑들에는 율리우스 가문 사람들을 묘사하는 상 들이 있고, 또 다른 한쪽에는 로마 시를 창시한 로물루스에서 마리우스, 폼페이우스(Gnaeus Pompeius Magnus), 술라(Lucius Cornelius Sulla Felix)와 같은 공화정 후기 지도자들의 상들이 있다.[39)]

아우구스투스 황제의 꿈은 보다 원대했다. 그는 로마 자체를 재건하려고 하였던 것이다. 그는 이를 위해 대단위 로마 도시 재건 계획을 구상하고 이를 밀고 나아갔다. 물론 이 도시 재건 계획에는 내전 기간 동안 방치되었던 기존의 건물들을 복구하는 일도 포함이 되어있었다. 한 해에만 82개의 신전이 복구되었으며[40)] 마르켈루스 극장, 팔라티누스 언덕 위에 있는 아폴론 신전, 해시계, 영묘인 원형의 마우솔레움 등의 웅장한 새 건물도 세워졌다.[41)]

또한 로마를 끼고 도는 테베르 강 유역의 평야위에 원형신전인 판테온(Pantheon)을 비롯한 여러 주요 건물들을 세웠으며, 이에 그치지 않고 이미 조성되어있던 키르쿠스 막시무스(Circus Maximus) 대전차 경기장을 확대 보완하여 로마 시민들의 여가생활과 고대 로마의 현재와 미래를 지탱해 나갈 상무정신 고양에도 힘썼다.

그리고 평원지대에 자리 잡은 로마의 지형으로 인해 비롯된 방위상의 취약점을 보완하기 위해 로마 중심지를 에워싸는 10킬로미터에 이르는 세르비우스(Servius) 성벽을 다시 견고하게 축성 보완하였다. 이미 앞서 언급을 하였지만 시오노 나나미는

---

39) 크리스 스카레 지음·윤미경 옮김, 『로마황제』 (서울 : 갑인공방, 2004), 24쪽.
40) 『앞의 책』, 23쪽.
41) 『앞의 책』, 23쪽.

이 성벽이 너무나 견고한 나머지 제2차 포에니 전쟁 당시 카르타고의 명장 한니발(Hannibal) 군대의 로마 포위 압박에도 불구하고 로마는 한니발의 군대에 유린되지 않았다는 점을 강조 하고 있다.42)

아우구스투스 황제 후대에 들어서는 로마 방위를 보다 철저하게 하기 위해 세르비우스 성벽을 중심으로 해서 이를 더 넓게 에워싸는 아우렐리아누스(Aurelianus) 성벽이 275년에 완공이 되기도 하였다. 이 성벽 축성의 동기는 아우렐리아누스(Lucius Domitius Aurelianus) 황제의 통치 기인 271년에 북부의 야만족의 침입으로 로마가 위협을 받은 것이 계기가 되었다한다. 아우렐리아누스 황제는 야만족의 침입으로부터 로마를 지켜 줄 성벽의 필요성을 뼈저리게 느꼈던 것이다.43)

그는 기존의 기념물들을 성벽에 통합하는 등 축조작업을 긴급히 추진시켰으며 성벽의 외장은 석회 콘크리트 벽돌을 썼고 출입문만 석조를 사용하였다. 그리고 대부분의 벽돌은 재활용하였다. 성벽은 하단의 두께가 4미터이며 높이는 6.4미터에 이르고 일정 간격마다 약 30미터 높이의 사각 탑을 위치시켰다. 18개의 주요 관문을 두었고 성곽 전체의 길이는 약 19킬로미터에 이르렀다. 이로써 300년이 넘는 기간 동안 오직 제국의 군사력만으로 방어해 온 개방적 도시로서의 로마의 역사는 종결되었던 것이다. 막센티우스(Marcus Aurelius Valerius Maxentius) 황제 때에 성벽의 높이를 두 배로 증가시켰다 한다.44)

아우구스투스 황제는 로마시민에게 깨끗하고 충분한 용수를

---

42) 시오노 나나미 지음·김석희 옮김, 『로마인 이야기 : 한니발 전쟁』, 2권 (서울 : 한길사, 1995), 234쪽.
43) 『앞의 책』, 207쪽.
44) 크리스 스카레 지음·윤미경 옮김, 『로마황제』 (서울 : 갑인공방, 2004), 207쪽.

공급하기를 원했다. 그는 이를 위해 먼 곳에 위치하고 있는 호수의 물을 수도관과 연결하여 로마 시내에 공급하는 대수로[45)]를 교량 식으로 설치하는 일도 게을리 하지 않았다. 이렇게 해서 새로이 건설된 것이 아쿠아 율리아(Aqua Julia)와 아쿠아 비르고(Aqua Virgo)라는 대수로 이었다.[46)] 이에 그치기 않고 그는 기존의 수로와 하수도까지 대규모로 재정비하였다.

이러한 대수로 관련 공사는 후대의 클라우디우스(Tiberius Claudius) 황제 때 다시 대규모로 이루어졌다. 그는 칼리굴라(Caligula) 황제가 착수한 69 킬로미터 길이의 아쿠아 클라우디아와 87 킬로미터의 아니오 노부스 두 수로 공사를 완결 지었다.[47)] 아쿠아 클라우디아 수도는 14킬로미터 정도 떨어져 있는 카이롤레우스 호와 쿠르티우스 호수를 수원으로 하였다.

이 수로는 뒤에 도미티아누스(Caesar Domitianus Augustus) 황제가 당대의 명 건축가였던 라비리우스(Rabirius)를 시켜 팔라티누스 언덕 꼭대기에 야심차게 신축한 자신의 궁전 도무스 아우구스타나(Domus Augustana)에 물을 끌어 오기 위해 확장이 되기도 하였다.[48)] 이 두 개의 수로는 로마 시내에 이르면 서로 포개어져서 이중 아치 위로 라비카나 가도(Via Labicana)와 프라이네스티나 가도(Via Praenestina)의 교차로를 가로 질렀다고 한다.[49)]

---

45) 에트루리아인이 대수로의 아이디어를 처음으로 개발해냈다고 하는 주장도 있다.

46) 『앞의 책』, 23쪽.

47) 로마가도는 주된 목적이 군사용이었기 때문에 군단 병을 건설공사에 동원했고 그래서 공사비에 대한 기록이 남아있지 않은 반면, 수도공사는 건설회사가 입찰을 통해 도급을 맡았기 때문에 수도 건설비에 대해서는 몇 가지 사료가 남아있다. 박물지를 쓴 대 플리니우스가 남긴 기록에 따르면 클라디우스 수도와 새 아니오 수도의 총건설비는 3억 5천만 세스테르티우스였다고 한다. 클라디우스 수도는 69km이고 새 아니오 수도는 87km가 되는 거리에 수도관을 놓는 공사였다. 시오노 나나미 지음 · 김석희 옮김, 『로마인 이야기』, 10권 (서울 : 한길사, 2002), 257쪽.

48) 크리스 스카레 지음 · 윤미경 옮김, 『로마황제』 (서울 : 갑인공방, 2004), 89-91쪽.

49) 『앞의 책』, 54쪽.

이외에 로마에 이르는 수로 중 빼 놓을 수 없는 것 중 하나로는 트라야누스 황제 때 만들어진 아쿠아 트라야나 수로를 빼놓을 수 없다. 황제 포럼들 가운데 가장 큰 트라야누스 포럼, 트라야누스 시장, 네로의 황궁 궁전 부지 위에 세워진 트라야누스 목욕장, 모의 해전에 사용 된 원형극장인 트라야누스 나우마키아 등 어느 황제보다 많은 공공사업을 벌려 건설 왕으로까지 칭송되는 트라야누스 황제는 로마에 물을 대기 위한 대수로 중 마지막 수로인 아쿠아 트라야나를 만들어 로마 시민의 젖줄을 풍성하게 하는데 기여를 하였다.[50]

이로써 로마는 기원전 312년에 최초로 건설된 아피아 수도를 포함해 11개의 수로를 갖게 되었다.[51] 시오노 나나미는 로마문명을 가능케 한 것으로 로마가도와 함께 로마인이 이룩한 2대 인프라 중 하나로 수로를 들고 있다.[52]

이러한 아우구스투스 황제와 그 이후의 역대 황제들에 의한 로마의 도시기획에 대한 관심과 이를 업그레이드 시키려는 노력의 여러 결과들로 인해 로마는 로마 시민의 삶을 보장하고 나아가 그들의 삶의 질을 높이고 풍요롭게 할 수 있는 도시로의 위용을 가질 수 있게 되었다. 기원전 44년에서 기원전 7년 사이에

50) 『앞의 책』, 110쪽. 그는 이에 그치지 않고 로마와 인접한 로마의 외항인 오스티아 근처의 테베르 강 하구에 포르투스(Portus)로 알려진 새로운 항구를 건설하여 로마 시민의 젖줄인 곡물 수송로를 확장하려는 노력도 아끼지 않았다. 『앞의 책』, 54쪽. ; 클라우디우스가 이렇게 심혈을 기울여 완공한 포르투스 아우구스티를 육각형 모양으로 개조하여 운하를 통해 테베레 강과 연결시켜 육지에 에워싸인 항구로 바꾼 것은 후대의 트라야누스 황제였다. 그는 클라우디우스가 건설한 항구가 대피항으로 충분하지 않다고 생각을 하였고 그러한 생각에 입각하여 기존의 클라우디우스 항구와 면한 곳에 육각형의 항구를 새롭게 만들음으로써 오스티아 항구를 새로운 모양으로 개조하기에 이른 것이다. 『앞의 책』, 109-110쪽.

51) 시오노 나나미 지음·김석희 옮김, 『로마인 이야기』, 15권 (서울 : 한길사, 2007), 437쪽.

52) 『앞의 책』, 437쪽.

로마를 수차례 방문했던 그리스의 지리학자이며 역사학자였던 스트라보(Strabo)는 대형 건물로 가득 찬 거대도시 로마에 압도 당했다고 고백을 했다는데 이는 고대 로마 도시기획의 우월성과 이를 일구어내려는 지도자들의 노력에 대한 찬사로 받아들일 수 있을 것 같다.

서기64년 대화재로 인해 로마의 도시기획의 많은 산물들이 폐허로 변하지만 이후 콜로세움을 짓고 티투스 개선문과 목욕탕, 팔라티노 언덕에 도미티아누스 황제 궁전[53] 등을 지으면서 로마는 다시 옛날의 위용을 되찾았다.

이러한 노력에 힘입어 2세기 중반에 달하자 로마 인구는 백만 명으로 불어났으며[54] 이러한 인구팽창은 넓게 펼쳐지는 중정식의 주택들을 공간 밀집도가 높은 다층 아파트 건물인 인술라(Insula)로 대치시켰다.[55] 대부분이 벽돌로 건설되었지만 몇몇은 콘크리트로도 건설이 된 다층의 주거건물은 로마 시 인구의 거의 90%를 수용하였다 한다.[56] 이미 로마는 현대 도시와 비교를 해도 손색이 없었던 것이다.

---

53) 도미티아누스 황제가 착수한 로마의 건축 공사는 아우구스투스 황제 이래 가장 대규모였다. 그는 티투스의 치세 때 발생한 대화재로 파괴된 건조물 가운데 유피테르 신전을 포함해 많은 것을 다시 세웠다. 지금 나보나 광장으로 이름 붙여진 체육 경기장, 그리고 포럼 트란시토리움(Forum Transitorium)으로도 잘 알려져 있는 네르바 포럼, 더불어 플라비우스 씨족 신전 등 큰 기념물들을 짓는 일도 병행하여 이루어졌으며 게르만 전쟁과 다키아 전쟁의 승리를 기념하기 위해 세운 도미티아누스 기마상도 유명하다. 크리스 스카레 지음·윤미경 옮김, 『로마황제』 (서울 : 갑인공방, 2004), 92쪽과 99쪽.

54) O. F. Robinson, *Ancient Rome : City Planning and Administration*, New edition (New York : Routledge, 1994).

55) 로마는 기원전 27년부터 324년까지의 기간 중 세계의 중심으로 전성기인 3세기경에는 45,000개가 넘는 아파트와 약 2,000개의 개인주택이 건설되었다. 1세기경에 아우구스투스 황제에 의하여 높이제한(21m)이 시행되기 이전에 이미 8층 건물이 건립되었다 한다. 아우구스투스 황제의 이러한 고도제한은 지금의 개념으로 말하자면 조닝(zoning)이 최초로 이루어진 것으로 이해 할 수 있다. http://kin.naver.com/knowhow (2011년 7월 19일)

56) http://blog.naver.com/attic/1854891 (2011년 7월 19일)

제4절 도로와 이와 연계된 지방도시

정복전쟁을 통한 영토 확장에 따라 여러 곳에 식민도시를 수백 개 건설하였는데 처음에는 이탈리아 반도에서 시작하여 후에는 전 영토로 파급되었으니 이것이 곧 콜로니아(Colonia)이다. 콜로니아 간의 교류는 도로를 개설하여 연결하였다. 물론 콜로니아는 식민도시이면서 병영도시 또는 군사도시로의 기능을 복합적으로 수행하였다. 또 식민도시와는 별개로 지리적, 지형적 특성으로 인해 병영도시나 군사도시로 독자적으로 개발되어진 곳도 없지 않았으며 특성에 따라 상업도시들도 건설되어졌다.[57] 물론 이러한 새로운 도시건설을 위한 재원은 정복전쟁을 통해 획득한 전리품들로 메워졌다.

143년 그리스 철학자인 아리스티데스(Aristeides)는 그리스 시성인 호메르스(Homer)의 꿈이 이루어졌다고 하면서 "당신들 로마인은 산하에 들어온 모든 땅을 측량하고 기록했다. 그리고 그 후에도 하천에는 다리를 놓고, 평지는 물론 산지에도 가도를 건설하여, 제국의 어느 지방에 살든 쉽게 왕래할 수 있도록 정비했다. 게다가 제국 전역의 안정을 위한 방위체제를 확립하고, 인종과 민족이 달라도 함께 살아가기 위한 법률을 정비했다."[58]라고 써서 로마의 도로와 지방의 군사도시가 이루어낸 위업을 높이 평가하고 있다.

---

57) http://kin.naver.com/knowhow (2011년 7월 19일)

58) 시오노 나나미 지음 · 김석희 옮김, 『로마인 이야기』, 10권 (서울 : 한길사, 2002), 215쪽.

1. 도로

로마인들은 교통의 중요성을 일찍이 숙지하고 있었으며 이에 대한 문제해결을 위해 교통관련 지역기획 가들이 나타났다. 이들은 로마 대제국 영토 안의 각 도시를 연결하는 거대한 도로망을 기획하고 건설하였다. "모든 길은 로마로 통한다."라는 유명한 속담도 바로 이러한 효율적이고 거대한 로마의 도로망을 상징화해주는 것이다. 이러한 입체화된 도로망은 로마와 다른 여타의 도시들을 체계적으로 연결하여 커뮤니케이션과 사람과 물류이동을 가능케 하였고 로마제국의 질서를 유지하였을 뿐만 아니라 갑자기 일어난 소요나 반란을 진압하기 위해 급히 군대를 투입하는 통로로도 활용[59]을 하였다.

포로 로마노로 상징되는 로마의 중심부에서 시작되어 전국으로 뻗어 나가는 대표적인 도로로는 아피아 도로, 아우렐리아 도로, 플라미니아 도로, 오스티아 도로, 살라리아 도로, 라티나 도로 등이 있었는데 이러한 도로 들이 모두 로마와 여타의 다른 도시들을 체계적이고 유기적으로 연결하는 핵심적인 도로였던 것이다.

로마의 도로는 기원전 500여년부터 놓이기 시작하였다. 그 이후 기원전 360여년 까지 놓여 진 도로들이 많았다. 기원전 500년경에 만들어진 가비나 도로(Via Gabina), 기원전 490년에 만들어진 라티나 도로(Via Latina), 기원전 449년에 만들어진 노멘타나 도로(Via Nomentana), 기원전 421년에 만들어진 라비카나 도로

59) 시오노 나나미는 로마가도의 건설목적 중 하나가 군대를 목적지로 신속하게 이동할 수 있게 하려는 것이었다고 주장을 한다. 그래서 칼 대신 곡괭이를 쥔 군단병이 도로를 건설하고 보수하는 것을 전통으로 하였다고 한다. 시오노 나나미 지음·김석희 옮김, 『로마인 이야기』, 15권 (서울 : 한길사, 2007), 97쪽.

(Via Labicana), 기원전 361년에 만들어진 살라리아 도로(Via Salaria) 등이 그러한 도로들이었다.[60)]

그러나 가장 유명한 도로는 아피아 가도(Via Appia)와 플라미니아 가도(Via Flaminia)이다. 로마 도로 중 가장 핵심이 되는 도로이었기 때문이다. 물론 아리미눔에서 프라센티아에 이르는 에밀리아 도로(Via Aemilia)나 기원전 241년에 만들어진 로마로부터 갈리아에 이르는 아우렐리아 도로(Via Aurelia)나 로마로부터 투스카니(Tuscany)에 이르는 카시아 도로(Via Cassia) 등으로 일컬어지는 주된 도로들이 있지만 이것만은 못했다.

주지하다시피 아피아 가도는 고대 로마의 도로 가운데 가장 유명하고 오래된 도로 중의 하나이다. 기원전 312년에 군사용 도로로 첫 구간이 만들어졌으며 로마에서 시작하여 캄파니아와 남부 이탈리아 아풀리아(Apulia) 주의 브린디시(Brindisi)까지 뻗어 있다.[61)] 그리고 아피아 가도 못지않은 도로가 플라미니아 가도인데 이 가도는 기원전 220년 가이우스 플라미니우스(Gaius Flaminius Nepos)에 의해 건설이 된 것으로 로마로부터 시작을 하여 아펜니노 산맥을 넘어 아드리아 해에 접해있는 아리미눔(Ariminum), 지금의 지명으로는 리미니(Rimini)까지 닫아 있다.[62)]

이외에 로마와 아페르눔을 잇는 발레리아 가도(Via Valeria), 로마에서 오늘날 사투르니에 이르는 클로디아 가도, 이탈리아 남쪽에 건설된 안니아 가도, 북부 이탈리아 지역에 만들어진 포스투미아 가도와 기원전 187년에 착공된 직선도로로 유명한 아이밀리아 가도 등이 있다.

이러한 도로의 개설 목적은 주로 군사적이거나 상업적인 것

---

60) http://en.wikipedia.org/wiki/Roman_roads (2011년 7월 18일).
61) 크리스 스카레 지음 · 윤미경 옮김, 『로마황제』 (서울 : 갑인공방, 2004), 89쪽.
62) http://en.wikipedia.org/wiki/Via_Flaminia (2011년 7월 18일).

이었다. 전체 길이가 4십만 킬로미터에 달했으며, 이 중 포장이 된 도로는 8만여 킬로미터에 달하였다 한다. 로마제국의 절정기에 로마로부터 뻗어 나간 군사용 도로는 29개에 달하였고 로마의 113개 지역이 372개의 대로로 연결되어 있었다고 한다. 갈리아 지방만 도로의 길이가 2만여 킬로미터에 달했고 브리타니아 지방의 도로 길이도 4천 킬로미터에 달했다 한다.[63)]

이러한 도로를 놓는데 있어 많은 역대 황제들이 기여를 하였지만 그 중 대표적인 황제하면 트라야누스(Nerva Traianus) 황제를 들 수 있다. 그는 축축하거나 질퍽거리는 길들을 포장하고, 제방 위에 도로를 놓았으며, 강이나 시내에는 교량을 세우는데 앞장을 섰다.[64)] 특히 교량의 건설에서는 가장 앞섰는데 그 중 압권은 도나우(Danube) 강을 가로지르는 것이었다. 역사가 디오 카시우스(Cassius Dio Cocceianus)는 "트라야누스의 다른 건축물들도 정말 뛰어나지만, 이 다리는 최고다."[65)]라고 극찬을 아끼지 않은 것을 보더라도 알 수 있다.

2. 지방도시

고대 로마는 고대 그리스와 같이 폴리스(Polis)를 중심으로 하는 도시국가형태로 발전되어 나갔다. 고대 로마제국에는 로마와 같이 자연발생적인 도시와 계획도시 등 두 종류의 도시형태가 있었다. 정복전쟁을 통해 영토가 확장이 되고 이에 따라 처음에는 이탈리아 반도에서 시작을 하여 후에는 전 제국의 영토 여러 곳에 식민도시를 수백 개 건설하였는데 이것이 앞에서 간단

---

63) http://en.wikipedia.org/wiki/Roman_roads (2011년 7월 18일).

64) 크리스 스카레 지음·윤미경 옮김,『로마황제』(서울 : 갑인공방, 2004), 105쪽.

65)『앞의 책』, 110쪽.

하게 언급한 콜로니아(Colonia)라고 불리어지는 것이다. 콜로니아는 로만(Roman)콜로니아와 라틴(Latin)콜로니아가 있었고, 새로 정복한 영토를 지배하기 위한 근거지로서 건설한 도시로서 로마도시의 빈민들을 이곳으로 이주시켜 시민권을 부여하는 대신에 방어의 의무를 지니고 로마제국을 수호하도록 하였다.

이 도시는 새로 정복된 특정지역의 통치상의 중심지이며 교통의 요지로서 상업도시의 성격 역시 내포하고 있다는 특징도 지니고 있다. 앞서 말했듯이 전 제국의 영토에 콜로니아가 보급되었고 콜로니아 간의 소통은 도로를 개설하여 연결시켰다. 현재 유럽의 유명한 도시 중에는 콜로니아에서 역사가 유래되는 도시가 많은데 영국에는 28개소의 도시가 이에 해당이 되고[66] 프랑스도 현재 약 500개의 도시 중 80개 정도가 로마시대의 콜로니아에 기원을 두고 있다.

이와 같은 식민도시인 콜로니아와 다른 형태의 도시도 건설이 되고 발전을 시켜 나갔다. 그런 것으로는 병영도시와 상업도시를 들 수 있다. 병영도시는 변경지대에 수비병의 주둔지에 설치한 도시로서 군사적 목적을 가장 크게 띠는 도시의 형태이며, 상업도시는 교통상의 요지에 주로 건설된 도시로서 앞서 언급한 콜로니아와 도시 성격상 유사한 점이 많이 있다. 그러한 까닭으로 콜로니아처럼 현존하는 유럽도시의 기원이 되었다. 이 당시에는 순수한 상업도시라기 보다는 식민도시의 성격을 띠는 경우가 많았기 때문이다.[67]

로마는 새로운 영토를 식민화하고 로마에로의 인구유입과 집

---

66) 영국에는 28개소의 도시가 로마에서 기원된 것으로 랭카스터(Lancaster), 돈카스터(Doncaster), 맨체스터(Manchester)등 Caster, Chester, Cester 등의 이름이 붙어 있는 것은 라틴어인 카스트라(Castra=병영)에서 기원을 찾을 수 있다.

67) http://kin.naver.com/knowhow (2011년 7월 19일)

중을 막고 로마의 법과 질서의 상징을 구현키 위해 전 제국의 영토에 수많은 지방 군사도시, 즉 병영도시를 계획적으로 건설하였다.[68] 로마의 방어를 위해 세워진 코사(Cosa)[69]나 알바 푸첸스(Alba Fucens) 그리고 팔레스트리나(Palestrina) 등이 대표적인 군사도시의 성격을 가지는 지방 도시이고 팀가드(Timgad), 팔미라(Palmyra), 에페수스(Ephesus), 비블로스(Byblos)와 티레(Tyre), 그리고 바알베크(Baalbek) 등이 속국을 대표하는 지방도시의 사례들이다.

이들의 대부분은 표준화된 설계에 입각한 마스터플랜에 따라 건설되었다. 고대 그리스의 건축가였던 히포다마스(Hippodamus)가 창안한 '히포다마스 식 격자형 도시모형'(Hippodamian gridded city model)에 따라 바둑판식의 사각형으로 된 틀 위에 여러 직사각형의 도로들을 건설하였으며[70], 고대 그리스의 아고라(agora)를 본떠서 포럼형태의 로마식 광장모형을 고안하여 두 개의 큰 도로가 서로 만나는 곳에 시청이나 법원과 같은 공공시설을 자리잡게 하였다.

그리고 독창적인 로마식 모형으로 부자들을 위해서는 빛이 밝게 들어오는 넓은 안뜰을 지칭하는 중정(中庭)[71]이 딸린 아트

---

68) Anthony J. Catanese and James C. Snyder (eds.), *op. cit.*, p.9.

69) 이탈리아 중부의 티레니아 해 연안에 있는 고대도시로써 중세부터는 안세도니아(Ansedonia)라 불리었다. 기원전 273년부터 로마 인에 의해서 건설된 식민도시로 기원전 2세기경에 번영을 했다한다. 성벽으로 둘러싸여 있었으며 거리의 중심에는 개선문, 포룸, 신전 등이 발견되었다. http://terms.naver.com/entry.nhn?docId=264083

70) 히포다마스(Hippodamus)는 메소포타미아의 도시나 이집트의 도시에서 시작되었던 격자형 도로 패턴을 발전시켰던 것으로 그리스와 로마 시대에 있어 도시기획의 표준적 모델이 되어 대부분의 신도시 계획이 이와 같은 도로 형식에 따라 적용이 되었다. 그러나 그리스와 약간 차이가 나는 것은 그리스는 정사각형으로 도시계획을 짰다면 로마는 비교적 엄격하지 않은 격자체계(格子)의 도로를 중심으로 도시계획을 짰다는 사실이다. 가장 대표적인 도시로 폼페이를 들 수 있다. Ray Laurence, *Roman Pompeii : Space and Society*, 2 edition (New York : Routledge, 2007).

71) 중정은 지붕의 중앙에 개구부가 있으며 그 아래쪽의 바닥에는 빗물을 받기 위해 움

리움(atrium)식의 집을 짓고 일반 시민들을 위해서는 조그마한 아파트를 짓는 식으로 도시를 설계해 나갔던 것이다.[72)]

이러한 군사도시 적 설계 유형에 따라 지어진 대표적인 건물 중 하나가 바로 디오클레티아누스(Gaius Aurelius Valerius Diocletianus) 황제 때 지어진 스팔라토(Spalato) 황궁이었다. 이 황궁은 하나의 궁전이기 이전에 군사적 요새였고 또한 최적의 방어 틀을 갖춘 자그마한 군사도시였다. 이 황궁들의 문은 군사적 방어를 최적화 하도록 설계되어있었다. 즉 바깥문과 안쪽 문을 달아서 이중문으로 설계한 것이다. 그리고 바깥문은 측면에 다각형의 탑을 세우고 이중문으로 닫게 한 후 그 위에 내리닫이 격자문을 덧대 보호기능을 강화했으며 안쪽 대문 역시 육중한 문을 달아서 이중적인 방어가 가능하도록 설계를 하였던 것이다.[73)]

그리고 이러한 군사적 요새나 군사도시들을 보호하고 이를 점으로 연결하여 야만인과의 접촉에 따르는 충돌과 갈등을 회피시키기 위해 성벽을 쌓고 요새를 세워 변방에 대한 경계를 강화시키는 노력도 아끼지 않았다. 이러한 방어적 목적을 달성하기 위한 대표적 사례로는 하드리아누스(Publius Aelius Hadrianus) 황제에 의해 브리타니아에 구축된 129 킬로미터에 이르는 하드리아누스 성벽을 들 수 있다.[74)]

하드리아누스 황제는 121년에 게르마니아를 방문했을 때 로마 국경을 확고히 하기 위해 국경 일부에 목재로 된 방어선을 구

쭉 파 놓은 곳이 있다. 그리고 중정에는 페리스타일(peristyle)의 넓은 마당이 있다. 여기에서 페리스타일이란 그리스에 기원을 둔 열주랑으로 된 넓은 마당을 의미한다. 이 마당에는 분수와 정원이 있고 이것을 둘러가며 가족의 사실들이 배치되어있다. http://blog.naver.com/attic/1854891 (2011년 7월 19일)

72) *Ibid.*, p.9.

73) 크리스 스카레 지음 · 윤미경 옮김, 『로마황제』 (서울 : 갑인공방, 2004), 231쪽.

74) 『앞의 책』, 115쪽.

축할 것을 지시하였다. 그는 야만족인 이방인과 문명인인 로마인을 갈라놓기 위한 물리적 장벽을 필요로 하였고 이를 건설하기 위한 계획을 주도적으로 추진시켜 나갔다. 그는 이듬해 여름 브리타니아 북부에 머무는 동안 계획된 성벽을 보다 영구적으로 구축해 나가기 시작하였다. 목책 대신 석벽으로 축성을 하였고 500명에서 1,000명에 이르는 병사들을 수용할 수 있는 수비대 주둔 요새를 만들었으며, 일정 간격을 두어 망루를 세워 관측소 역할을 맡게 하였다.[75)]

이러한 하드리아누스 황제의 방어 계획에 의해 야만족의 침입을 효과적으로 제압하고 나아가 문명사회와 야만 사회의 경계를 확고히 하여 로마의 방어를 보다 견실하게 만들어내는데 기여를 하였다.

이와 같이 로마를 비롯한 이탈리아 반도 내의 도시 기획은 물론이고 더 나아가 로마는 대제국이라는 수식어가 뜻하는 면모와 일치하게 제국 내의 많은 곳에 로마의 도시기획모델 들을 이식시켜 놓았던 것이다. 통치의 편의성이나 제국의 일체감 등을 꾀하기 위해서뿐만 아니라 군사적 방어의 필요성에 의해 로마는 많은 제국의 속국들에 자신의 닮은꼴을 계획하고 이를 만들어내는데 심혈을 기울였던 것이다.

1) 팀가드(Timgad)

이러한 대표적인 예로는 지금부터 2,000년 전에 북아프리카 알제리 바트나 주에 건설된 팀가드라는 고대도시를 들 수 있다. 이 도시는 전형적인 로마식 도시기획의 표상으로 이해할 수 있다. 바둑판식의 격자형 도로체계를 완벽하게 갖추고 있으며 급

---

75) 『앞의 책』, 115쪽.

수와 배수를 위한 상수도 및 하수도를 완벽하게 갖추고 있다. 상수도는 저수지의 물을 걸러서 사용을 하였으며 일반적으로 음용수는 지하수를 사용하였고 목욕물 등은 빗물을 저장하여 사용한 것으로 추정이 된다.

이 도시는 14개의 공중목욕탕을 가지고 있었다. 이 공중목욕탕의 호사로움은 이루 말로 형용키 어렵다. 벽은 대리석으로 장식이 되었고 바닥은 온갖 아름다운 그림 등으로 장식이 된 모자이크로 깔려있다. 그리고 이 목욕탕은 온탕뿐만 아니라 냉탕 심지어는 열탕으로 불리어지는 증기탕 사우나 시설까지 갖추고 있다. 그리고 놀라운 것은 수세식 화장실을 갖추고 있었다는 것이다. 대리석으로 만든 벤치 위에 구멍을 뚫고 아래로는 물을 흐르게 하여 배변을 위생적으로 처리하게 한 것이다.

도로들은 곧게 뻗어있을 뿐만 아니라 석회석이나 대리석 등으로 포장이 되어있다. 이러한 도로들의 수량은 대로를 포함하여 13개나 되었으며, 이러한 대로의 밑에 하수도를 설치하여 도시의 오물들을 도시 밖으로 배출을 시키는 체계를 갖추었다. 이런 관점에서 볼 때 이 도시는 급수와 배수 체계를 완벽하게 갖춘 그야말로 현대적 시각에서 본다 해도 완벽한 상하수도 체계를 갖춘 도시로 평가해도 지나침이 없는 것이다.

그리고 이 도시로 들어가는 대로 입구에는 개선문이 웅장하게 버티고 서있는데 이것은 데쿠마누스의 서쪽 성문인 트라야누스 황제의 개선문이다. 그리고 대로의 양옆에는 주랑들이 길게 늘어 서있다. 이러한 대로는 두 개가 있는데 하나는 데쿠마누스로 동서로 놓여있고 다른 하나는 카르도로 남북으로 놓여있다. 그리고 서로 교차하는 지점에 포럼이라는 공공광장이 형성되어있다.

이 광장은 일반적인 로마의 도시들이 그러하듯이 시민들이 즐기고 휴식을 하는 장소이면서 정치적 집회의 장소이며 시장이 열리는 상거래의 장소였다. 광장 내에는 신전과 법원 등의 공공건물이 있었고 도서관과 시장 등이 있었다. 그리고 이 광장 옆에는 원형극장이 자리를 잡아 시민들이 연극을 관람하거나 검투사들의 시합을 보며 여흥을 즐기는 공간으로 활용을 하였다.

이 고대도시는 원래 땅에 묻혀있던 것을 발굴을 하여 오늘날의 모습으로 재현을 하였다. 발굴된 도시의 규모로 볼 때 이 당시 인구는 15,000명 정도가 살고 있었던 것으로 추정이 된다. 정복한 영토를 효율적으로 운영하려는 계산으로 정복한 지역에 로마식 도시를 건설하게 한 아우구스투스 황제의 뜻을 받들어 100년 무렵 트라야누스 황제의 명에 따라 개발이 된 도시로 보인다. 주로 퇴역을 한 군인들이 이주를 해서 많이 살았다 한다.

2) 팔미라(Palmyra)

로마의 이러한 지방 도시로 시리아와 메소포타미아 사이의 사막 지역에 건설한 오아시스 도시 팔미라를 들 수 있다. 대부분의 유적은 사라졌지만 아직도 32년에 봉헌 된 그레코로만 건축 양식을 따라 지은 벨 신전과 1세기 경 건축이 시작되어 2~3세기에 증축된 '주랑의 거리' 그리고 2세기경에 지어진 팔미라의 극장 등[76]이 남아있어 고대 로마 도시 기획의 편린을 엿볼 수 있게 한다.

특히 고대유적지 팔미라로 들어가는 주랑의 거리의 입구를 장식하고 있는 팔미라 아치형 석조문은 예술적 가치가 높을 뿐

76) 『앞의 책』, 202-203쪽.

아니라 고대 로마의 건축양식을 엿보는데 있어 손색이 없는 것으로 평가되고 있다.

3) 에페수스(Ephesus)

현재 터키에 소재하고 있는 에페수스 역시 이러한 고대 도시들 중 하나이다. 당시 20만 명 정도가 살았을 것으로 추정이 되는 이 도시의 폐허에서는 수많은 유적이 발굴되고 있다. 기원전 6세기에 건조된 웅대한 아르테미스(Artemis) 신전[77]과 1세기경 로마 제국시대에 건조된 소아시아에서 가장 큰 로마식 건축 도미티아누스 신전으로도 유명하다.

또한 138년에 지어져서 하드리아누스 황제에게 바쳐진 신전, 117년에 완공된 2만 5천명을 수용할 수 있으며 총 3단 구조로 되어있고 각 단은 22개의 계단으로 이루어진 야외 원형 대극장, 상수도 시설인 토관, 냉탕, 온탕 그리고 열탕으로 나뉜 바리우스(Varius) 목욕탕, 대리석 변기로 만들어진 수세식 공중 화장실 등이 있다.

그리고 이외에도 많은 유적들이 발굴이 되었는데 이러한 것들로는 회랑과 정원이 갖추어진 귀족들의 주택가, 공공건축물로 늘어선 바실리카와 포럼 광장, 트라야누스 황제의 분수대, 1만 2000개가 넘는 파피루스 두루마리를 소장했다는 셀시우스 도서관, 멤비우스(Memmius) 기념비 그리고 지금은 많이 손상이 되어 과거의 위용을 드러내고 있지는 않지만 장대했을 크레테

---

77) 고대 그리스의 역사가 헤로도토스가 에페수스를 방문하여 이 신전을 돌아보고는 이집트 기자에 있는 피라미드에도 떨어지지 않는 걸작으로 묘사하면서 찬탄을 아끼지 않았다 한다. http://kin.naver.com/open100

스(Curetes)라고 이름 붙여진 에페수스를 관통하고 있는 로마대로 등이다.

고트족의 침입과 지진 발생 그리고 전염병 창궐에 덧붙여 인근 하천의 토사가 계속 유입돼 범람하면서 해안선이 도시로부터 멀어져 항구로서의 기능마저 잃게 됨으로 해서 당시 최대의 무역항 중 하나이며 교역의 중심지 역할을 하면서 번성하던 고대도시는 결국 쇠퇴의 길로 접어들게 되었다.

4) 비블로스(Byblos)와 티레(Tyre)

레바논(Lebanon) 비블로스에 소재하고 있는 고대도시에서도 고대 로마 도시기획의 면모를 엿볼 수 있다. 지중해에 면해 있는 비블로스는 6,500년 전에 현재 알파벳의 기원이 된 페니키아 문자를 발명하는 등 당시로는 높은 수준의 문명적 삶을 영위했던 페니키아인들에 의해 건실된 고대 도시이나.

기원전 1,200년 이후에는 페니키아의 3대 항구도시 중에 하나로 성장을 하여 지중해 해상무역을 주도하는 대표적인 도시 중 하나로 발전을 하였다. 현재는 고대 로마 시대의 열주도로와 원형 극장의 유적이 남아있으며, 특히 그 당시에 사용했던 우물들이 발견되어 물의 공급이 이 당시에도 매우 중요했던 사실을 잘 알 수 있게 해 준다.

페니키아 인들은 레바논 남쪽 지역에 티레라는 또 다른 고대도시를 발전시켰다. 이 도시는 페니키아에서 가장 큰 항구도시로 현재 많은 고대 로마의 식민지 유적들이 남아있다. 기원전 332년 난공불락의 요새였던 티레를 공격하던 마케도니아의 알렉산드로스 대왕(Alexandros the Great)이 함락이 쉽지 않음을 알고 계책을 세워 바다를 메워 다리를 만들고 이를 통해 성채를 점령했던 일화는 지금도 자주 회자되고 있는 것이다. 이 당시의 티레 유적과 유물들은 대부분 점령군인 알렉산드로스 군에 의해 파괴되거나 유린된 관계로 남아있는 것이 별로 없다.

기원전 64년 고대 로마의 속주가 된 이후 로마식 도시기획에 의해 2세기 하드리아누스 황제가 건설하여 만든 도로, 수로, 주거지, 공중목욕탕, 극장, 경기장 그리고 신전 등이 세워졌다. 현재 남아있는 고대 로마식 유적들로는 전차경기장, 개선문, 공동묘지 등이 있다. 특히 이 중에 2세기에 건립된 전차경기장은 2만 명의 관중을 수용할 수 있어 로마 제국 최대의 규모를 자랑하는 것이었다.

5) 바알베크(Baalbek)

레바논 북부 쪽에 위치한 바알베크 역시 고대 로마의 도시기획을 엿볼 수 있는 좋은 예가 된다. 원래 이곳은 신전을 건축하기 위한 채석장으로 시작이 된 곳이었다. 그러다가 기원 1세기경에 로마에 점령을 당해 로마 화하였다. 세계 최대의 신전으로 이름을 날리고 있는 유피테르 신전은 현재 대부분의 신전원형은 멸실되어 사라졌지만 아직도 거대한 6개의 석조기둥이 남아있어 그 당시의 위용을 엿보게 할뿐만 아니라 그 당시의 영화를 잘 드러내고 있다. 유피테르 신전은 아우구스투스 황제가 직접 설계했다고 하는데, 네로 황제 때에 완성되었다 한다.

그리고 술의 신으로 불리어지는 바커스(Bacchus)를 모신 신전 역시 화려한 코린트식의 기둥을 가지고 가장 완벽한 형태로 모습을 드러내고 있다. 섬세하고 정교한 조각 예술의 극치를 보여주고 있는 이 신전은 유피테르 신전과 더불어 당대의 로마 건축의 백미를 잘 보여주고 있다. 또한 이 지역 신전들이 가지는 특징 중 하나는 토착 신앙과 로마 종교가 조화롭게 결합된 양상을 보여주고 있다는 점이다. 무엇이든 흡수하고 받아들여서 새로운 것으로 창조하는 로마 제국의 관용과 포용력을 엿볼 수 있는 곳이기도 하다.[78]

이러한 로마 이외의 식민지나 속국에서 이루어진 고대 로마 도시기획의 특징역시 로마의 표준화 된 도시기획 모형을 그대로 복제하고 표준화된 건축 모형 역시 똑 같이 복제를 하고 있다는 점이다. 이러한 도시기획 방식은 별반 고대 그리스와 다르지 않다. 고대 그리스도 주요 식민도시에 체계적으로 표준화 된 도시계획 방식을 적용 시켰던 것이다. 이외에 또 다른 고대 로마의 도시기획의 특징은 해당 지역의 특성을 살려 도시기획의 형상을 변형시키고 있는데 이것은 해당 지역 도시기획의 토착화를 위한 노력으로 받아들여져서 고대 로마의 폭넓은 관용과 수용력의 단면을 보여주고 있다는 점이다.

제5절 로마 제국의 위업을 드높이려는 장엄한 건축물

로마의 도시기획의 특징은 물리적으로 로마 대제국의 장대한 위업을 밖으로 표출시키는데 치중이 되어 있었다고 볼 수 있다. 따라서 장엄하고 거대한 건축물이나 화려하고 규모가 큰 공원 또는 궁전 등이 들어서고 공들여 치장이 되었으며 엄청난 규모에다 심미적 예술성까지 갖춘 대형 공중목욕탕이 건설되었다.

78) http://100.naver.com/100.nhn?docid=71013

1. 콜로세움(Colosseum)

로마 포럼을 둘러보고 큰 대로 쪽으로 걸어 나오면 오른쪽으로는 콘스탄티누스(Flavius Valerius Constantinus) 황제를 기리는 개선문이 있고 왼쪽으로 시선을 돌리면 거대한 건축물이 바로 눈앞에 펼쳐지는데 이것이 콜로세움이라 불리어지는 원형경기장이다. 일부 외장 타일로 사용이 되어 진 벽돌들이 벗겨져서 내벽이 그대로 드러난 부분도 있지만 아직도 그 시대의 화려했던 위업을 대변이라도 하듯 우뚝 서있는 콜로세움은 번영과 풍요를 상징하는 고대 로마의 대표적인 상징적 건축물 중의 하나임을 부인하기가 어렵다.

네로(Nero Claudius Caesar Augustus Germanicus) 황제가 지은 황금 궁전의 정원에 있던 인공 호수를 메운 자리에 세워진 콜로세움은 제정 로마의 권력과 위대함의 상징이 되었다. 이 건축물은 베스파시아누스(Caesar Vespasianus Augustus) 황제에 의해 72년에 착공이 되어 8년 동안의 노력 끝에 거의 완성이 되었으나 베스파시아누스 황제가 사망을 하는 관계로 준공을 보지 못하였다. 베스파시아누스 황제가 사망한 다음 해인 티투스(Titus Caesar Vespasianus Augustus) 황제 때인 80년에야 준공이 되었다. 원래의 명칭은 플라비우스 원형경기장(Flavian Amphitheatre)이었으나 후대에 콜로세움으로 불려졌다. 이렇게 불리어진 이유는 한때 근처에 서 있던 네로 황제의 거상(colossus) 때문이었지 않나 싶다.79)

도리아 식과 이오니아 식 그리고 코린트 식 등 다양한 건축 양식이 접목이 되어 축조가 되어졌으며80) 80개의 출입구를 갖추

---

79) 크리스 스카레 지음 · 윤미경 옮김, 『로마황제』(서울 : 갑인공방, 2004), 80쪽.

고 있고 대리석을 댄 관람석 등이 구비되어있었다 한다. 지하 1층과 지상 3층의 건물로 높이가 48.5미터, 둘레 500미터에 달하였으며 10만 입방미터의 온천 침전물 블록이 건설에 사용된 것으로 추산이 된다.[81] 계단 형 관람석을 가졌고 무려 5만 5천여 명의 관중들을 수용할 수 있었다.

경기장 밑에는 미로처럼 얽혀있는 여러 개의 방과 통로 그리고 야생동물 들을 가두어 둔 여러 개의 우리와 기계 장치 들이 들어차 있었다 한다.[82] 특히 기계 장치 중에 특이한 것으로는 현대에 엘리베이터라고 불리어지는 기계식 승강기가 28개 정도가 있어서 동물이나 검투사(Gladiator)들의 층간 이동에 사용이 되었다는 사실이다. 이 원형 경기장은 검투사들이나 검투사와 맹수들 간의 격투 시합 등을 위해 활용이 되어졌다. 로마 제국 시기의 역사가이자 정치가였던 디오 카시우스(Dio Cassius)는 9천 마리의 길들여진 동물과 야생 동물들이 완공 기념 시합에서 도살되었다고 기록했다.[83]

황제는 시민들로부터 환심을 사기 위해 해상전투 쇼까지 만들어냈다. 원형경기장에 특수시설을 갖추게 하여 물을 끌어들여 바다처럼 만들고 이 위에 군선들을 띄우고 군선에 탄 검투사들로 하여금 해전을 연출하게 함으로써 새로운 흥미를 유발하게 만든 것이다. 물론 이러한 과정에서 많은 검투사들이 처참하게 살육이 되었다. 이런 검투사들이 벌이는 처참한 쇼를 통해 시

---

80) 1층은 높이 10.5m의 도리아식 반원주, 2층은 높이 11.85m의 이오니아식 기둥, 3층은 11.6m의 코린트식 기둥으로 되어 있다. http://ko.wikipedia.org/wiki/%EC%BD%9C%EB%A1%9C%EC%84%B8%EC%9B%80(2011년 7월 14일)

81) 『앞의 책』, 80-81쪽.

82) 『앞의 책』, 80쪽.

83) 『앞의 책』, 80쪽. ; Cassius Dio, *Roman History* (English translation on LacusCurtius) ; Fergus Millar, *A Study of Cassius Dio* (Oxford : Oxford University Press, 1966).

민들의 환심을 얻어서 민심을 자기편으로 만들려는 의도가 황제들에게는 있었던 것이다. 황제들은 이러한 쇼를 위해 막대한 재원을 아낌없이 쏟아 부었고 결국 이러한 방만한 국가재정운영으로 인해 로마제국은 몰락의 길로 접어들게 되는 것이다.[84)]

2. 황금궁전(Golden House)

로마의 역사가 타키투스(Publius Cornelius Tacitus)가 묘사한 황금의 집 혹은 황금궁전도 이러한 것 중에 하나로 볼 수 있다. 황금 궁전은 64년에 일어난 로마 대 화재[85)] 이후에 지은 것으로 로마 중심부의 가장 값비싼 토지 약 125헥타르(약 37만 8천 평)의 면적에 들어섰다.[86)] 이를 이해의 편의를 위해 쉽게 말하자면 궁전의 규모로 볼 때 원형경기장인 콜로세움의 25배에 이르는 크기이며, 79년 베수비오서 화산에 의해 멸망한 폼페이 시 전체의 크기와 맞먹는 엄청난 규모였다 한다.

고대 로마 제정기의 전기 작가이며 로마의 역사가 수에토니우스(Suetonius)가 설명하는 궁전 모습에 의하면 포럼 동쪽 끝의 사크라 가도(Sacra Via)에서 이어지는 현관에는 높이가 37미터나 되는 네로 황제의 거대한 상이 서있고 1.6킬로미터에 이르는 주

---

84) 마르쿠스 아우렐리우스(Marcus Aurelius) 황제 이후의 로마제국이 쇠망할 수밖에 없었던 원인에 대한 연구에 심혈을 기울였던 영국의 저명한 역사가인 에드워드 기본(Edward Gibbon)도 로마제국 쇠망의 원인 중 하나로 이런 점을 지적하고 있다. Edward Gibbon, *The History of the Decline and Fall of the Roman Empire* (Vol.I, 1776 ; Vols.II, III, 1781 ; Vols.IV, V, VI, 1788-1789), (London : Strahan & Cadell).

85) 64년의 로마 대화재는 7월 19일 키르쿠스 막시무스 대전차 경기장 근처에서 발발해 급속히 번져 도시의 열네 지역 가운데 네 곳을 제외한 모든 곳을 불태웠다고 한다. 팔라티누스에 있는 황궁의 일부를 포함한 도시 중심의 많은 곳이 완전히 파괴되었다 한다. 크리스 스카레 지음·윤미경 옮김, 『로마황제』 (서울 : 갑인공방, 2004), 63쪽.

86) 『앞의 책』, 60쪽.

랑이 세 줄로 늘어서 있었다고 한다.[87]

그리고 이 궁전의 중앙에 자리 잡았던 '둥근 식당'[88] 역시 그 장엄함과 호사로움에 있어서 다른 어떤 것들과 비교해도 뒤지지 않았다 한다. 수에토니우스의 설명에 의하면 격자무늬로 끼워져 있는 상아 판자가 돌아가며 꽃을 뿌리고 파이프에서는 손님들에게 향수를 뿌렸다고 한다.[89] 로마의 폭군으로 널리 알려진 네로 황제가 공연과 연회를 즐겼던 이 둥근 식당은 8각형 방으로 꼭대기 돔에 수력을 이용한 기계장치가 있어 천장과 중앙 원형무대를 회전시켰다 한다.

수에토니우스에 따르면 네로 황제는 아폴로(Apollo) 신 복장을 하고 무대 가운데 앉아서 고대 그리스의 발현악기인 리라(lyra)를 연주하며 자신의 통치를 찬양하는 자작곡을 연주하고 자작시를 낭송했으며 이때 노예들이 위에서 장미 꽃잎을 흩뿌렸다고 한다.

3. 카라칼라 대 욕장(Terme di Caracalla)

고대 로마에서는 목욕탕도 하나의 공공장소로써 간주되었으며 로마제국이 가진 국력의 위용과 황권의 위대함을 과시하기 위해 엄청난 규모와 화려함 그리고 호사로움을 갖추게 하였다 한다. 그 대표적인 것이 로마에 세워졌던 카라칼라 대 욕장(Terme di Caracalla)이다. 이 대형 목욕탕은 벽돌과 콘크리트를 활용하면서도 예술성과 실용성을 살려 설계를 한 것이 특징이다.

---

87) 『앞의 책』, 60쪽.
88) 이 둥근 식당은 로마가 서기 64년의 대화재로 송두리째 불탄 후 네로에 의해 만들어졌다 한다.
89) 『앞의 책』, 60쪽.

이것은 216년 카라칼라(Caracalla) 황제시대에 완성된 공동 목욕탕으로 한번에 1,000여 명을 수용했다고 한다.

이렇게 대규모의 인원을 동시에 수용할 수 있도록 설계가 되어있었기 때문에 이 목욕탕은 규모의 웅장함에 있어서도 어느 목욕탕에 뒤지지 않았다. 이 목욕탕이 얼마나 컸는지를 쉽게 알아보기 위해 비유를 해 보자면 원형의 돔 지붕으로 된 칼라디움 즉 고온 욕탕부의 크기만을 놓고 보더라도 같은 원형 형태를 띠고 있는 판테온(Pantheon) 신전과 같거나 그 보다 컸다 한다.[90)]

주 건축물은 너비가 220미터이고 길이가 114미터에 달하였다. 그리고 시설은 목욕탕이라고만 말하기 어려울 정도로 여러가지 부대시설 들을 갖추고 있어 그야말로 로마시민의 거대한 위락공간 또는 휴식공간으로서 손색이 없었을 정도였다. 이러한 대표적 시설들로는 요즈음 사우나탕이라 할 수 있는 열기욕장(熱氣浴場), 그리고 온탕과 냉탕 등을 갖춘 대형 욕실 외에도 스타디움 형태의 운동장, 체육 훈련장(팔라이스트라), 풀장(나타티오), 오락실, 도서관, 각종 집회장 및 회합실, 그리고 아름다운 정원 등을 갖추고 있었으며 이러한 시설들을 로마시민들은 무료로 자유롭게 사용할 수 있었다 한다.

또한 이 대형목욕탕은 앞서 말한 규모나 실용적인 다양한 시설에서 뿐만 아니라 뛰어난 예술성에 있어서도 높은 찬사를 받고 있다. 목욕탕 바닥의 모자이크 마루나 아름다운 대리석으로 장식된 벽면, 그리고 그러한 벽면에 화려하게 새겨진 부조, 모자이크 혹은 색칠한 치장 벽토로 장식한 천장, 그리고 곳곳에 세워진 조각상으로 장식된 이 아름다운 건물은 목욕탕이라기보다는 하나의 거대한 예술품으로 여겨졌으며 이로 인해 당시의 로마

90) 『앞의 책』, 159쪽.

시민들의 인기와 사랑을 한 몸에 받았을 뿐만 아니라 로마 제국의 강력한 힘을 보여주는 상징물 중 하나로 인식되어 있었다. 그래서 그런지는 몰라도 이러한 로마 번영의 상징처럼 여겨진 카라칼라 대 욕장에 버금가는 대형 공중목욕탕이 후대에도 끊이지 않고 만들어졌다.

그 중 대표적인 것이 디오클레티아누스(Diocletianus) 황제에 의해 건설된 것이다. 그는 황제이기 이전에 건축가였다고 말해도 지나침이 없을 만큼 건축에 많은 열정과 재능을 가지고 있었다. 그는 앞서 언급을 하였듯이 스팔라토 황궁을 지었을 뿐만 아니라 성당, 원형경기장, 조폐국, 그리고 무기 공장 등을 지었다. 그는 이러한 건축 토목공사 중 하나로 298년에 착공을 하여 306년에 준공을 한 대형 공중목욕탕을 로마 포럼에서 아우렐리우스 성벽의 근위대 진영에 이르는 대로변에 건설을 하였다. 이곳의 냉수욕탕부의 규모는 카라칼라 내욕장보나 훨씬 컸다[91] 하니 그 규모를 가히 상상할 수 있으며 카라칼라 욕장과 비교해도 손색이 없을 정도로 잘 가꾸어진 채색 대리석, 색을 입힌 치장 벽토, 그리고 아름다운 조각상 등이 뛰어난 대형 공중목욕탕이었다고 한다.

로마를 가로 지르는 테베레 강을 기준으로 볼 때 디오클레티아누스 황제가 만들은 대형 공중목욕탕은 로마 북쪽에 위치를 하고 있었고 카라칼라 대 욕장은 남쪽에 위치하고 있었다. 그리고 그 사이에 로마 포럼과 콜로세움이 위치하였다. 이들을 서로 연결해 주는 도로는 입체적으로 잘 구성이 되어있어 로마의 교통체계의 효율성을 극대화하기 위한 도시 설계의 한 단면을 읽을 수 있고 나아가 도시 공간 구조의 효율적 활용에 대한 노력의 일면을 엿 볼 수 있다.

---

91) 『앞의 책』, 230쪽.

4. 도미티아누스 궁전(Domus Augustana)

도미티아누스 궁전은 도미티아누스 황제의 공식적이고 개인적인 생활의 중심부였다. 이곳은 공식 연회를 열고 내빈 등을 접견 하는 곳이었으며, 황제 자신과 황후 도미티아(Domitia Longina)가 거처하는 호화로운 사저가 있는 곳이기도 했다.

로마의 전설에 의하면 건국의 시조인 로물루스(Romulus)가 최초의 왕궁 터로 자리를 잡은 곳이 바로 팔라티누스 언덕이라고 한다. 이곳은 평야지대에 자리를 잡은 로마를 방어하기에 유리한 함께 모여 있는 여러 언덕들[92] 중 하나인 관계로 왕궁 터로는 적절했던 것으로 판단이 된다. 바로 이러한 팔라티누스 언덕 위에 세워진 도미티아누스 궁전은 호화로움과 사치스러움으로 손꼽히는 것이다. 도미티아누스 황제의 총애를 한 몸에 받았던 궁정 시인 스타티우스(Publius Papinius Statius)에 의하면 궁전은 정교한 벽화와 이집트의 아스완에서 가져 온 화강암, 리비아와 에게 해의 키오스 섬에서 가져 온 대리석, 에트루리아의 루나에서 가져온 하얀 대리석과 같은 색색의 돌로 화려하고 사치스럽게 장식이 되었다 한다.

> 100개의 기둥 자체가 대단해서가 아니라, 그것들이 하늘과 신들을 떠받들고 있어서 위풍당당하고 거대한 위용을 드러내는 대신전은 그의 부담을 덜어주는 아틀라스였다. 리비아의 산들과 반짝이는 엘리스의 돌들이 그곳에서 서로 뽐내고, 아스완과 키오스의 대리석들이 청회색의 바다와 겨루며, 루나의 대리석 역시 다만 기둥의 무

---

92) 테베레 강 유역의 일곱 개의 언덕(Septimontium)을 일컫는다. 이들 언덕의 명칭은 팔라티누스, 카피톨리누스, 퀴리날리스, 비미날리스, 에스퀼리누스, 카일리우스, 아벤티누스 등이다.

게를 지탱하기 위해 선택되었다. 눈이 멀리 위를 향하고, 피로한 눈이 정상을 바라보면, 그곳을 금으로 된 하늘의 천장이라 생각하게 될 것이다.[93]

궁전 부지를 만들기 위해 팔라티누스 언덕의 꼭대기를 평평하게 골라 놓았으며, 이 위에 화려한 궁전을 세웠다. 건물들은 크게 보아 관저인 도무스 플라비아 그리고 황제와 그의 가족의 사저인 도무스 아우구스타나로 나뉘었고 스타디움 같은 형태를 띤 큰 인공정원이 있었다. 그리고 그리스어 도서관과 라틴어 도서관, 연회장, 분수를 둘러싸고 있는 팔각형의 미로, 제사를 모시는 개인실 그리고 의전용 안뜰 등이 있었다. 포름 네르바를 설계 한 고대 로마의 이름 난 건축가인 라비리우스(Rabirius)가 건축을 맡았는데 부지 전체 면적은 4만 천 평방킬로미터에 이르렀다 한다.[94] 지금 이 곳을 찾으면 화려했던 궁전은 찾아볼 수 없고 유적 밖에 남아있지 않지만 이 유적을 통해 이 당시 화려했던 이 궁전의 편린을 느낄 수 있다 한다.

규모가 크고 화려하고 사치스러운 궁전이었기 때문에 다량의 물을 공급하는 일이 예사롭지 않았다고 한다. 그래서 물을 공급하기 위해 수도교 아쿠아 클라우디아를 확장하여 이를 통해 궁전까지 물을 끌어 들여왔다고 한다.[95]

---

93) 스타티우스, 『실바이(Silvae)』 ; 크리스 스카레 지음·윤미경 옮김, 『로마황제』 (서울 : 갑인공방, 2004), 90쪽에서 재인용.
94) 크리스 스카레 지음·윤미경 옮김, 『로마황제』 (서울 : 갑인공방, 2004), 90-91쪽.
95) 『앞의 책』, 91쪽.

제6절 고대 로마의 도시기획의 특성들

고대 로마의 도시기획의 특성은 다음과 같다.

첫째, 고대 로마의 도시기획이 현대 도시기획에 커다란 영감을 던져 주었다는 점이다. 좀 더 구체적으로 표현하자면 표준화되고 정규 화된 도로체계나 상하수도 체계뿐만 아니라 도시공간의 구성과 설계에 대한 빼어난 영감을 현대 도시기획가들에게 던져 주었다는 것이다.

시오노 나나미가 로마문명을 가능케 한 2대 인프라로 치켜세운 고대 로마의 도로체계나 수로체계를 상기해보면 이 점이 보다 명확해질 것이다. 앞에서도 살펴보았듯이 아피아 가도나 플라미니아 가도 등 로마의 발달된 도로체계와 아쿠아 율리아와 아쿠아 비르고, 아쿠아 클라우디아 등 효율적으로 체계화 된 수로체계는 로마문명을 떠받드는 중요한 국가적 인프라로 기능과 역할을 수행했다.

또한 효율적인 토지이용 등을 목적으로 하는 조닝이나 건물을 세우거나 또는 도시설계를 할 때 이와 관련된 행정규제와 같은 기획 적 요소들을 창안하여 이를 로마의 도시기획에 적용을 하였는데 이러한 도시기획의 요소나 기법들이 현대에 그대로 전수되어 활용이 되고 있다는 사실을 보더라도 이러한 특성의 타당성을 알 수 있는 것이다.

둘째, 고대 그리스의 도시기획 모형을 도입하여 적용을 하기는 하였지만 그대로 답습하지 않고 로마인 자신들의 입맛에 맞도록 로마식으로 개선하고 토착화시켰다는 점과 속주지역에 로마식의 표준화 된 도시기획 모형을 적용은 하되 해당 지역의 여건을 감안하여 도시기획을 이것과 조화롭게 접목시키려는 노력을 함으로써 융통성 있고 탄력적인 운영을 하였다는 점이다.

먼저 그리스 식 도시기획모형을 로마식으로 개선하고 토착화시킨 예를 들어보라고 하면 도로와 관련된 도시계획을 들 수 있을 것이다. 로마시대와 그리스시대가 다른 점은 그리스는 정사각형의 격자체계의 도로를 중심으로 도시계획을 짰다면 로마는 비교적 엄격하지 않은 격자체계의 도로를 중심으로 도시계획을 짰다는 사실이다. 가장 대표적인 도시로 이탈리아 반도 남부에 있는 고대 도시 폼페이(Pompeii)를 들 수 있을 것이다.[96] 그 다음 속주지역에 대한 해당 지역의 여건이나 특성을 고려하여 도시기획의 기본 형상을 변형시킨 노력 등은 해당 지역에 대한 로마식 도시기획의 토착화를 위한 노력으로 받아들여져서 고대 로마의 폭넓은 관용과 포용의 단면을 엿볼 수 있다.

시오노 나나미의 말을 빌린다면 이러한 로마식의 관용과 포용의 원칙이 적용이 된 것은 아우구스투스 때부터라고 할 수 있다. 그녀의 주장에 따른다면 카르타고의 사례와 이탈리아 내부의 동맹전쟁을 겪으면서 오직 군사력만으로는 로마제국을 다스릴 수 없다는 점을 깨달은 아우구스투스는 관용과 포용정책만이 전 제국을 평화롭게 할 수 있다고 생각을 하였다 한다. 그러한 관용과 포용정책의 하나로 로마식 표준화된 도시기획모형을 전 제국에 확산시켜 건설하도록 하였다는 것이다.

매혹적이고 풍요로운 로마식의 도시를 통해 전 제국의 신민들의 삶의 질을 높일 뿐만 아니라 로마의 도시모형을 똑같이 제국의 도시들로 확대시키는 정책을 통해 다양한 문화와 로마문화를 서로 조화롭게 접목시키고 융화시킴으로써[97] 로마인과 제

96) Ray Laurence, *Roman Pompeii : Space and Society*, 2 edition (New York : Routledge, 2007).

97) 시오노 나나미는 "로마인은 정복자였지만 피정복자를 공동운명체로 만들어가는 것

국의 신민들 간에는 차이가 없으며 동등하다는 메시지를 보냄으로써 제국의 신민들에게 존경받고 대중적인 지지를 획득하려는 의도를 가지고 있었던 것이다.

셋째, 고대 로마의 도시기획은 실용성과 미학적 심미감을 지닌 예술성 등에 기초하고 있다는 점이다. 고대 로마의 도로를 살펴보면 현대의 도시들도 그러하듯 격자형체계의 바둑판식 도로 형태를 띄고 있다. 또한 도로를 잘 정제된 돌이나 치장이 잘 된 대리석으로 포장을 하여 도로의 유지와 관리에 있어 뛰어난 실용성을 증대시키면서 다른 한편으로는 심미적인 아름다움까지 보태어 주고 있다.

이에 그치지 않고 고대 로마의 도시기획가들은 도시의 방어와 지속적인 물 공급을 가능케 하는 자연적 조건 등을 중시하고 이를 활용하려 하였는데 이것 역시 실제적이고 실용적인 관점에 근거하여 도시계획을 짜려고 한 것이다. 로마인들의 사고의 기저에는 삶의 질을 향상시키는데 있어서 가장 중요한 것이 바로 삶과 직결되어진 문물을 만들어 내는 것이었고 이러한 문물에는 실제적이고 실용적인 가치가 녹아 흐르고 있었던 것이다.

이를 단적으로 표현하고 있는 말이 있다. "그리스의 미술품은 아름답기로 유명하지만, 일상생활에는 전혀 쓸모가 없다고 말할 수밖에 없다." 이 말은 로마 가도와 더불어 로마의 인프라를 대표하는 수도를 총괄하고 이를 저서로 남긴 프론티누스(Frontinus)의 말인데 그 자신이 토목기사였던 만큼 기술자만이 할 수 있는 솔직한 자신의 느낌을 말로 표현한 것으로[98] 이 말

을 제국의 기본정책으로 삼은 민족이다. 아니, 로마인이 생각하는 '제국' 자체가 다인종 · 다민족·다문화·다종교 국가였기 때문에 '공생'은 지나칠 만큼 당연한 사고방식일 뿐이었다."고 주장을 하고 있다. 시오노 나나미 지음 · 김석희 옮김, 『로마인 이야기』, 15권 (서울 : 한길사, 2007), 62쪽.

속에서 로마인들의 꾸밈없는 실용적 사고를 느끼고 호흡할 수 있는 것이다.

로마의 도시기획의 또 다른 특성은 실용성에 부가하여 심미적 예술성이 깃들여 있다는 것이다. 물리적으로 로마 대제국의 장대한 위업을 밖으로 표출시키고 문화적 번영과 심미적 아름다움을 드러내기 위해 아름답고 화려한 건축물들을 많이 축조했던 것이다. 이러한 장엄하고 거대한 건축물이나 화려하고 규모가 큰 궁전 등이 고대 로마 도시기획의 중심을 이루면서 공들여 치장이 되었으며 엄청난 규모에다 심미적 예술성까지 갖춘 대형 공중목욕탕 등이 건설이 되었던 것이다. 그러한 예로 앞에서 살펴보았듯이 콜로세움이나 황금궁전 그리고 카라칼라대욕장, 도미티아누스 궁전 등을 들 수 있다.

넷째, 고대 로마시대에 도시기획이 발달될 수 있었던 이유는 잘 계획된 도시들이 수많은 군사기지들을 계속 증설시켜 나가는 것보다 로마의 향후 평화와 안녕을 위해 더 중요하다는 사실을 로마인들이 잘 깨닫고 있었다는 점이다. 그리고 이러한 깨달음에 그치지 않고 로마인들은 도시가 상업과 정부 및 행정 그리고 종교의 중심지라는 사실까지 잘 알고 있었고, 이에 한걸음 더 나아가 상업과 정부 및 행정 그리고 종교의 중심지가 바로 도시라는 사실이 많은 사람들로 하여금 이곳에 와서 모여살기를 원하는 이유가 된다는 점 역시 잘 알고 있었다는 점이다.

또한 이 시대의 도시기획가들은 새로운 영토를 식민화하고 로마에로의 인구유입과 집중을 막고 로마의 법과 질서의 상징을 구현키 위해 전 제국의 영토에 수많은 지방 도시를 계획적으

98) 시오노 나나미 지음·김석희 옮김, 『로마인 이야기』, 10권 (서울 : 한길사, 2002), 62-63쪽.

로 건설하여야 한다는 사실을 잘 알고 있었을 뿐만 아니라, 도시를 건설하기 전에 향후 건설될 도시가 가지게 될 인구, 공간배치, 필요로 되는 물의 양, 급수와 배수를 위한 상하수도의 규모와 수량, 도로체계 등을 사전에 결정해야 한다는 사실 역시 이미 깨닫고 있었으며, 계획상 허용될 수 있는 최대의 한계에 도달하면 새로운 도시를 다른 장소에 건설해야 한다는 사실도 잘 알고 있었다는 것이다. 이렇게 해서 탄생된 지방 도시들로는 앞에서 살펴보았듯이 코사나 알바 푸첸스, 팔레스트리나, 팀가드, 팔미라, 에페수스, 비블로스와 티레, 그리고 바알베크 등이 있다.

다섯째, 도시기획가가 내놓은 비범한 도시기획에 대한 아이디어를 현실화시키는데 있어서 빼놓을 수 없는 것이 바로 혜안을 가진 지도자들의 역할인데 이 점에 있어서 로마의 지도자들은 전혀 손색이 없었다는 점이다. 황제를 중심으로 하여 많은 로마의 지도자들이 도시기획가들의 건의를 받아들여 실용적이면서도 심미적 예술성을 간직한 아름다운 도시들을 많이 건설하였을 뿐만 아니라, 도시계획을 실행에 옮길 때나 이러한 과정에서 발생하는 문제들을 해결하는데 있어 많은 물적 지원과 인적 지원을 아끼지 않았다는 사실이다.

그리고 여기서 하나 집고 넘어가야 할 점은 로마의 지도자들이 도시기획가들의 건의를 적극적으로 받아들인 이면에는 도시기획가들이 로마의 지도자들의 취향과 기호 그리고 그들의 꿈과 이상에 부합되는 건의를 했다는 점도 간과해서는 안 될 것이다. 사실 도시기획 가들은 자신의 장인정신이나 이상 그리고 장인기술 적 만족 또는 시민들의 꿈과 이상보다는 지배자의 꿈과 이상에 더 비중을 두고 이를 더 도시기획에 반영을 시켰던 것이다.[99]

---

99) Anthony J. Catanese and James C. Snyder (eds.), *op. cit.*, p.10.

이상에서 고대 로마시대의 도시기획의 내용과 특성을 살펴보았는데 이 당시 로마와 속국의 지방 도시들에서 이루어진 도로나 상하수도 그리고 공공장소의 질서정연한 배치와 그 설계수준의 면모 등을 살펴보면 이미 기원전부터 매우 높은 도시기획의 역량을 갖추고 있었을 뿐만 아니라[100] 로마가 기울어져가던 4세기까지 지속적으로 도시기획에 대한 발전 노력이 이루어진 점을 발견할 수 있다.

따라서 현재의 기준으로 본다 해도 전혀 손색이 없는 도시기획이 이루어졌다고 판단할 수 있으며 현재 및 미래에 펼쳐지게 될 도시기획에도 많은 영향을 줄 것으로 사료가 된다. 이러한 점을 볼 때 고대 로마시대에서부터 도시기획의 기원을 잡는 경향이 학계에서도 두드러지게 나타나는 것은 결코 우연은 아닌 듯싶다.

이렇듯 인류의 발전과 더불어 이루어졌던 도시기획에서 나름대로 커다란 의미를 지니고 있는 고대 로마 시대의 도시기획에 대한 특성 연구의 결과는 다음과 같이 요약 정리할 수 있다.

첫째, 고대 로마의 도시기획이 고대 로마로만 한정된 것이 아니라 현대 도시기획에 까지 영감을 주어 도시기획의 기반을 제공해주었다는 사실과 둘째, 고대 그리스의 도시기획 모형을 도입하여 적용을 하기는 하였지만 그대로 답습하지 않고 로마인 자신들의 입맛에 맞도록 로마식으로 개선하고 토착화시켰으며, 속주지역에 로마식의 표준화 된 도시기획 모형을 적용은 하되 해당 지역의 여건을 감안하여 도시기획을 이것과 조화롭게 접목시키려는 노력을 기울였다는 사실이다.

셋째, 고대 로마의 도시기획은 실용성을 갖추었을 뿐만 아니

---

100) John M. Levy, *Contemporary Urban Planning*, 6th ed. (Upper Saddle River, New Jersey : Prentice Hall, 2003), p.24.

라 미학적 심미 감을 지닌 예술성 등에 기초하였다는 사실과 더불어 넷째, 도시기획이 발달될 수 있었던 이유는 잘 계획된 도시들이 수많은 군사기지들을 계속 증설시켜 나가는 것보다 로마의 향후 평화와 안녕을 위해 더 중요하다는 사실과 도시가 상업과 정부 및 행정 그리고 종교의 중심지라는 사실 그리고 바로 이러한 사실로 인해 많은 사람들이 기꺼이 이곳에 모여살기를 원한다는 사실 그리고 최적의 도시를 건설하려면 인구, 공간배치, 필요로 되는 물의 양 등 도시건설을 위해 필요로 되는 요소들이 사전에 결정이 되어야 한다는 사실을 로마인들이 잘 인식하고 있었기 때문이라는 점이다.

다섯째, 황제를 중심으로 하여 많은 로마의 지도자들이 도시기획가들의 건의를 받아들였으며 물적, 인적 지원을 아끼지 않았다는 사실과 이러한 사실의 이면에는 도시기획가들이 로마의 지도자들의 취향과 기호 그리고 그들의 꿈과 이상에 부합되는 건의를 했다는 점도 간과해서는 안 된다는 점이다.

::참고문헌

시오노 나나미 지음 · 김석희 옮김. (2002). 『로마인 이야기』, 10권, 서울 : 한길사.

시오노 나나미 지음 · 김석희 옮김. (2007). 『로마인 이야기』, 15권, 서울 : 한길사.

이병철. (2006). 『행정기획의 역사와 이론』, 울산 : 울산대학교 출판부.

크리스 스카레 지음·윤미경 옮김. (2004). 『로마황제』, 서울 : 갑인공방.

Cassius Dio. *Roman History* (English translation on LacusCurtius).

Catanese, Anthony J. and James C. Snyder (eds.). (1988). *Urban Planning,* 2nd ed., New York : McGraw-Hill Book Company.

Gibbon, Edward. (1776~1789). *The History of the Decline and Fall of the Roman Empire* (Vol.I, 1776 ; Vols.II, III, 1781 ; Vols.IV, V, VI, 1788-1789), London : Strahan & Cadell.

Hanson, Victor Davis. (2005). *A War Like No Other : How the Athenians and Spartans Fought the Peloponnesian War,* New York : Random House.

Herschel, C. (1973). *The Two Books on The Water Supply of the City of Rome of Frontinus,* (trans with explanatory chapters), New England Water Works Association.

Hodge, A. T. (2001). *Roman Aqueducts & Water Supply*, 2nd ed., London : Duckworth.

Kagan, Donald. (2003). *The Peloponnesian War*, New York : Viking Press.

Laurence, Ray. (2007). *Roman Pompeii : Space and Society*, 2nd edition, New York : Routledge.

Laurence, Ray, Simon Esmonde Cleary, Gareth Sears. (2011). *The City in the Roman West, 250 BC-AD 250*, New York : Cambridge University Press.

Levy, John M. (2003). *Contemporary Urban Planning*, 6th ed., Upper Saddle River, New Jersey : Prentice Hall.

Macaulay, David. (1974). *City : A Story of Roman Planning and Construction*, New York : Houghton Mifflin Company.

Millar, Fergus. (1966). *A Study of Cassius Dio*, Oxford : Oxford

University Press.
Owens, E. J. (1992). *The City in the Greek and Roman World,* Reprint edition, New York : Routledge.
Robinson, O. F. (1994). *Ancient Rome : City Planning and Administration*, New edition, New York : Routledge.
Rowland, D. (1999). *Vitruvius : Ten Books on Architecture*, Cambridge : Cambridge University Press.
Strassler, Robert B. (ed.). (1996). *The Landmark Thucydides*, New York : A Touchstone Book.
Thucydides. *History of the Peloponnesian War*.
Vitruvius Pollio, Marcus. *De architectura*, English : *On architecture,* published as *Ten Books on Architecture*.
Vitruvius (Author), Herbert Langford Warren (Illustrator), Morris Hicky Morgan (Translator). (2010). *The Ten Books On Architecture* (1914), Kessinger Publishing.
http://100.naver.com/100.nhn?docid=71013
http://blog.naver.com/attic/1854891 (2011년 7월 19일)
http://en.wikipedia.org/wiki/Roman_roads (2011년 7월 18일).
http://en.wikipedia.org/wiki/Via_Flaminia (2011년 7월 18일).
http://kin.naver.com/knowhow (2011년 7월 19일)
http://kin.naver.com/open100
http://ko.wikipedia.org/wiki/%EC%BD%9C%EB%A1%9C%EC%84%B8%EC%9B%80(2011년 7월 14일)
http://terms.naver.com/entry.nhn?docId=264083

제4장 중세시대의 기획

고대 로마가 멸망하자 야만인 또는 미개인으로 지칭되는 바바리안(barbarian) 들은 로마의 도시들을 파괴하거나 그렇지 않으면 전쟁에서 자신들을 보호할 성채로 이 도시들을 사용하였다. 그래서 중세의 도시들은 잦은 전란 중에 자신을 지키기 위해 대부분 방어를 전제로 한 성곽(城郭), 성채(城砦) 중심의 도시구조를 가지고 있었다.

중세도시의 특징은 대개의 경우 그 지대가 산이나 구릉의 정상이나 사방이 바다로 둘러싸여있는 도서(島嶼) 같은 방어에 유리한 높은 지형이나 불규칙한 지형을 가진 땅 또는 접근이 어려운 섬 등에 세워졌다. 그런 관계로 자연히 중세 유럽의 도시 형태도 고대 로마의 도시와는 다르게 비형식적이고 비정형적인 형태를 취하게 되었고, 적으로 부터의 방어를 위하여 성채를 중심으로 하는 개방적이지 못하고 극히 폐쇄적인 도시 공간구조나 형태를 가지게 되었다.

또한 고대 그리스와 고대 로마의 정신적 지주였던 헬레니즘을 대체한 헤브라이즘이 중심적 이념체계가 되면서 기독교를 중심으로 하는 종교적 유일신 화에 의하여 성당이 도시의 중심을 이루는 형태를 자아냈을 뿐만 아니라 도시경제를 위하여 교환이 이루어지는 장소로서의 시장이 중심이 되는 도시 형태를 만들어내었다.

그러나 이러한 형태의 중세도시의 형성은 로마제국이 멸망한 뒤 한참 뒤에 일어난 일이다. 앞서 언급을 하였듯이 고대 로마제국의 멸망과 더불어 득세하게 된 야만족들에 의하여 도시가 대부분 파괴되었다. 이로 인하여 도시생활은 자취를 감추게 되고 전원 및 농촌생활이 다시 나타나게 되어 도시인구는 급격히 감소가 되었고 이로 인해 농촌 인구가 불어남으로써 농경사회로 회귀하게 되었다.

이로 인해 극히 폐쇄적인 자급자족형태의 장원(莊園) 경제가 나타나게 되었다. 여기에서 장원경제란 장원을 하나의 경제단위로 하여 외부와의 교역이나 필요한 지원이 없이 스스로 자급자족적인 촌락공동체적 경제체계를 가지고 경제를 운영해 나갔던 봉건제도 하의 경제체제를 의미한다. 로마제국과 같은 강력한 중앙집권세력은 사라지고 이제 일정한 영지를 중심으로 장원경제를 이끄는 지방영주들을 중심으로 한 분권화의 시대가 펼쳐지게 되었던 것이다.

이러한 형태의 중세 시대는 서기 6세기에서부터 10세기까지 지속이 된다. 이 기간 동안 단지 수도원(修道院)만이 지적 지역공동체로써 존속하게 되고 많은 도시적 요소가 사라지게 되는 것이다.[1] 당연히 이러한 분위기에선 도시기획은 그 의미를 찾을

---

1) Anthony J. Catanese and James C. Snyder (eds.), *op. cit.*, p.10.

수 없게 되는 것이다.

그러다가 10세기 말에 들어서면서 다른 인접 영주와의 갈등과 전쟁으로부터 자신의 생명과 재산 그리고 자신의 부의 원천인 농노(農奴)들을 보호하기 위해서 그리고 더 나아가 시장의 필요성 등으로 인해 도시를 재정립해야 할 필요성을 느끼게 되는 것이다. 이러한 필요로 인해 11세기에서 13세기에 걸쳐 군사 방어적 목적과 경제적인 필요성에 기인한 시장의 목적에 의해 많은 중세도시가 만들어지게 되는 것이다.

제1절 중세도시 형성 : 군사 방어적 목적

먼저 군사 방어적 목적에 의해 중세도시가 만들어 지게 되는 것을 살펴보면 다음과 같다.

이 당시의 대부분의 도시들은 인접한 다른 영주들과의 잦은 군사적 충돌을 경험해야 했다. 그래서 군사 방어적 목적으로 성채를 쌓고 이를 중심으로 도시를 만들어 나가려는 생각은 이 당시의 지배계층이었던 영주들이 가지고 있었던 공통된 관심사였다. 그리고 성채의 규모는 물의 수급능력이나 관리 능력 그리고 식량의 규모 등과 연관이 되어있었지만 이러한 요소 이외에 자연스럽게 그 성채를 세우고 이를 유지하는 영주의 정체세력과 비례하는 면이 없지 않았다. 쉽게 표현하자면 영주의 정치세력이나 경제력이 좋을 경우 그가 가지고 있는 성채의 규모는 컸으나 이에 반해 그러하지 못한 영주의 경우 그가 가지고 있는 성채는 작고 초라할 수밖에 없었던 것이다.

따라서 강력한 정치 경제적 세력을 가지고 있는 영주는 이를 바탕으로 강력한 성채를 세울 수 있었고 이는 그에게 강력한 군사적 방어력을 제공해 줄 수 있었던 것이다. 이러한 힘을 가지는 영주는 자신의 성채를 중심으로 도시공간을 군사적 방어에 유리하도록 기획하였으며 이를 바탕으로 성채 중심의 중세도시가 만들어졌던 것이다. 우리는 흔히 중세도시는 고대 로마도시와 비교해 볼 때 양적인 면에서나 질적인 면에서 많이 차이가 나기 때문에 매우 초라하고 보잘 적 없는 것으로 폄하를 하곤 한다. 그리고 중세도시의 의미를 필요이상으로 과소평가하는 경우가 많다. 그러나 규모를 위시한 양적인 측면이나 도시 문화와 도시민의 삶이라는 질적인 측면에서 고대 로마와 많은 차이가 난다고 해서 중세도시를 낮게 평가하고 이러한 시대를 광명의 시대와 차별지어지는 개념으로 암흑의 시대라고 폄하하는 것은 잘못된 시각일 수 있다. 이러한 입장은 카우프만(J. E. Kaufmann)이나 파운즈(Norman Pounds) 등에 의해 확인되고 있다.

흔히 천여 년 동안 유지되어 온 중세시대는 암흑시대(dark age)이며 그래서 이 시대는 야만스러웠고 그런 관계로 사회나 기술(technology) 그리고 문화의 진보나 진화가 이루어지지 않은 시대로 규정을 해왔는데 이것은 잘못된 시각이라는 점을 카우프만은 지적하고 있다.[2] 또한 파운즈 역시 천여 년이 넘는 중세시대를 암흑시대로 비하하여 고대 그리스·로마 시대와 그 뒤의 르네상스 시대라는 찬란했던 두 개의 문화 사이에 샌드위치처럼 끼여 있는 그런 시대로 평가를 해서는 안 된다는 주장을 하여[3] 카우프만과 같은 시각을 드러내고 있다.

---

2) J. E. Kaufmann & H. W. Kaufmann, *The Medieval Fortress : Castles, Forts, And Walled Cities Of The Middle Ages* (Cambridge, MA : Da Capo Press, 2004), Introduction.

3) Norman Pounds, *The Medieval City* (Westport, CT : Greenwood Press, 2005).

어쨌든 카우프만은 이러한 굴곡 되고 왜곡된 역사관을 심어준 것은 르네상스 시대의 역사가들의 잘못된 그리고 다소 의도적인 역사해석에 기인된 것이라고 주장을 하면서 그는 중세시대에 분명히 사회적이고 기술적이며 문화적인 진보나 진화가 있었으며 이러한 진보나 진화는 군사 방어적 목적으로 성채를 쌓고 이를 강력한 요새로 변모시키는데 반영이 되어졌다는 것이다.4)

성채를 구성하는 성벽은 보다 강화되고 높아졌고, 먼 곳의 적의 침입을 보다 빨리 발견하고 시의적절한 대응조치를 취하기 위해 성탑은 보다 높아졌으며, 성벽만으로는 효과적인 방어가 어렵다고 생각하고 성벽을 둘러싸고 장애물을 설치하거나 또는 해자 등을 구축하여 적의 접근을 허락치 않으려는 노력 등이 시간이 흐르면서 이러한 진보와 진화의 결실에 힘입어 보강되고 강화되었던 것이다.

또한 성채 안의 도로 등은 넓고 긴 바둑판식의 격자형 도로체계를 가졌던 고대 로마 시대의 영향을 받아 격자형 도로체계를 갖추긴 하였지만 성채의 규모나 방어 상의 목적이나 필요에 따라서는 미로 화되고 통행이 불편할 만큼 비좁게 도로나 길이 설계된 것도 적이 성벽을 넘어 도시 안으로 침입해 들어 와 시가전 양상의 난전을 띠게 될 때 보다 효과적이고 능률적인 방어를 하기 위한 도시기획의 소산이었던 것이다. 이 것 역시 이 당시의 사회적, 기술적, 문화적 진보나 진화의 산물을 반영한 것이었다. 그래서 더욱 더 방어목적에 충실한 성채나 이를 가능케 할 수 있는 도시로 발전되어 나갔던 것이다.

또한 강력한 성채를 확보하고 이를 통해 난공불락의 방어체

---

4) J. E. Kaufmann & H. W. Kaufmann, *op. cit.*, Introduction.

계를 갖추려는 노력은 이에 사활을 건 영주들과 이를 위요한 지배계층이 앞장서서 추진했던 가장 중요한 일들 중 하나였기 때문에 이 시대에 이루어진 사회적, 기술적 그리고 문화적 진보나 진화가 고스란히 이러한 성채중심의 방어적 도시에 녹아들어갔다는 것이다. 이러한 관점에서 본다면 중세시대의 도시는 영지를 지켜내고 또한 이 지역 안에 살고 있는 영주와 그를 위요한 지배계층의 생명과 부 그리고 생산계층인 농노들의 삶과 식솔들을 보존하기 위한 중요한 요새이며 안녕의 기반이었던 것이다.

제2절 중세도시의 형성 : 경제적인 시장과 종교의 목적

다음 경제적인 시장의 목적에 의해 중세도시가 만들어 지게 되는 것을 살펴보면 다음과 같다.

11세기 초부터는 무역과 수공업의 발달, 화폐경제의 발달, 도시동맹 등에 의한 자치정치의 발달 등이 일부 도시의 발전을 촉진시켰다. 상인과 수공업자들은 그들의 경제적, 사회적 지위를 높이기 위해 이른바 길드(guild)를 조직하였다. 중세 유럽의 독특한 조직이었던 길드는 상업 및 수공업의 독점적이고 배타적인 동업조합을 의미한다. 그리고 길드는 도제제도(徒弟制度) 하의 직장에 의해 조직이 되어 조합원의 경제적 공존과 보호를 목적으로 하였으나 이후 그 영역이 확대되어 경제적 목적뿐만 아니라 사회적이거나 종교적인 성격도 지니게 되었다.[5)]

이러한 상인들이나 수공업자들의 동업조합은 이들의 축적된 경제력을 바탕으로 하여 세를 확대해나갔으며 이러한 힘은 점

---

5) http://terms.naver.com/entry.nhn?docId=778801

챠 정치영역으로까지 미쳐서 시정에도 참여할 수 있게 하는 원동력이 되었다. 이러한 시정의 참여를 통해 종전까지 지배세력이던 봉건영주를 밀어내고 그들 자신이 도시의 실질적인 지배자로 등장하게 되었으며 이들을 통해 도시기능도 상공업 도시로 변모, 발전하게 되는 것이다.

이와 별도로 8세기에서 12세기까지 이루어진 도시기획은 주로 종교적 결집체인 성당을 건설하고 이를 도시 중심에 넣기 위한 것이었다. 이 당시 사회구성의 대종을 이루고 있던 농노들이 볼 때에 성당은 자신의 영적인 보호와 구제를 해주는 곳이었고 도시성채의 영주는 육신의 보호와 구제를 해 주는 것이었다. 따라서 자신의 육신을 보호해주고 구제를 해주는 영주의 명령을 따르면서도 그들은 성당을 통해 하느님의 은총을 얻으려하였고 또한 보다 나은 내세에 펼쳐질 영생의 삶을 위해서는 성당을 받들고 의지하며 그 속에서 깊은 신심을 가져야 한다는 생각을 하였던 것이다. 또한 영주 역시 농노들의 이러한 마음을 간파하고 성당을 통해 농노들의 마음을 다잡고 이를 구심점으로 하여 자신의 통치를 원활하게 운영하려는 뜻이 담겨 있었던 것이다. 이러한 농노들과 영주의 마음이 하나가 되어 성당 중심의 도시를 만들어 나가게 하는 원동력이 되었던 것이다.

그리고 상인조합인 길드와 성당을 중심으로 도시 내의 교역과 활동이 활발히 이루어졌고[6] 이를 위한 도시기획의 형태로 고대 로마시대와 비교해 볼 땐 다소 규칙 적이지 못한 것이긴 하지만 격자형 도로체계를 유지하였으며 도시의 중심가에는 교역의 중심지인 시장을 위치하게 하였다. 그리고 시장을 중심으로

---

6) Fustel de Coulanges, *The Ancient City* (New York : Doubleday, Inc., 1968), p.141. ; Henry Pirrenne, *Medieval Cities* (Princeton University Press, 1970). ; 김원, 『도시행정론』(서울 : 박영사, 1988), 6쪽에서 재인용.

한 격자형 도로체계를 따라 많은 건물들이 들어섰다.

이때 건물들을 짓기 위해 채택된 건축양식을 '로마네스크'(romanesque) 양식이라 했는데 그 이유는 로마시대에 개발된 아치형 건축양식을 모방하여 사용하였기 때문이다.[7] 그러나 12세기를 넘어서면서 프랑스와 영국 등지에서 성당을 중심으로 해서 중세시대의 새로운 건축 양식으로 자리매김을 하게 되는데 그것이 바로 '고딕'(Gothic)[8] 양식이 되겠다. 이러한 고딕 양식의 대표적인 사례로는 프랑스 파리에 현존 하고 있는 노트르담(Notre-Dame) 성당을 들 수 있다. 이 성당은 1163년부터 거의 2세기에 걸쳐 지어졌다고 한다.

12세기와 13세기에는 과도기적인 단계로 로마네스크 양식과 고딕 양식이 서로 혼재가 되는 양태를 보여주었다. 고딕 양식의 특징이라 할 수 있는 직선형의 건축양식과 아치형의 건축 양식이 적절하게 접목이 되었던 것이다. 그러나 시간이 흐르면서 14세기 말까지 서부유럽 전역으로 확산이 되면서 고딕 양식이 주된 건축양식이 되어 성당 등을 중심으로 하여 도시의 핵심이 되는 건축물들의 전형적인 대표 건축 양식으로 자리매김을 하게 되는 것이다.

---

7) 로마네스크 양식은 5세기에서 13세기에 이르는 서유럽 건축을 설명하기 위해 고고학자인 샤를 뒤에리시에 드 제르빌이 19세기 초에 창안한 용어이다. 이 용어는 현재 10세기 후반에서 12세기까지의 한정된 시기를 설명하는 데에 사용된다. 이 용어는 아직 로마식 둥근 아치를 갖는 중세 고딕 이전의 양식을 설명하는 데 사용된다. 이 양식은 비록 단순해지고 기술적으로 불충분하지만 로마식 건축물의 전통이 계속되고 있음을 보여준다. http://ko.wikipedia.org/wiki/%EB%A1%9C%EB%A7%88%EB%84%A4%EC%8A%A4%ED%81%AC_%EA%B1%B4%EC%B6%95 ; Anthony J. Catanese and James C. Snyder (eds.), *op. cit.*, p.10.

8) 고딕이라는 용어는 르네상스의 이탈리아인이 중세건축을 거칠고 야만적인 민족인 고트족이 가지고 온 것이라고 비난한 데서 유래한 것이라는 설이 있다. 『네이버 백과사전』 ; http://100.naver.com/100.nhn?docid=12885

제3절 중세도시의 규모의 확대와 특성

13세기까지 앞에서 언급한 이러한 여러 이유로 인해 많은 중세도시들이 건설되었다. 그러나 고대 로마 시대와 비교해 볼 때 이 당시의 도시인구는 그렇게 많지 않았다. 5만 명이 넘는 도시는 드물었고 대개가 1,000명 미만이었다. 도시기능주의이론의 대표적 창시자였던 고대 그리스의 철학자였던 플라톤이 도시의 적정인구를 6천 명 정도로 주장을 하였는데[9] 이와 무관치 않은 것으로 사료가 된다.

이렇게 중세의 도시 인구 규모가 소규모적일 수밖에 없었던 이유는 기획 적인 것보다 현실적인 고려 때문이었다. 첫째, 인적, 물적 자원의 한계 때문에 성채를 무작정 늘릴 수만은 없는 관계로 성채의 규모를 문제로 삼을 수밖에 없는 현실적인 고민이 있었다. 그리고 둘째, 이 당시의 물을 다루는 기술적, 관리적 한계로 인해 급수나 배수를 하는 능력에 한계를 가질 수밖에 없었기 때문에 용수공급이나 배출을 문제점으로 고려하지 않을 수 없었다. 셋째, 사람들이 좁은 공간에서 밀집하여 생활을 할 때 발생할 수 있는 여러 보건·위생 문제 등을 현실적으로 고려하지 않을 수 없었던 것이다. 그래서 이러한 고려 점들을 감안하여 도시의 규모를 공간적 넓이로 보았을 때 1평방 마일 정도로 제한 할 수밖에 없었던 것이다.[10]

그러다가 14세기 들어서면서 이 당시의 상황이 요구하는 여러 이유로 인하여 몇몇 도시가 상당한 규모로 커지기 시작했다.

---

9) 김원, 『도시행정론』(서울 : 박영사, 1988), 6-7쪽.
10) Anthony J. Catanese and James C. Snyder (eds.), *op. cit.*, p.11.

1. 이탈리아 피렌체(Firenze)

우선 이탈리아 반도 중부에 자리 잡은 꽃의 도시 피렌체(Firenze), 영어 명으로는 플로렌스(Florence)가 인구 10만 명에 달하는 도시로 성장을 했다.

피렌체가 도시로서 발 돋음을 시작한 것은 기원전 2세기부터이다. 도시 발전의 근본 원인은 피렌체가 교통의 요지로 자리를 잡았기 때문인데, 수도 로마에서부터 뻗어오는 카시아 가도 상의 중심 도시로 위치하고 있었던 것이다. 이 당시에 도시 기획상 계획적으로 건설된 부분은 현재의 시가지 중심부와 일치하며 폰트베키오의 오른쪽 강 언덕에 해당한다.[11)]

그 후 프랑크 왕국의 지배아래에 있다가 12세기 전반에 코무네로서 독립하고 왼쪽 강 언덕의 보루고 지역을 병합해서 도시의 영역을 확장 발전시켰다. 이 무렵부터 산업, 특히 모직물공업이 발전하여 많은 직물상인이나 귀금속 상인이 증가하였으며 이들은 자신의 권익을 강화하기 위해 각기 조합을 만들었고 이를 통해 경제적으로 번영하였다. 이러한 도시발전을 통해 피렌체는 유럽의 상공업과 금융업의 중심지가 되었다.[12)]

13세기에 이르러 교황당과 황제당과의 싸움이 전 이탈리아를 휩쓸었으며, 이때 피렌체는 피사(Pisa) 등의 인근도시를 지배하여 강대한 공화국이 되었으며 14세기를 넘어설 때 이미 인구 10만을 헤아렸고, 산업뿐만 아니라 문화면에서도 이탈리아의 중심이 되어있었다. 그리고 15세기 초부터 메디치 가(Medici family)가 주 된 정치권력을 장악하고 시정에서 권력을 휘두르는 한편

---

11) http://100.naver.com/100.nhn?docid=184156

12) http://100.naver.com/100.nhn?docid=184156

문화적 융성에도 많은 관심과 지원을 아끼지 않았다.

당대의 최고 예술가로 손꼽히는 레오나르도 다빈치(Leonardo da Vinci)도 로렌초 데 메디치(Lorenzo di Piero de' Medici)에 의하여 선발되어 위대한 화가의 길로 들어서게 되었고, 보티첼리(Sandro Botticelli)나 미켈란젤로(Michelangelo Buonarroti) 등 수많은 예술가들이 메디치가의 후원과 지원으로 예술 활동을 펼쳐 나갈 수 있었었다. 이런 점에서 볼 때 메디치가의 이러한 노력이 피렌체의 발전과 이탈리아 르네상스 문화의 중심으로서 그 황금시대를 맞이하게끔 하는데 큰 원동력이 되었던 것이다.13)

2. 이탈리아 베네치아(Venezia)

그리고 물의 도시라 일컬어지는 이탈리아의 베네치아(Venezia), 영어 명으로는 베니스(Venice)는 비잔틴 제국의 지배를 받으면서 이들과의 국제교역을 통해 급속히 해상무역을 성장시켜 7세기 말에는 해상 무역의 중심지가 되었다. 그리고 10세기 말에는 오리엔트 지역과 연계된 동부지중해 지역과의 무역으로 많은 부를 일구어 내었고 이를 바탕으로 한 경제적 번영으로 이탈리아의 여러 자유도시들 중에서 가장 부강한 도시로 성장하였다.14)

이러한 부를 기반으로 하여 13세기에 들어서는 물의 도시라는 명성에 걸맞게 시가지 중심을 관통하는 S자형의 대운하를 기획하여 이를 완공하였으며 이를 통해 도시 내의 해상교통망을 확충하였을 뿐만 아니라, 출구 쪽의 운하 기슭에 산마르코 광장을 자리 잡게 하고 이 지역에 산마르코 대성당을 비롯한 교회와

---

13) http://100.naver.com/100.nhn?docid=184156

14) http://100.naver.com/100.nhn?docid=74145

궁전 등을 자리 잡게 하는 도시 기획을 설계하고 이를 실행에 옮겼다.[15] 그리고 성지 회복을 목적으로 이루어진 여러 차례의 십자군 원정에 힘입어 확대된 동방무역을 통해 막대한 부를 거머쥐었을 뿐만 아니라 영토 역시 확대됨으로써 14~15세기 초에 독립된 해상무역공화국으로서의 최전성기를 맞이하였으며 이 무렵의 베네치아 인구는 약 20만으로 추정이 되는 것이다.[16]

3. 프랑스 파리(Paris)

프랑스 파리(Paris)가 국제교역의 중심지로 발 돋음 하면서 발전을 거듭하여 인구 24만의 도시로 발전하였다.[17]

파리라는 명칭은 기원전부터 이곳에 살던 갈리아 족의 한 부족인 파리시이(Parisii) 부족의 이름을 딴 것으로 알려지고 있다. 로마인들은 지금의 시테(Cite) 섬을 중심으로 이루어진 부락을 루테티아(Lutetia)라고 불렀으며 파리라는 이름은 3세기부터 사용되었다 한다. 지금의 프랑스 지역이었던 갈리아 지방을 원정하였던 카이사르에게 점령된 다음부터 로마 화가 진행되어 로마식의 목욕탕과 투기장 그리고 주피터 신전 등이 축조되었다. 6세기 초 메로빙거 왕조의 수도가 된 이후 정치중심지가 되었다.[18]

중세 도시로서의 체제를 갖춘 것은 13세기 초기의 필리프 2세 때이다. 이때는 십자군 원정이 활발하던 때였으며 도시의 기반을 구축하는 사업의 일환으로 성벽 등이 축조되고 노트르담 성

15) http://100.naver.com/100.nhn?docid=74145
16) 16세기 이후에는 투르크인의 득세와 도시경제의 쇠퇴 등으로 인해 인구가 최전성기의 절반인 10만 명으로 감소하였다. http://100.naver.com/100.nhn?docid=74145
17) Anthony J. Catanese and James C. Snyder (eds.), *op. cit.*, p.11.
18) http://100.naver.com/100.nhn?docid=753836

당 등이 건설 중이었고 신학 중심의 소르본 대학(Université de Sorbonne)이 창설되었다. 파리에 이러한 대학이 만들어졌는데 이것은 프랑스 파리에만 국한이 되어 나타난 현상은 아니었다. 12~13세기였던 이 당시에는 프랑스를 위시한 서구의 여러 각지에 대학이 설립되었다. 이렇게 많은 대학이 설립이 된 이유는 여러 가지가 있지만 그 중 하나는 당시의 대학이 길드와 비슷한 것으로써 성당과 수도원의 기능이 미약해지자 대학이 점차 그 기능을 인계받았기 때문이기도 하다.

14세기에서 15세기 때에는 파리가 제대로 된 도시의 형태로 기획이 되어 건설이 되었다. 크게 보아 3개의 도시영역으로 결합을 시킨 형태의 도시로 자리매김을 하게 된 것이다. 우선 파리 도심을 가로 지르는 센(Seine)강의 중심에 자리 잡은 시테 섬은 궁전과 노트르담 성당이 자리를 잡음으로써 왕과 사제의 도시영역이 되었고, 센 강 오른쪽 언덕 지역은 좁은 길을 따라 펼쳐져 있는 항구와 조합이 자리를 잡음으로써 상인의 도시영역이 되었고, 센 강 왼쪽 언덕 지역은 소르본 대학 등이 자리를 잡음으로써 교육의 도시영역이 되었다.[19)]

16세기부터는 이탈리아와의 전쟁을 계기로 르네상스(Renaissance) 문화가 유입되는 등 궁중 문화가 활기를 되찾기 시작했고 시민들도 이것을 지지하였으며 고딕 양식 대신에 르네상스 양식의 건물이 등장하기 시작하였으며 이와 함께 인구도 늘어나고 상업이 번창하였다.[20)]

앞서 살펴 본 것처럼 피렌체나 베네치아 그리고 파리와 같이 이렇게 도시가 성장하는 데에는 정치적 지배세력인 영주, 영적

---

19) http://100.naver.com/100.nhn?docid=753836
20) http://100.naver.com/100.nhn?docid=753836

인 지배세력인 교회, 그리고 뒤에 길드 조직을 근간으로 하여 성장한 부르주아(bourgeois) 계급을 중심으로 시민사회를 형성하는 상인들의 힘이 컸다. 이들이 중세도시를 형성하고 이를 뒷받침하는 주된 세력이 되었던 것이다.

지금까지 살펴보았듯이 중세의 도시계획을 한 마디로 줄여서 표현을 하라고 하면 폐쇄적이며 방어를 위한 도시계획이라고 볼 수 있다. 또한 중세도시에 세워진 대표적 건축물로는 성당, 수도원, 영주의 성채와 왕궁 그리고 대학과 병원 등이 있다. 이 시대의 대표적인 중세 성당으로는 프랑스 파리의 시테 섬에 소재하고 있는 고딕 건축양식으로 유명한 노트르담 대성당(Cathédrale Notre-Dame de Paris)을 손꼽을 수 있다.

그리고 수도원으로는 스페인 카탈루냐 지방의 포블렛(poblet)이란 곳에 세워진 수도원(Poblet Monastery)을 손꼽을 수 있다. 1150년에서 1300여년에 세워졌으며 동네전체가 수도원인 것이 특징이다. 중세시대에는 유럽에서 규모가 제일 큰 수도원이었다고 한다. 전성기 때는 200여 명에 달하는 수도사들이 이 수도원에 있었다고 하나 지금은 20여 명 정도하는 수도사들만이 남아있다 한다. 이 수도원 못지않게 유명한 수도원이 바로 프랑스 노르망디에 있는 몽생미셸 섬(Mont-Saint-Michel) 위에 세워진 베네딕트회 수도원이다.

이러한 중세도시에 세워진 대표적 건축물 들 외에 중세시대의 도시기획의 특성을 집약해 설명한다면 전반기에는 성채내의 군사적 방어를 위해 미로형의 작은 도로를 중심으로 도시를 기획하였지만 시간이 지나면서 대영주나 군주의 위엄과 위업을 상징적으로 빛내기 위해 규모가 크고 화려한 왕궁 등을 성채 형태로 건축하였을 뿐만 아니라 도시 중심을 가로지르는 거대한 규모의 중앙도로나 축선 형태의 광장을 갖춘 도로 들을 개설하였으며 나아가 신앙을 통한 통치의 구심점을 확보하기 위해 웅장한 규모를 자랑하는 성당 등을 건축하였다는 것이다.

::참고문헌

김원. (1988).『도시행정론』, 서울 : 박영사.

『네이버 백과사전』

Catanese, Anthony J. and James C. Snyder (eds.). (1988). *Urban Planning*, 2nd ed., New York : McGraw-Hill Book Company.

Coulanges, Fustel de. (1968). *The Ancient City*, New York : Doubleday, Inc.

Kaufmann, J. E. & H. W. Kaufmann. (2004). *The Medieval Fortress : Castles, Forts, and Walled Cities Of The Middle Ages*, Cambridge, MA : Da Capo Press.

Pirrenne, Henry. (1970). *Medieval Cities*, Princeton, New Jersey : Princeton University Press.

Pounds, Norman. (2005). *The Medieval City*, Westport, CT : Greenwood Press.

http://ko.wikipedia.org/wiki/%EB%A1%9C%EB%A7%88%EB%84%A4%EC%8A%A4%ED%81%AC_%EA%B1%B4%EC%B6%95

http://terms.naver.com/entry.nhn?docId=778801

http://100.naver.com/100.nhn?docid=12885

http://100.naver.com/100.nhn?docid=74145

http://100.naver.com/100.nhn?docid=184156

http://100.naver.com/100.nhn?docid=753836

제5장

르네상스 시대의 기획

15세기 들어서면서 도시의 발전은 두 가지 요인에 의해 변화를 맞이하게 된다.[1] 하나는 화약의 발명과 이의 전쟁에서의 사용이다. 벽으로 둘러싸인 성채가 화약을 사용한 대포로 인하여 더 이상 훌륭한 방어적 수단이 될 수 없다는 것을 깨닫게 되는 것이다. 이러한 대표적인 예로 동로마제국의 오랜 수도였던 콘스탄티노플(Constantinople)의 붕괴를 들 수 있다. 15세기 콘스탄티노플이 오스만 제국(Ottoman Empire ; Ottoman Turks)의 메메드 2세(Mehmed II)에게 함락당하면서 비잔틴 제국(Byzantine Empire)도 종언을 고하였을 뿐만 아니라, 성벽의 방어기능도 더 이상 의미를 갖지 못하게 되는 것이다.[2] 그리고 오스트리아의 현 수도인

---

1) Anthony J. Catanese and James C. Snyder (eds.), *op. cit.*, p.11.

2) 지금의 이스탄불인 콘스탄티노플은 당시 세계에서 가장 방어력이 높은 성으로 알려져 있었다. 7차 십자군 원정 때 불의의 기습으로 한번 함락된 적이 있긴 했지만, 역사상 그 누구도 콘스탄티노플의 3중으로 둘러 처진 성벽을 뚫지 못했기 때문이다. 이러한 난공불락의 콘스탄티노플이 결국 메메르 2세에게 함락 당했는데 그 이유는 메메르 2세가 당시 몽고제국에 의해 전래된 대포를 활용해 성벽을 무너뜨렸기 때문

비엔나(Vienna)에서는 화약의 발명과 사용으로 무용지물이 되어 버린 도시를 둘러싼 중세시대의 성벽을 제거하고 그 곳에 길을 놓게 되는 것이다.

이외에 다른 또 하나는 특히 이탈리아를 중심으로 일어난 15, 16세기의 문예부흥(Renaissance)의 개화이다. 중세시대의 신 중심적 사고에서 깨어나 인간 본연의 가치를 되돌아보는 새로운 문화적 사조가 나타나게 된 것이다. 이러한 새로운 사조는 종교뿐만 아니라 예술 그리고 다양한 과학의 영역에도 영향을 끼쳤지만 도시기획에도 많은 영향을 끼치게 되었다. 종전까지는 삶의 중심에 신을 두고 신을 받들고 섬기는 신본주의 적 사고의 바탕위에 도시에 관한 기획이 이루어졌었다. 그러나 문예부흥을 통해 인간 중심적인 인본주의 적 사고의 바탕위에 도시에 관한 기획이 이루어지기 시작했던 것이다.

도시기획에 대한 이러한 영향은 실질 적이기 보다는 예술적인 것이었다고 평가하는 것이 옳은 판단일 것이다. 문예부흥의 여파는 특히 도시의 예술적 가치에 있어 커다란 변화를 가져왔다. 도시의 기본적인 형태나 양태는 크게 변화되지 않았으나 예술성이 가미된 미적 관심은 이전에 비해 더욱 고조되었다. 왕이 거주하는 공간인 궁전이나 신을 섬기고 받드는 교회, 그리고 공공건물들의 안팎이 화려하게 치장이 되어 건축물이 가지는 본연의 의미뿐만 아니라 아름다움으로 가꾸고 다듬어진 기념적인 상징물이 되었다.

이 당시를 대표하는 건축가나 기획가들로는 다빈치(Leonardo da Vinci)나 미켈란젤로(Michelangelo Buonarroti) 등을 손꼽을 수 있을 것이다. 이들은 이들의 후원자들인 돈 많은 상인, 교황, 왕들

이다. http://kin.naver.com/qna/

에 의해 위대한 예술가로 인정을 받고 보다 넓고 많은 창작의 자유를 만끽하였다.[3)] 특히 미켈란젤로는 현재 로마 교황청이 있는 바티칸 시국에 소재하고 있는 가톨릭의 총본산 교회인 성 베드로 대성당(San Pietro Basilica)을 당대의 저명한 건축가였던 브라만테(Donato Bramante)[4)] 등과 더불어 성공적으로 개수를 하였을 뿐만 아니라, 바티칸 시국에 있는 교황의 관저인 사도 궁전 안에 있는 가장 유명한 경당인 시스티나 성당(Cappella Sistina)의 천장과 벽을 천재적인 예술성을 발휘하여 아름답게 채색을 하여 성당의 예술적 가치를 한 단계 더 업그레이드 시켰다. 그가 성당의 천장과 벽에 그린 우리에게 널리 알려진 프레스코(Frescoes) 화 '천지창조'와 '최후의 심판' 등은 그림의 크기뿐만 아니라 그림이 담고 있는 내용 그리고 아름다움에서 그야말로 압권이다. 또한 그가 피렌체의 실력자인 메디치가의 후원을 받으며 뛰어난 창작적 예술 활동을 한 것은 너무나 잘 알려진 사실이며 그의 천재성이 드러나는 그림과 조각 들이 이를 잘 웅변해 주고 있다.

르네상스가 한창 꽃 필 무렵인 이 시기에 도시기획에 있어 중요한 개념이 정립이 된다. 도시설계에서 넓게 개방된 광장을 갖도록 설계하는 축선(軸線 : Axis) 스타일이 각광을 받게 되는 것이다. 이러한 설계는 도시의 실용적 기능성뿐만 아니라 도시의 미관까지 모두 고려하는 도시기획개념으로 자리매김을 하게 되는 것이다.[5)]

이후 17, 18세기에 바로크(baroque) 시대가 도래 하게 된다. 바

3) Anthony J. Catanese and James C. Snyder (eds.), *op. cit.*, p.12.
4) 그가 직접 만든 바티칸 궁전 전망대(Belvedere)의 중정(中庭)은 르네상스 시기의 가장 아름다운 건축 구성으로서 유명하다. http://100.naver.com/100.nhn?docid=80301
5) *Ibid.*, p.12.

로크 시대가 개화하는데 있어 가장 중심적인 역할은 한 곳은 그 당시 유럽에서 가장 강력하고 풍요로운 프랑스였다. 이 당시 프랑스는 '짐이 곧 국가이다.'라고 말했던 루이 14세 등 절대적 정치권력을 지닌 왕이 군림하던 시대로 이를 바탕으로 유럽의 강자로 자리매김을 하고 있었던 시기이다. 다른 여타의 나라들보다 빨리 강력한 세력을 가진 영주가 그렇지 못한 영주들을 무력으로 무릎을 꿇리고 강력한 절대주의 국가의 기틀을 갖추어 나갔던 것이다. 따라서 강력한 왕권을 상징화 시켜 줄 수 있는 국가를 위한 공공건물들인 궁전이나 성당 등의 건축물 들이 만들어졌다. 대표적인 건축물로는 베르사유 궁전을 들 수 있다. 궁전자체의 건축미에서 우러나오는 아름다움뿐만 아니라 회화나 조각, 그리고 공예 등을 이용하여 화려함을 극대화하였다.

바로크 시대를 대변하는 도시기획의 중요한 패턴은 르네상스 시대의 도시기획을 계승하면서도 이에 자족하지 않고 이를 보다 더 정교 화해 나갔다는 것이다. 도시의 중심을 가로 지르며 도시의 상징처럼 여겨지는 중앙도로나 도로 축선은 군주의 위대함과 빛냄을 상징하는 것으로 여겨져 보다 더 세심한 관심이 주어지고 보다 더 구체화되었다.

이를 위해 우선 규모 적으로 압도하는 장대함과 넓은 공간이 도시에 새롭게 마련되게 되었다. 중세시대에서부터 르네상스시대를 거쳐 이 시기에 이르기까지 도시는 교환과 시장의 장소였다. 따라서 도시의 넓고 개방된 물리적 공간은 종교적이며 또한 세속적이었다. 그리고 이 시대의 가장 큰 특징은 무엇보다 도시가 아름다워야 한다는 것이었다.[6)]

---

6) *Ibid.*, p.12.

도시가 아름다워야 한다는 이러한 생각에 의해 후기 바로크 시대를 이어주는 새로운 사조가 도래하게 되는데 그것이 바로 로코코(Rococo)라는 예술 형식이다.[7] 이 용어가 서양 예술사에서 전문적으로 쓰이기 시작한 것은 아마 1840년대로 여겨지며[8] 프랑스를 중심으로 유행이 되어졌다. 왕을 중심으로 이 시기를 가늠해 보자면 루이 14세의 사망과 이를 뒤이은 루이 15세의 등극 시점이 바로크와 로코코의 전환시기로 봄이 타당할 듯싶다. 다시 말해 프랑스의 태양왕으로 불리어졌던 루이 14세의 사망과 동시에 바로크 시대는 종결되고 루이 14세를 승계한 루이 15세가 등장하면서 로코코 양식이 새로운 예술적 사조의 주류가 되는 것이다. 이러한 사조는 프랑스로만 국한이 된 것이 아니라 유럽의 인접국들인 영국과 독일 등에도 영향을 미쳤다.

로코코는 바로크 시대의 호방한 취향을 이어받아 화려한 색채와 섬세한 장식, 건축을 유행시켰으며 바로크처럼 왕실중심의 예술이 아니라 귀족과 부르주아가 주도한 예술이었다. 이 점은 로코코 예술에 대해 눈 여겨 보아야 할 대목이라 말 할 수 있다. 왕실 중심의 예술에서 탈피를 하여 귀족과 특히 부르주아 계급을 중심으로 하는 예술로 바뀌어 지고 이들이 주도하는 예술이 되었다는 점은 일부 특권계급만이 향유하는 예술이라는 폐쇄성에서 벗어나 시민계층으로 까지 범위가 확대된 개방형 예술로 변모가 되어졌다는 의미를 가지게 되었다는 점을 뜻하기 때문이다.

---

7) 좁은 의미로 볼 때 로코코란 루이 15세 시대 때에 유행하던 프랑스 특유의 건축의 내부 장식이나 미술 또는 생활용구의 장식적인 양식을 의미한다. http://ko.wikipedia.org/wiki/%EB%A1%9C%EC%BD%94%EC%BD%94

8) 1842년 프랑스 학술원에서 이 낱말의 사용을 인정한 것으로 기록되고 있다. http://ko.wikipedia.org/wiki/%EB%A1%9C%EC%BD%94%EC%BD%94

여기서 하나 분명히 할 점은 로코코는 바로크나 르네상스처럼 한 시대를 대표하는 사조라고 볼 수 없는데 그 이유는 이 당시 로코코뿐만 아니라 바로크, 고전주의, 낭만주의가 병존하는 시대이며, 이 시기에 유행하고 나타난 예술양식들은 서로 간에 영향을 받고 주는 관계에 있었기 때문이다.[9]

::참고문헌

Catanese, Anthony J. and James C. Snyder (eds.). (1988). *Urban Planning*, 2nd ed., New York : McGraw-Hill Book Company.

http://kin.naver.com/qna/

http://ko.wikipedia.org/wiki/%EB%A1%9C%EC%BD%94%EC%BD%94

http://100.naver.com/100.nhn?docid=80301

9) http://ko.wikipedia.org/wiki/%EB%A1%9C%EC%BD%94%EC%BD%94

제6장
산업혁명 시대의 기획

근세도시를 만드는 전환점은 산업혁명이 만들어주었다. 산업혁명을 계기로 하여 도시는 이전과는 다른 새로운 양태로 성장과 변화과정을 거쳐나갔기 때문이다. 산업혁명을 계기로 이제 도시는 하나의 복합적인 사회형태로 진화해 나가는 현상을 보여주었다.

이러한 관점에서 기드스(Patrick Geddes)는 도시를 진화해 나가는 생물유기체에 비유하여 설명을 하였다.[1] 그는 생물유기체에서 보듯이 도시도 생성이 되어서 성장을 하다가 일정한 시점에

---

1) Patrick Geddes, *Cities in Evolution* (New York : Harper & Row, 1969), p.6. ; 기드스(Patrick Geddes)는 물리적 기획(physical planning)이 환경 적 고려라는 맥락 속에서 사회적 기획이나 경제적 기획과 서로 맞물려 통합되지 않으면 도시의 생활조건을 개선시킬 수 없다는 점을 이론화시켜 제시하였다. 이러한 통합은 도시와 도시를 둘러싸고 있는 배후지 까지 내포하는 광역적 규모 차원에서 일어나야 한다고 그는 보았다. 그는 이를 광역도시권(urban conurbation)이라고 명명하였다. 기드스는 기획에 있어서 복잡성과 다양성을 주장하면서 대규모적이고 종합적인 기획(comprehensive planning)의 단계화 설정을 주장하였다.

도달을 하면 일정 규모의 한계점에 도달을 하여 쇠퇴를 한다는 것이다.[2)]

그러나 이러한 시각에 대해 비판적인 입장을 취한 것은 1920년대의 시카고 학파였다. 이 학파의 중심에 있었던 파크(Robert E. Park) 등이 도시화 과정을 다르게 이해하려 했던 것이다. 이들은 도시의 인구규모, 사회이동, 사회문제, 직업분포 등을 중심으로 도시화 과정을 이해하려고 했던 것이다.[3)]

좀 더 부연하여 설명을 하자면 이들은 도시를 어느 특정의 요소만으로 구성이 된 정체적인 현상으로 이해하는 것에 반대를 하고 도시를 여러 복합적인 요소들로 구성이 되어 있는 것으로 이해를 하고 이에 입각하여 여러 다양한 요소들이 공간 속에서 상호작용을 하는 사회 행태로 보고 있는 것이다.[4)] 이러한 관점에서 건축가나 토목전문가들이 도시를 물리적 요소로 국한하여 이해하고 이에 입각하여 도시화 과정을 물리적 현상으로만 정의하는 것에 반대를 했던 것이다.

파크를 중심으로 하는 이들의 생각을 정리하자면 도시는 생물의 유기체처럼 성장하고 쇠퇴하고 소멸하는 과정을 밟아 나가는 것이 아니라 끊임없이 변화하며 환경에 의해 변형되어 가는 것으로 이해를 하고 있는 것이다.[5)] 따라서 이들의 생각에 입각해서 설명을 하자면 산업혁명이라는 도시를 둘러싼 환경의

---

2) 김원, 『도시행정론』(서울 : 박영사, 1988), 7쪽.

3) Robert E. Park, Ernest W. Burgess and Roderick D. Mckenzie, *The City* (Chicago, Illinois : The University of Chicago Press, 1925). ; 김원, 『도시행정론』(서울 : 박영사, 1988), 7쪽에서 재인용.

4) Max Weber, *The City* (New York : The Free Press, 1966), p.51 & p.67. ; 김원, 『도시행정론』(서울 : 박영사, 1988), 7쪽에서 재인용.

5) Lewis Mumford, *The City in History : Its Origins, Its Transformation & Its Prospects* (New York : Harcourt, Brace & World, Inc., 1961), p.96. ; 김원, 『도시행정론』(서울 : 박영사, 1988), 8쪽에서 재인용.

변화는 이제 새로운 변화에 대한 적응을 요구하였고 이를 받아들인 새로운 형태의 도시 기획이 필요로 되었던 것이다.

15세기 이후 도시 기획에 커다란 변화를 가져왔던 화약만큼이나 1769년의 와트(James Watt)에 의한 증기기관의 발명은 도시 공간에 커다란 영향을 주었다. 증기기관은 산업혁명의 모태를 마련해 주었고 이것이 의미하는 것은 이제 인력을 대신하여 기계가 노동을 한다는 것을 의미하였다.

생산에 필요한 원자재를 실어오고 이를 가공하여 시장에 내다 파는 수단을 제공하는 교통은 산업화의 핵심이었다. 그래서 이 시대의 도시들은 교통의 원활화를 위하여 새로운 도로를 건설하고 철도를 부설하고 배가 다닐 수 있는 수로나 운하 그리고 항만을 건설하였다. 이렇게 됨으로써 종전의 가내수공업에 머물던 산업형태가 모양새를 바꾸게 되었다. 즉 주거공간에서 산업 현장까지의 노동자들의 보다 광역화 된 이동이 나타나게 된 것이다. 산업혁명은 화약의 발명으로 도시가 개방화되고 넓어진 것보다 더 개방성과 광역화를 가져오게 하였다.[6)]

그러나 산업혁명시대의 초기 영향은 혼잡의 증대, 안전사고 문제, 공기와 수질오염 등과 같은 부정적 요소들이 없지 않았다. 농촌지역을 떠나 도시로 몰려드는 이농 인들로 인해 도시는 적정가용 능력 이상의 인구를 받아들일 수밖에 없는 도시의 과밀화가 진행되었다. 그리고 이로 인해 도시의 혼잡 화는 더욱 가중되었다. 그리고 설상가상으로 많은 사람들의 도시유입으로 인한 과밀화와 혼잡화로 인해 도시민들의 공중위생은 커다란 위협을 받게 되었다. 이러한 부정적 요소들로 인한 도시의 과밀화, 혼잡 화 그리고 공중위생의 위협은 점차적으로 교외화 현상을

6) Anthony J. Catanese and James C. Snyder (eds.), *op. cit.*, p.14.

가속시켰다.

그리고 이러한 교외 화를 가능케 한 것이 바로 개선되거나 새로이 신설된 도로와 철도 등과 같은 교통체계였다. 만약 산업혁명에 힘입은 교통체계의 개선이 없었다면 도시와 상당한 거리를 두고 이격 화 된 교외지역으로의 이주는 생각할 수도 없는 현상이었을지도 모르는 일이다. 그러나 양날의 칼처럼 이러한 교외 화는 새로운 부정적 사회현상을 만들어 냈다. 19세기 말에서 20세기 초에 나타난 현상 중 하나는 이러한 교외화 현상으로 인해 도시의 중심은 가난한 자들로 들끓는데 반해, 교외지역은 보다 부유한 사람들로 자리를 잡아가고 있었다는 것이다. 이러한 양극화 현상은 영국이나 미국이나 이 당시에는 거의 비슷하게 나타났다. 여기에 산업혁명 시대의 새로운 발명의 총아로 인식된 자동차의 발명은 이러한 현상을 더욱 가속시켰다.

이렇게 도시가 비대해지고 팽창하는데 따르는 여러 문제들이 사회적 문제로 까지 비화가 되자 이를 해결하고자 하는 노력이 19세기 말부터 여러 나라에서 나타나기 시작하였다. 우선 영국에서는 주택환경의 기준을 나름대로 설정을 하는데 주안점을 두는 '공중보건법'(Public Health Act)이 통과되었다.[7] 이 시기에 영국이나 프랑스, 그리고 독일의 지도자들에 의해 모델주택들이 건축되었다.

독일과 오스트리아는 도시 내의 토지의 효율적인 사용과 건물높이를 제한하고 통제하기 위해 조닝 제도를 사용하기 시작하였다. 이러한 정책적 노력들이 의미하는 것은 20세기 들어서면서 상수도와 하수도를 통한 용수공급 및 오·폐수의 처리, 그리고 교통, 도로, 보건 및 위생 등과 같은 도시의 기반시설 구조가

---

7) *Ibid.*, p.14.

도시정부들에 의해 계획되고 추진되었다는 역사적 사실을 확인케 해주는 것이다.[8)]

여기서 하나 집고 넘어가야 할 것은 이러한 도시기획에 있어서 낭만적이거나 혹은 유토피아 적인 또는 반 산업적인 선구모형이 있었다는 것이다. 그러한 대표적인 사례로 오웬스(Robert Owens)가 영국의 뉴 라나르크(New Lanark)에 실현하려고 했다가 불발로 그친 도시기획을 들 수 있다.[9)] 그리고 산업혁명 시기에는 민간부문의 기업가들이 새로운 도시를 많이 만들었다. 아마 가진 자들의 의무라는 의미를 가지는 '노블리스 오블리제'(noblesse oblige)적 사고에 입각하여 이러한 일들을 한 듯싶은데 대표적인 것으로 솔트(Titus Salt)와 크룹스(Krupps) 그리고 캐드베리(George Cadbury) 등 가진 자들에 의한 솔선수범 적 사례를 들 수 있다.[10)]

1852년 영국에서 솔트는 자신이 경영하는 방적공장에서 일하는 노동자 3,000명을 위해 솔트 타운을 건설하였다. 물론 솔트 자신이 타운의 기획가이며 설계자였다. 크룹스 가문도 자신들이 경영하는 군수공장의 노동자들을 위해 독일의 에센 지역에 몇 개의 조그마한 타운을 건설하였다. 그리고 1894년 초콜릿(chocolate) 제조로 성공을 한 캐드베리는 영국의 버밍햄에 있던 기존 공장을 새롭게 건설한 보온빌(Bournville)이라는 타운으로 이전을 시켰다. 이러한 실제 사례들은 프랑스, 독일, 그리고 이탈리아 등에서 많이 볼 수 있었다. 이렇게 새로 만들어진 타운들은 산업중심지의 혼잡과 과밀화를 해소하는데 많은 도움을 주었다.

---

8) *Ibid.,* p.14.
9) *Ibid.,* pp.14-15.
10) *Ibid.,* p.15.

이러한 움직임 속에서 가장 돋보이는 인물이 바로 영국의 하워드(Ebenezer Howard)이었다. 그는 도시기획 운동으로 새로운 타운을 만드는 것을 개념화시키는데 커다란 역할을 수행했다.[11)]

하워드는 1850년에 런던에서 태어났고 21세 때 미국으로 이민을 가서 네브래스카 주에 정착을 하여 농사를 지었다. 그러나 농사일에서 재미를 보지 못한 그는 시카고로 나와 잠시 사무실에서 근무를 하다가 1876년 영국으로 되돌아갔다. 그런 후 그는 발명가로 발돋움을 하면서 1898년 『내일』(Tomorrow : A Peaceful Path to Social Reform)[12)]이라는 책을 출간하였으며, 이 책은 1902년 『내일의 정원도시들』(Garden Cities of Tomorrow)이라는 책명으로 재출간이 되기도 하였다.

이 책에서 하워드는 도시기획과 관련된 복잡한 문제들을 해결하는 방안으로 '정원도시'(Garden City)를 제안하였다. 그는 산업혁명 이후 일반화 되고 있는 산업도시의 혼잡과 과밀을 해소하기 위해 도시 외곽의 개발지역에 정원도시를 건설해 사람들이 자연으로 되돌아 와 살 수 있도록 하는 방안을 제시한 것이다. 또한 이러한 하워드의 생각은 도시기획 상 런던과 같은 대도시가 더 이상 혼잡 화 되고 과밀 화 되고 집중 화 되는 것을 막는 대안으로 정원도시를 건설하고자 한 것이었다.

하워드가 제안한 정원도시의 기본 요건을 간단히 요약해 설명한다면 다음과 같다.[13)] 우선 1,000에이커 정도의 모든 땅이 공공투자신탁(public trust)에 의해 소유되어야 한다는 것이다. 둘째,

---

11) *Ibid.,* p.15.

12) Ebenezer Howard, *Tomorrow : A Peaceful Path to Social Reform*, 1st ed. (London : S. Sonnenschein & co., ltd., 1898). ; Ebenezer Howard, *Garden Cities of To-morrow*, 2nd ed. (London : S. Sonnenschein & co., ltd., 1902).

13) Anthony J. Catanese and James C. Snyder (eds.), *op. cit.*, p.16.

적정 인구와 개발은 최대 30,000명 정도를 수용할 수 있는 선까지 한정한다는 것이다. 셋째, 도시주변으로 5,000에이커 넓이의 그린벨트(greenbelts)를 설정한다는 것이다. 넷째, 사회적으로나 경제적으로 자급자족을 할 수 있도록 토지를 개발하여 사용토록 한다는 것이다.

결론부터 말하자면 하워드의 이러한 주장은 역사적 시점을 잘 잡았으며 그의 정원도시 기획안은 성공적이었다고 볼 수 있다는 점이다. 1899년에 '정원도시협회'(Garden City Association)가 창립이 되었고 1903년에 정원도시의 원조이며 기본 모델이 된 레치워스(Letchworth)를 건설하기 위해 유한책임회사가 설립되었다. 그리고 하워드의 계획에 따라 레치워스는 4,500에이커의 땅에 상점, 공장과 더불어 15,000명을 수용하는 지역사회로 성장을 하게 된 것이다.

곧이어 다른 유한책임회사가 정원도시의 개념을 담고 있는 10,000명을 수용하는 또 다른 웰윈(Welwyn)이란 지역사회를 건설하였다. 이 두 개의 새로운 타운은 런던으로부터 33마일 거리내에 자리를 잡고 있어 충분히 자급자족이 되었고, 주주들에게 유한주식을 되돌려 줌으로써 부가적인 이윤을 지역 사회시설에 재투자하도록 하였다.[14)]

하워드는 1928년에 타계(他界) 하였으나 그는 오웬스 등 다른 몽상가들과는 달리 자신의 꿈을 실현시키고 영면할 수 있었다. 2차 대전 이후에도 영국정부는 그린벨트, 정원도시, 도시성장에 대응하기 위한 수단으로써 새로운 타운 건설에 지역투자신탁을 사용하였는데 이것은 모두 하워드의 아이디어에서 비롯된 것이었다. 이러한 정원도시는 잉글랜드의 런던 주변뿐만 아니라 스

---

14) *Ibid.,* p.16.

코틀랜드의 에든버러(Edinburgh) 주변에도 조성이 되었다. 또한 이 정원도시의 아이디어는 이후 스웨덴, 네덜란드, 독일, 그리고 러시아 등에 전파가 되어 새로운 타운 건설과 조성에 많은 영향을 끼쳤다.[15]

실제적으로 근대적인 의미를 가지는 도시다운 도시의 기획이 자리를 잡게 되는 것은 일반적인 주장들에 의하면 18세기 말부터라고 볼 수 있다.[16] 서부유럽과 북미지역에서 급속한 경제성장과 도시의 수와 규모의 극적인 증대가 근대적인 도시기획의 개발과 전파를 위한 선행조건이 되어졌던 것이다. 근대 기획은 생산, 분배, 소비 그리고 재생산의 역동성과 자본주의적 중심으로 도시라는 새로운 실체를 인정하고 받아들이게 되었던 것이다. 또한 근대기획은 도시가 이러한 경제적 사회적 역할을 효과적으로 기능시킬 수 있도록 하는 방법을 모색하였다.

권영찬은 19세기까지의 도시기획과 20세기 이후의 근대적 의미의 도시기획과의 차이점을 다음 몇 가지 기준에 의거하여 구분 차별화하고 있다.[17]

우선 들고 있는 것이 목표상에 차이가 있다는 것이다. 전 근대적인 도시기획은 주로 그 당시의 통치자의 정치적, 군사적, 기타 이익의 증진에 목적을 두었지만 근대적 도시기획은 도시 내에서 생활을 영위하는 시민들의 편의와 이익에 제일차적 목표를 두고 있다는 것이다.

둘째로는 수단상의 차이를 지적하고 있다. 19세기까지는 본

15) *Ibid.,* p.16.

16) A. Sutcliffe, *Towards the Planned City : Germany, Britain, the United States and France 1780-1914* (Oxford : Blackwell, 1981) ; T. Hall, *Planning Europe's Capital Cities : Aspects of Nineteenth Century Urban Development* (London : Spon, 1997).

17) 권영찬, "기획에 관한 몇 가지 사(史)적 고찰", 『한국행정학보』, 제1권, (1967), 146쪽.

질적으로 하나의 예술이며 건설을 비롯한 기타 기획에 있어 미학적 측면이 강조되었으나 20세기 이후의 도시기획은 산업화 및 과학기술발달의 소산이며 그 수단으로는 사실의 수집, 사실의 분류 및 분석, 사실의 설명과 가설의 설정 등 과학적 절차에 따르는 제 법칙이 기획과정의 본질을 이루고 있다는 것이다. 쉽게 표현하자면 19세기까지는 예술적 수단에 의존하였고 20세기 이후는 과학적 수단에 의존한다는 것이다.

그리고 셋째로는 과거의 도시기획은 정태적인데 비해 현재의 것은 동태적이며 하나의 계속적 과정[18]이라는 것이다.

이제 도시가 없는 사회를 우리의 생활 속에서 상상도 할 수 없는 시대에 살고 있다. 1900년에는 16억의 인구 중 2억5천만 명이 도시에 살았으나 100년 후인 2000년에는 61억의 인구 중 30억 인구가 도시에 살고 있다[19]는 사실은 이를 잘 대변해 주고 있다. 이러한 도시를 보다 쾌적하고 살기 좋은 곳 그리고 생산성이 넘치는 곳으로 만들어 나가는데 있어 기획의 역할은 아무리 강조한다 해도 지나침이 없을 것이다.

::참고문헌

권영찬. (1967). "기획에 관한 몇 가지 사(史)적 고찰", 『한국행정학보』, 제1권.

Catanese, Anthony J. and James C. Snyder (eds.). (1988). *Urban*

18) Mary McLean, "Scope and Methods of City Planning", in Mary McLean, (ed.), *Local Planning Administration*, 3rd ed. (Chicago : The International City Managers' Association, 1959), ch. I , pp.1-2.

19) Stephen V. Ward, *op. cit.*, p.1.

Planning, 2nd ed., New York : McGraw-Hill Book Company.

Hall, T. (1997). *Planning Europe's Capital Cities : Aspects of Nineteenth Century Urban Development*, London : Spon.

Howard, Ebenezer. (1898). *Tomorrow : A Peaceful Path to Social Reform*, 1st ed., London : S. Sonnenschein & co., ltd.

Howard, Ebenezer. (1902). *Garden Cities of To-morrow*, 2nd ed., London : S. Sonnenschein &co., ltd.

McLean, Mary. (1959). "Scope and Methods of City Planning", in Mary McLean, (ed.), *Local Planning Administration*, 3rd ed., Chicago : The International City Managers' Association.

Sutcliffe, A. (1981). *Towards the Planned City : Germany, Britain, the United States and France 1780-1914*, Oxford : Blackwell.

제7장
근대 유럽의 기획

제1절 근대 초기 프랑스의 도시기획[1)]

근대 도시기획의 기원이 언제 그리고 어디서부터인가 하는데 대해서는 논란의 여지가 많다. 그러나 일반적인 시각은 나폴레옹 3세(Charles-Louis- Napoleon Bonaparte : Napoleon III)의 명을 받아 파리(Paris)를 새롭게 재설계 한 하우스만(Georges-Eugene Haussman)이 파리의 도시계획을 추진해나간 1853년에서 1870년까지로 보는 것이 일반적인 견해이다.[2)] 프랑스의 보로도(Bordeaux)지역의 지사(知事)를 역임한 하우스만은 행정가였으며 1853년에 지금의

1) 이병철, 『행정기획의 역사와 이론』(울산 : 울산대학교출판부, 2006), 191-206쪽을 재편집하여 수정을 함.

2) J. Pinkney, *Napoleon III and the Rebuilding of Paris* (Princeton, New Jersey : Princeton University Press, 1958) ; A. Sutcliffe, *The Autumn of Central Paris, The Defeat of Town Planning 1850-1970* (London : Arnold, 1970) ; J. Des Cars, and P. Pinon (eds.), *Paris-Haussmann, "le pari d'Haussmann"* (Paris : Pavillion de l'Arsenal/Picard, 1991).

파리를 포함하는 세느 부(the Department of the Seine)의 지사로 임명이 되어 그와 관련된 행정을 펼쳐 나갔었다.

파리를 새롭게 도시계획을 하려는 이유로는 우선 당시 프랑스의 황제였던 루이 나폴레옹(Louis Napoleon)이 새로운 모습으로 변모된 파리를 원했을 뿐만 아니라 당시 파리는 도시로서 많은 것이 부족하고 어려웠다. 이 도시의 인구는 1800년에는 581,000명이었으나 1850년에는 거의 두 배 가까이 증가하여 일백만 명을 초과하였다. 중세시대에 만들어진 도시이어서 혼잡하고 과밀화되어있었으며 불결하였고 정치적으로도 불안정하였다. 또한 파리 시민들은 종전까지의 지배자들에게 공포감을 느꼈으며 또한 변화를 재촉하는 경제적인 압박도 가세가 되었다. 이러한 것들이 반영이 되어 새로운 도시개혁의 움직임이 일어나고 이러한 바람은 철도를 파리에 부설하게 하고 역동적인 부동산 시장을 활성화시키는 계기를 마련하게 하였다.

루이 나폴레옹 황제는 새로운 도로의 개념으로 신작로(great boulevard)의 네트워크화를 원했고 더 나아가 이러한 신작로의 네트워크가 하나로 모두 집결하여 모일 수 있는 대 회랑(circulation)을 만들기를 소망하였다. 하우스만도 소위 '대교차도로'(la grande croisee)[3]를 만들어 이러한 황제의 소망에 호응을 하였다. 또한 파리의 매우 오래되고 낙후된 지역의 도로망을 이러한 식으로 새롭게 건설하고 구성함으로써 프랑스 파리의 남부지역과 중심 가 지역에 재개발이라는 변혁의 큰바람을 가져 왔다.[4]

또한 그는 새로 놓은 도로 밑으로 새로운 하수도를 관통시켰

3) 신작로 네트워크를 동서축과 남북축으로 만들어 이 두 축이 파리 중심에서 교차하도록 만들었다.

4) Stephen V. Ward, *Planning the Twentieth-Century City : The Advanced Capitalist World* (New York : John Wiley & Sons, Ltd., 2002), p.12.

을 뿐만 아니라 파리 중심의 동쪽과 서쪽으로 넓은 면적의 '보르고뉴 숲'(Bois de Boulogne)과 '빈센느 숲'(Bois de Vincennes)을 개발하고 이를 조성하여 파리의 주요한 새로운 도시공원으로 만들었다. 이 두 개의 도시공원은 지금까지 파리의 중요한 녹지공간으로써 대도시의 허파 역할을 하고 있다. 이러한 파리의 새로운 도시계획은 많은 돈을 쏟아 붓게 만들었다. 1853년에서 1869년까지 이러한 도시개발을 위해 족히 25억 프랑이 소요되었으며 이는 1851년 파리 시 총 도시예산의 45배에 달하는 엄청난 액수였다.5) 이 돈의 상당부분은 신용을 근간으로 한 채권(credit)으로 충당이 되어졌으며6) 개발이 종료된 시기까지 상당액이 변제가 되지 못하였다.7)

파리를 새로운 도시로 변화시키는 계획을 추진시켜 나가는 과정에서 명암이 엇갈리는 평가를 받고 있는 하우스만이 도시기획의 선구자인가 하는데 대해서도 찬반이 엇갈린다. 그러나 어쨌든 이러한 하우스만 식 도시기획은 그 이후 몇 십 년 동안 프랑스의 지방도시 들, 특히 중부 내륙지방에 위치한 리옹(Lyons)과 남부 지중해 연안에 자리를 잡고 있는 마르세유(Marseilles) 등에서 많은 모방을 하였다.8) 특히 1867년 '만국박람회'(Universelle Exposition)가 파리에서 치러진 이후, 이 하우스만의 모델은 세계화가 되었다.9) 이러한 세계화의 흐름 속에 가장 선봉에 선 자가 바로 1863년 브뤼셀(Brussels) 시장이었던 안스팍

5) *Ibid.*, p.13.

6) P. Hall, *Cities in Civilization : Culture, Technology and Urban Order* (London : Weidenfeld and Nicolson, 1998).

7) Stephen V. Ward, *op. cit.*, p.14.

8) J. Des Cars, and P. Pinon (eds.), *Paris-Haussmann, "le pari d'Haussmann"* (Paris : Pavillion de l'Arsenal/Picard, 1991).

9) A. Sutcliffe, *Towards the Planned City : Germany, Britain, the United States and France 1780-1914* (Oxford : Blackwell, 1981).

크(Jules Anspach)였다.[10] 그는 벨기에의 수도인 브뤼셀을 개발하려는 자신의 프로젝트에 관하여 직접 하우스만의 충고를 듣기도 하였다.[11]

이 이외에 19세기 후반기 동안 하우스만의 도시개발계획을 모방하려는 시도가 스웨덴의 스톡홀름(Stockholm)과 영국의 버밍햄(Birmingham), 그리고 이탈리아의 로마(Rome) 등에서도 이루어졌다. 그리고 20세기 초엽까지 이러한 움직임은 유럽이라는 문턱을 벗어나서 유럽에서 보자면 외곽의 변방도시인 미국의 시카고(Chicago) 같은 곳에서도 이루어졌다. 하우스만의 도시개발 모델이 이렇게 세계적으로 널리 퍼졌다고 해서 그의 모델이 만병통치약이라는 의미는 아니며 이러한 움직임은 도시기획을 통해 대규모로 도시들을 변모시킬 수 있다는 가능성을 보여준 실제적 사례라는 점에서 보다 더 큰 의미를 찾게 되는 것이다.[12]

제2절 근대 스페인의 도시기획[13]

프랑스의 하우스만에 비견 할 수 있는 제2의 근대도시기획의 선구자는 쎄르다(Ildefons Cerdà)를 손꼽을 수 있다. 스페인의 토목 관련 기술자(civil engineer)였던 쎄르다는 1859년에 기존의 바르셀로나(Barcelona)의 벽을 허물고 이를 뛰어넘는 새로운 바르셀로나 시를 위한 도시계획을 실행에 옮겼다. 그는 또한 『도시

---

10) T. Hall, *Planning Europe's Capital Cities : Aspects of Nineteenth Century Urban Development* (London : Spon, 1997).

11) Stephen V. Ward, *op. cit.*, p.15.

12) *Ibid.*, p.16.

13) 이병철, 『앞의 책』, 206-210쪽을 재편집하여 수정을 함.

화의 일반이론』(General Theory of Urbanization)이란 책도 1867년에 출간을 하였다. 이것은 근대도시기획을 과학적인 방법으로 접근을 한 첫 번째 이론서로도 정평이 나있다. 그러나 당시에는 이러한 업적과 기여에도 불구하고 쎄르다는 하우스만과는 달리 도시기획 분야에서 크게 돋보이진 않았다. 최근에 와서야 그의 업적과 기여에 대한 재평가가 이루어지고 그의 명성을 되찾게 되었다.[14)]

그는 1856년에 잠시 투옥(投獄)이 되기도 하였고 프랑스 파리로 도망을 가있기도 하였으나 다시 조국으로 되돌아와 자신의 일인 도시기획에 전념을 하였다.[15)] 특히 그가 시의회 의원과 도시개발업자가 되어 활동함으로써 보다 도시개발에 깊이 관여할 수 있었다.

그는 도시기획을 함에 있어 특히 저밀도개발을 선호하였고 가능하면 더 많은 녹지공간을 확보하는 방향으로 접근을 하였다.[16)] 그리고 이러한 그의 접근 선호에 부가하여 햇빛과 관련된 채광의 필요성, 공기의 흐름을 자연스럽게 유도해주는 주택 통풍의 필요성, 그리고 효율적인 하수 시스템을 갖추어 오폐수를 효과적으로 배출해야 할 필요성 등을 강조한 것은 그가 특히 도시의 위생에 대해 많은 관심을 가지고 있었다는 점을 보여주는 것이다.[17)] 물론 앞서 말했듯이 보다 넓은 의미에서 도시를 둘러싸고 있는 환경을 녹지화해야 할 필요성 등을 강조한 것 역시 이

14) 도시기획의 이론과 모형을 형성시키고 도시개혁과 도시발전을 새로운 과학으로 개발을 시켰으며 도시기획에 법과 경제적 이슈를 접목시킨 공헌 등을 들어서 유럽에서 도시기획에 관한 한 중요한 인사로 쎄르다를 평가하고 있다. John K. Walton, "Current Trends in Nineteenth and Twentieth-Century Spanish Urban History," *Urban History*, Vol.30, No.2 (2003), p.258.

15) Stephen V. Ward, *op. cit.*, p.16.

16) *Ibid.*, p.17.

17) http://en.wikipedia.org/wiki/Ildefons_Cerd%C3%A0

와 맥을 같이 하는 것으로 볼 수 있는 것이다.

그는 또한 이 당시로서는 상당히 앞서 나가는 아이디어였던 도로의 네트워크화에 대해서도 깊은 관심을 가지고 있었으며 이를 도시기획에 적극적으로 반영을 하였다. 또한 그의 도심 도로에 대한 기획 아이디어를 보면 공적인 공원이거나 또는 사적인 공원이든 불문하고 이러한 녹색공간이나 도시민의 쾌적한 휴식 공간 등을 불필요하게 잠식함이 없이, 보행자들을 위한 산책길, 마차가 다닐 수 있는 길, 그리고 도시에 필요한 철도 등을 최적의 조건으로 배려하는 도로설계를 하였다. 그리고 이에 그치지 않고 도로의 밑으로는 홍수를 막기 위해 설치된 대규모의 하수도와 가스 등을 공급하는 관 등의 설치를 도로와 연계시켜 최적화시키는 설계를 계획하여 시공하는 배려도 아끼지 않았다.[18]

쎄르다의 도시기획은 과학적 방법에 입각한 이론적인 것이었기에 모든 기획이 구체적이고 세부적인 연구에 의해 지지를 받았으며 합리적으로 정당성을 인정받았다. 그는 도시의 벽을 제거할 경우의 노동인구의 사회 경제적 조건변화와 토지가치의 의미가 어떻게 변할 것인가와 같은 문제들을 세부적이고 집중적으로 연구하였다.

이러한 노력들이 하나, 둘 모여 바로『도시화의 일반이론』이란 책으로 집대성이 되어 진 것이다. 1867년에 쎄르다가 처음으로 사용한 바로 '도시화'라는 이 용어가 20세기 초에 유럽과 미국 전역에 광범위하게 확산을 하였다. 지금 널리 일반적으로 사용되고 있는 바로 이 도시화라는 용어를 최초로 만든 사람은 바로 쎄르다였던 것이다. 그럼에도 불구하고 도시기획과 관련된 그의 사상은 오랫동안 햇빛을 보지 못하고 간과되어져 왔던 것

18) http://en.wikipedia.org/wiki/Ildefons_Cerd%C3%A0

이다.[19)]

쎄르다가 1876년에 영면을 한 후 많은 후속 적 도시기획가들에 의해 그의 도시기획사상은 외면당했다.[20)] 이렇게 쎄르다가 외면을 당한 이유는 여러 가지가 있다. 우선 지역적 시샘이 바르셀로나 식에 대한 환호와 영향력의 파급에 제동을 걸었다고 볼 수 도 있다. 또 다른 이유로는 프랑스의 하우스만과 루이 나폴레옹 황제는 세계에 널리 보여주기 위해 도시를 재설계 하자는데 의견의 일치를 보았다는 점이다. 이를 알기 쉽게 한마디로 설명을 하자면 남에게 보여주는 홍보용 도시개발이었기 때문에 세상에 널리 알려졌다는 것이다. 그래서 이를 모방하려는 자들이 많이 나타났다는 것이다. 그래서 유명해졌다는 것이다. 이에 반해 쎄르다가 손을 댄 바르셀로나 도시 확장과 관련된 재개발은 성공적이긴 했지만 이러한 성공 한 자신의 작품을 공개하려는 어떠한 조치도 취해지지 않았다는 점이다.[21)]

이외의 또 다른 이유를 들자면 그 당시 스페인의 국력이 프랑스와는 달리 쇠잔해지고 있었다는 점이다. 산업혁명이 영국은 물론이고 벨기에, 프랑스, 독일 그리고 미국보다 뒤쳐졌고[22)] 영국이나 프랑스, 독일과 달리 스페인은 유럽에 그리 널리 알려지지 않은 존재였다는 점이다. 당연히 이러한 연유로 해서 쎄르다의 도시기획과 관련된 출간 물은 매우 늦게 까지 영어나 프랑스어로 번역되지 못하고 있었다. 앞에서 언급한 이러한 여러 이유로 인하여 결국 쎄르다의 도시화와 관련된 지식과 사상 그리고

19) T. Hall, *op. cit.*, pp.124-136.
20) John K. Walton, *op. cit.*, p.259.
21) Stephen V. Ward, *op. cit.*, p.19.
22) M. Wynn (ed.), *Planning and Urban Growth in Southern Europe* (London : Mansell, 1984), pp.111-164.

노력은 널리 퍼지지 못했던 것이다.

어찌되었든 이러한 여러 움직임들은 1850년에서 1875년 사이에 계획된 도시 증축 혹은 확대를 유럽대륙에서 만연하게 해 주었다.[23] 1857년에 덴마크의 코펜하겐(Copenhagen), 1859년에 오스트리아의 비엔나(Vienna), 1862년에 네덜란드의 암스테르담(Amsterdam)의 순으로 도시기획이 확대되어 나갔다. 여기에 도시인구증가와 경제성장에 따르는 압박이 중요한 도시기획 발전에 촉진 요인이 되었다. 이러한 연유로 1862년에 호브레히트(James Hobrecht)에 의해 준비된 베를린(Berlin) 도시증축계획도 추진이 되었고 1866년의 린드하겐(Albert Lindhagen)에 의해 이끌어진 '린드하겐 위원회'(the Lindhagen Committee)에 의해 주도된 스톡홀름(Stockholm) 계획안도 영향을 받게 되었다.[24] 그러나 린드하겐의 이러한 노력은 쎄르다가 이루어 놓은 것보다 기획사상의 정립이란 면에선 보다 성공적이지 못한 면이 있었다. 따라서 그의 아이디어는 국제적인 관심을 모으는 데는 부족함이 있었다.[25]

이외에 스페인에서 도시개발과 연관하여 거론해야 할 인물이 한 명 더 있는데 바로 수도(首都) 마드리드(Madrid)의 도시개혁가이며 도시기획가이자 엔지니어인 소리아(Arturo Soria y Mata)이다. 그는 도시개발에 대한 괄목할만한 잠재적 비전을 제시했다.

1882년에 그는 처음으로 철도체계와 연계된 저밀도 선형도시(linear city)의 아이디어를 제시했다. 이론적으로 그가 제시한 도시는 사무실, 상점, 공장, 학교, 공공건물, 그리고 주택 등이 연계

---

23) A. Sutcliffe, *Towards the Planned City : Germany, Britain, the United States and France 1780-1914* (Oxford : Blackwell, 1981). ; T. Hall, *Planning Europe's Capital Cities : Aspects of Nineteenth Century Urban Development* (London : Spon, 1997).

24) Stephen V. Ward, *op. cit.*, pp.20-21.

25) *Ibid.*, p.22.

되어 어우러지는 짜임새가 좋은 도시였다. 그러나 실제적으로 1894년에 마드리드 북동부 교외지역에 개발을 시킨 수 킬로미터의 선형도시는 단지 빌라주거지로만 기능하도록 만들어졌다.[26] 이러한 보잘 것 없는 실제적 성과에도 불구하고 그는 국제적 국경을 가로지르는 광범한 선형도시를 꿈꾸어 나갔으며 이러한 그의 아이디어는 20세기 들어서면서 다시 재현되게 되었다.[27]

쎄르다나 소리아 모두 스페인이 대부분의 선진화 된 유럽 국가들로부터 소외당하는데 따르는 고통과 불이익을 개인적으로 감내하여야 했다. 그러나 소리아는 이에 굴하지 않고 선형도시를 증진시키기 위한 관련 저널을 1897년에 출간을 함으로써 이것이 도시기획에 있어 최초의 연속정기간행물이 되었다.[28] 소리아는 쎄르다 보다 한층 더 여건이 나은 시기에 활동을 하였다. 그의 노력은 다른 나라들에서 이루어지고 있는 혁신과 일치를 했고 그래서 그의 업적은 20세기 초에 그러한 나라들의 기획 관련서적에 나타날 수 있었다.

제3절 근대 독일의 도시기획[29]

독일에서 최초의 기획법이 1879년에 제정이 되었다. 그리고 프랑크푸르트(Frankfurt am Main)[30]의 시장이었던 아디케(Franz

26) M. Wynn, "Spain," in M. Wynn (ed.), *Planning and Urban Growth in Southern Europe* (London : Mansell, 1984), pp.111-164.

27) P. Hall, *Cities Tomorrow : An Intellectual History of Urban Planning and Design in the Twentieth Century* (Oxford : Blackwell, 1988).

28) G. R. Collins and C. C. Collins, *Camillo Sitte and the Birth of Modern City Planning,* Columbia University Studies in Art History and Archaeology, No.3 (London : Phaidon, 1965).

29) 이병철, 『앞의 책』, 213-222쪽을 재편집하여 수정을 함.

Adickes)의 노력과 후원으로 소위 '아디케 법'(Lex Adickes)이라는 것이 프러시아 의회에서 통과가 되었다. 이 법에 의한 토지의 활용방안은 강제적으로 토지를 공용화하였다가 필요한 계획에 따라 공용화된 땅을 분할 활용하는 것이었다.[31] 물론 자발적으로 토지 주인들이 토지를 공용화하는데 앞장서서 따르는 경우도 있었지만 그렇지 않을 경우에는 적당한 가격으로 산정을 해서 토지주인들에게 돈을 준 후 토지를 공용화하였다. 따라서 보는 시각에 따라서는 이러한 조치가 기획가와 토지 주인들 간의 갈등이나 투쟁의 상징으로 보이기도 하였다.

또한 베를린(Berlin)의 도시 확대에 따르는 일련의 지역계획도 시사하는 바가 크다. 20세기 초엽 베를린은 도시 확대를 꾀하였는데 이러한 움직임이 프러시아 정부와 베를린 인근 교외에서 상대적으로 보다 풍요로운 삶을 살고 있는 교외 지역주민 간의 갈등을 낳게 하였다. 물론 교외 지역주민들의 정부에 대한 반감은 정치적일 뿐만 아니라 금전적 이해관계와 연관된 것이었다. 이것은 결국 정부와 주민들 간의 타협적 결과를 도출하였다. 1911년 프러시아 정부는 베를린의 도시 중심으로부터 20~40킬로미터 사이의 대 베를린(the Greater Berlin) 지역을 관할하는 '도시지역계획위원회'를 출범시켰다. 물론 이해관계를 가지고 있는 많은 자발적 조직이나 기관들이 참여를 했지만 결과를 놓고 본다면 그렇게 괄목할만한 성공을 거두지는 못하였다.

기획관련 저널 "쉬테트바우"(Der Staedtebau)가 1904년에 출간

---

30) 독일 헤센 주(州)에 있는 도시이다. 라인 지구대 북부 라인 강의 지류인 마인 강 연변에 있는 상공업도시이다. 문호 괴테의 출생지로 알려졌으며, 18세기까지는 국왕의 선거 및 대관식이 거행되던 곳이었다. 1815년 빈 조약으로 독일의 4개 자유도시 중 하나가 되었고 1816년에는 독일연방 의회의 개최시가 되었다.

31) Stephen V. Ward, *Planning the Twentieth-Century City : The Advanced Capitalist World* (New York : John Wiley & Sons, Ltd., 2002), p.55.

되기 시작했다.[32] 나아가 독일은 영국의 기획사상에 많은 영향을 받고 있었다. 특히 영국에서 나온 정원도시의 아이디어는 독일에 좋은 영향을 끼쳐 독일식 정원도시운동이 일어나게끔 만들기도 하였다. 그러한 한 가지 예로 1913년에 독일이 세계의 열강으로 발돋움하기를 간절히 바라는 의료전문가들에 의해 '독일은 영국보다 정원도시를 더욱 간절히 바란다.'[33]는 표어를 내걸게 할 만큼 정원도시 건설에 대한 강한 촉구의 목소리가 메아리치기도 하였다.

그리고 프리쉬(Theodor Fritsch)는 1912년 자기의 저서인『예술의 도시』(Die Stadt der Zukunst) 개정판에서 정원도시라는 영어의 표현을 독일어로 바꾸어 직접 사용을 하였다.[34] 이후 자연스럽게 독일어로 정원도시라는 표현이 사용되어졌다.

1. 바이마르 공화국시기의 기획

제1차 세계대전이 종결된 1919년에 바이마르 공화국(the Weimar Republic)이 들어섰다. 이 당시 도시문제는 상당히 심각한 상황이었다. 동 프러시아 지역을 제외하고는 독일 전체가 세계대전이라는 전쟁의 참화로 인해 많은 도시가 파괴되고 붕괴되어 있는 상황이었다. 따라서 주택수요가 하늘을 찌르고 있었다. 이러한 참담한 분위기는 도시기획의 필요성을 극대화시켜 주었다.

---

32) G. R. Collins and C. C. Collins, *Camillo Sitte and the Birth of Modern City Planning*, Columbia University Studies in Art History and Archaeology, No.3 (London : Phaidon, 1965).

33) F. Bollerey and K. Hartmann, "A Patriarchal Utopia : the Garden City at the Turn of the Century," in A. Sutcliffe (ed.), *The Rise of Modern Urban Planning, 1800-1914* (London : Mansell, 1980), p.160.

34) 영어 Garden City 를 독일어 Gartenstadt 로 바꾸어 사용하였다.

그러나 베르사유(Versailles) 조약체결로 확정된 1,320억 마르크에 달하는 과도한 전후 배상금 상환과 1922년에서부터 1923년까지 전 독일을 휩쓸 은 역사상 미증유의 초 악성인플레이션으로 인해 이러한 도시기획은 실행에 옮겨질 수가 없었다. 그럼에도 불구하고 이러한 와중에 도시기획에 대한 의지와 노력은 끊임없이 경주되어졌는데 피셔(Theodor Fischer)나 얀센(Hermann Jansen), 그리고 메이(Ernst May) 등이 그 중심에 있었다.

그리고 이 시기에 슈마허(Fritz Schumacher)는 함부르크(Hamburg)의 도시기획책임자로써 도시개발기획에 혁신적 기여를 하였다.[35] 그리고 1945년 이후 서독의 미래 지도자가 될 아데나워(Konrad Adenauer)[36]는 1919년 콜롱(Cologne) 시의 시장으로 재직하면서 도시 확장계획을 실행에 옮겼다.

그리고 1920년대 초기에 지역관할 기획이 나타났다. 즉 '루르

---

35) J. M. Diefendorf, *In the Wake of War : The Reconstruction of German Cities after World War II* (New York : Oxford University Press, 1993). ; H. Meller, *European Cities 1890-1930s : History, Culture and the Built Environment* (Chichester : Wiely, 2001).

36) 아데나워(Konrad Adenauer : 1876-1967)는 그의 정치경력을 바이마르공화국에서 쌓았다. 그는 자기의 향리인 쾰른(Koeln)에서 정치인으로써의 첫걸음을 시작하였다. 1921년부터 1933년까지 그는 프러시아 국가위원회(Prussian State Council)의 의장이었다. 그러나 1933년 나치에 의해 의장을 사직하여야 하였으며 수차례 체포되었고 강제로 자신의 향리를 떠나야만 되었다. 전쟁 후에 그는 70세 고령임에도 불구하고 '기독교민주연합'(Christian Democratic Union : CDU)이라는 그 당시 세간에 거의 알려지지 않은 조그마한 정당에 가입을 하였다. 제2차 대전 이후 1949년 9월 15일 독일연방의회는 그를 막 정부 수립이 된 독일연방공화국(German Federal Republic)의 수상으로 임명을 하였다. 그의 임기는 14년 간 지속이 되었고 이 동안 그는 유럽통합을 위한 노력에 매진을 하였다. 아데나워는 마치 위고(Victor Hugo)가 꿈꾸었던 것처럼 유럽합중국의 이상을 간직하고 실현시키려 하였다. 경제통합을 통해 궁극적으로 정치적 통합으로 나아가려는 그러한 이상을 뜻하였다. 물론 이러한 그의 이상과 꿈은 이러한 것이 독일재통일에 걸림돌이 될 것이라 믿는 일단의 사람들에 의해 혹독한 비판과 도전을 받았다. 그러나 아데나워에게 있어서 독일의 분단은 동구권과 서구권이라는 두 개의 적대적 권역으로 나뉘어져 있는 유럽분단의 결과로 이해하고 있었다. 따라서 그의 생각은 유럽의 재통합이 독일의 고통스런 분단을 종식시킬 것으로 이해하고 있었던 것이다.

광산정비협회'(Ruhr Coalfield Settlement Association)[37]가 만들어져서 광산과 철광 산업으로 인해 망가지고 있는 루르 지역의 자연 풍광을 보호하려고 하였다. 이 루르광산정비협회는 뒤이어 나타날 미국의 '테네시 계곡개발청'(Tennessee Valley Authority : TVA)과 같이 세계에서 제일 먼저 나타난 지역기획기관이 되었다.

1920년대에 들어 괄목할만한 도시기획의 사례로는 프랑크푸르트를 들 수 있다. 이 당시 프랑크푸르트는 인구 56만으로 110만 명의 인구를 가지고 있던 함부르크는 물론이고 콜롱, 뮌헨(Munich)[38], 에센(Esse)[39]이나 드레스덴(Dresden)[40] 보다도 인구가 적은 도시였다. 그럼에도 불구하고 이 도시의 기획은 시장의 강력한 리더십과 메이라는 이름을 가진 도시기획관의 노력에 힘입어 성공적으로 실행되고 좋은 모습으로 마감됨으로써 도시기획의 성공사례로 세계의 주목을 받았다.

그리고 1928년에서 1929년 사이에 뒤셀도르프(Dusseldorf)[41], 콜롱, 프랑크푸르트 등에서 지역기획협회들이 설립이 되기 시작하였다. 자동차 전용 고속도로의 기획도 이때부터 나타나기 시작을 하였다. 1926년부터 '하푸라바'(HAFRABA)[42]라고 불리어지는 조직이 이러한 고속도로기획에 앞장을 섰다. 이 조직은 1933년 히틀러(Adolf Hitler)가 정권을 장악하기 직전까지 콜롱에서 본(Bonn)에 이르는 고속도로기획을 총괄하였다. 비록 범 정부사업 차원의 강력한 지원이 없어 어려움이 많았지만 몇 몇 지방

37) 독일어로 쓰면 SVR이 된다.
38) 독일 남부 바이에른 주(州)의 주도(州都)이다.
39) 독일 노르트라인베스트팔렌 주(州) 뒤셀도르프에 있는 루부르공업지대의 중심도시 중 하나이다.
40) 독일 남동부 작센 주(州)의 주도(州都)이다.
41) 독일의 서부, 노르트라인 베스트팔렌 주(州)의 주도(州都)이다.
42) 한자도시들이란 의미이며 함부르크, 프랑크푸르트, 스위스의 바젤 등이 이에 속한다.

정부들의 협력에 힘입어 나름대로 이 기획을 밀고 나갈 수 있었다. 예를 든다면 지역기획협회의 도움으로 1920년대 말에 도르트문트(Dortmund)[43]에서 드위스버그에 이르는 고속도로를 건설할 수 있었다.[44]

2. 히틀러의 나치정권하의 기획

1929년 이래 경제상황이 더욱 악화되면서 일명 나치당으로 불려지는 '국가사회당'이 독일정책에 보다 큰 영향력을 행사하였다. 1930년대 초의 주요선거에서 얻어 낸 승리의 여세를 몰아 히틀러는 1933년 나치 독재정권을 정립하였다. 그리고 나치 정권 하에서 히틀러의 개인적 관심과 이해가 도시기획에 크게 작용을 하게 되었다. 물론 이러한 기획들은 국제적인 영역으로까지 확대되긴 하였으나 나치정권이 가진 한계로 인해 대부분 성공적이지를 못했다.

나치 정권 하에서 기획가들은 자신의 입지가 좁아짐을 인지할 수 있었고 그래서 많은 기획가들이 나치 정권이 지배하는 독일을 떠나 소련으로 들어가 자신의 기획가 적 역할을 지속하려 하였다. 그리고 이들은 실제로 그러한 생각들을 행동으로 옮겼다. 이러한 기획가들로는 마이어(Hannes Meyer) 나 메이가 대표적이었으며 이들은 실제로 소련으로 들어가 소련의 기획가가 되었다. 또 소련이 아닌 다른 나라로 들어가 부당한 간섭 없이 자신이 가지고 있던 기획가의 꿈을 실현시킨 사람들도 많았다. 기획가로 유명했던 바그너(Martin Wagner)나 그의 친구인 그로피

43) 독일 서부 노르트라인베스트팔렌 주(州)에 있는 도시이다.

44) Stephen V. Ward, *op. cit.,* p.87.

우스(Walter Gropius)도 그러한 부류의 사람들이었는데 이들은 각각 영국이나 미국으로 망명을 하였다. 그리고 함부르크 시의 도시기획 책임자였던 슈마허(Fritz Schumacher)조차 1933년에 자신이 몸담았던 직책에서 물러났다.[45]

이러한 당대의 유명한 도시 기획가들이 자신의 조국을 버리고 다른 나라로 망명을 하는 사태는 바이마르 공화국의 기획경험을 다른 나라들에게 전파하는 좋은 계기가 되었으나 나치 정권 하의 독일은 유능한 관련 인재들을 잃게 됨으로 해서 독일이 가진 기획의 우수성을 상실하게 되는 계기가 되어 버렸다.

이러한 상황 하에서 독일이 세계적으로 괄목할만한 성과를 거두는 부문이 발생하게 되는데 그것이 바로 제국 고속도로 체계(Reicha-autobahnen)이다. 처음에는 하프라바(HAFRABA)의 고속도로 건설제안에 대해 나치 정권은 냉정하게 거절을 하였다. 그러나 이러한 거절에도 불구하고 이러한 사업이 결국 히틀러의 힘을 증대시켜 줄 것이라는 이 조직의 끈질긴 설득과 히틀러 개인에 대한 지속적인 로비는 결국 결실을 맺었다. 히틀러는 1935년 고속도로의 첫 번째 구간으로 프랑크푸르트에서 만하임(Mannheim)[46]을 연결하는 노선을 책정하고 공사에 들어가 1938년에 개통을 하였다. 이후 고속도로의 건설은 지속이 되었다.

나치 정권은 도시의 비대화에 대해서 부정적인 시각을 가지고 있었다. 그들은 도시의 비대화가 여러 가지 도시문제를 야기시킨다는 점을 잘 알고 있어서 도시의 비대화에 대해 좋은 인상을 가지고 있지 않았던 것이다. 그러나 다른 한편으로 나치 정권은 도시의 거대화가 나치 정권의 발전과 융성함을 대외적으로

45) *Ibid.*, p.88.

46) 독일 남서부 바덴뷔르템베르크 주(州)에 있는 도시이다.

표방하고 과시할 수 있는 힘이 된다는 점 역시 잘 알고 있었다. 따라서 나치 정권은 도시의 비대화를 경계하면서도 도시의 거대화를 추진할 수밖에 없는 이율배반 적인 정책모순에 빠져 있었다. 나치 정권은 이러한 정책적 모순에 대한 입장을 정리한 후 1937년 대 도시들에 대한 전략적 개발에 나서기 시작하였다. 새로이 제정된 법은 나치 정권으로 하여금 극단적인 변혁을 위한 집행을 가능하도록 그에 관한 권한을 부여해 주었고 그에 따라 일반 독일 시민들의 재산권 행사는 극히 제한되고 위축될 수밖에 없었다. 특히 유태인들의 재산과 토지는 어떠한 보상도 없이 나치 정권에 의해 철저하게 유린되고 약탈되었다.

나치 정권은 여러 도시들을 기능적인 측면과 상징적인 측면으로 구분하여 개발에 착수를 하였다. 이에 입각해 베를린은 제국의 수도로써 자타가 인정할 수 있는 면모를 갖추도록 하였고 더 나아가 세계의 수도로써 상징적 의미를 부여할 수 있도록 개발이 진행이 되었다. 히틀러는 이를 위해 스피어(Albert Speer)를 도시기획책임자로 임명을 하였다. 스피어는 1937년에서 1940년까지 거의 4년 동안 제국의 수도로써 손색이 없도록 베를린에 대한 도시계획을 설계하였다. 그의 설계 내용에 따르자면 1939년의 베를린 인구를 430만 명으로 잡고 이를 1,000만 명까지 수용할 수 있는 거대도시로 성장시키려는 계획을 가지고 있었다.47)

한편 함부르크를 세계에서 가장 큰 항구 도시로 개발을 시키기 위해 히틀러는 구스쵸우(Konstanty Gutschow)를 도시기획 책임자로 임명하였으며 이를 위한 계획은 1937년에서 1938년 사이에 이루어졌다. 히틀러는 이 도시가 미국의 뉴욕과 같이 마천루

---

47) S. D. Helmer, *Hitler's Berlin : The Speer Plans for Reshaping the Central City* (Ann Arbor, MI : UMI Research Press, 1985).

들이 즐비하게 늘어서서 거대한 장관을 이루는 도시로 탈바꿈되기를 원했을 뿐만 아니라 이렇게 거대하게 변모된 도시의 모습을 직접 보기를 원했다. 또한 그의 꿈은 이에 그치지 않고 이 도시에 세계에서 가장 크고 거대하고 화려한 현수교가 놓이기를 원했다. 수많은 마천루와 현수교 등으로 거대하게 꾸며진 화려한 도시를 만들려는 히틀러의 꿈을 반영하고 실현시키기 위해 구스쵸우는 미국을 견학하고 돌아오기까지 하였다. 구스쵸우는 이러한 히틀러의 뜻 이외에 한 술 더 떠서 자신이 생각하고 추구하는 바를 함부르크 도시계획에 반영시키고자 하는 야심을 가졌다. 즉 도시의 기능과 사회발전을 꾀할 수 있는 나름대로의 방법 찾기에 고심을 하였던 것이다.

베를린을 제국의 수도로 그리고 함부르크를 세계 제일의 항구도시로 개발하려고 하였던 것처럼 히틀러는 독일 남부 바이에른 주(州)의 주도(州都)인 뮌헨(Munich)을 나치당의 당 본부 중심도시로 그리고 예술의 도시로 개발을 하고자 하였다. 그리고 뉘른베르크(Nurnberg)[48]는 나치당의 운집장소로 개발 하고자 하였다. 1938년 이루어진 오스트리아 합병이후 린쯔는 새로운 예술과 문화의 도시로써 개발이 되었다.

이러한 개발의 이면에는 히틀러의 세계정복의 꿈이 똬리를 틀고 있었고 독일의 우월성을 표현하려는 동기가 깊게 내재하고 있었다. 그러나 이러한 극단적인 민족주의적 자세는 세계로부터의 소외와 고립을 자초하였다. 이로 인해 제3제국(Drittes Reich)[49]의 위대한 제국건설과 연관된 세계를 대표하는 도시들의 건설기획 프로그램들은 다른 나라들의 기획개발에 대한 여

48) 독일 바이에른 주(州) 제2의 도시이다.
49) 1934년부터 1945년까지 히틀러가 권력을 장악한 시기의 독일 제국을 뜻한다.

러 참신한 아이디어나 유행적 감각을 받아들이는 것을 어렵게 함으로써 스스로 모순적인 한계를 갖게 만들었다.[50)]

독일의 도시주택 기획을 살펴보면 다음과 같은 특징이 나타난다. 즉 도시재개발의 경우에도 가능한 건물의 원형은 유지를 하도록 했다는 것이다. 또한 나치 정권은 정원도시 모형의 원형을 선호했다는 것이다. 이렇게 해서 탄생한 곳들이 도시 실업자들을 위해 기획한 뮌헨의 '라머스도르프'(Ramersdorf)나 친위대의 엘리트대원들을 위해 기획한 베를린의 '캄에래드샤프트시에들룽'(Kameradschaftsiedlung)과 군수공장노동자들을 위해 기획한 함부르크의 '쉬바르쯔발트'(Schwarzwalt) 등이다.[51)]

그리고 가장 야심만만하게 정원도시로 만들기 위해 기획한 곳은 1937년부터 나치 정권의 새로운 타운기획으로 시도된 '볼프스부르크'(Wolfsburg)와 '살쯔기터'(Salzgitter)이다. 이곳은 기획가 콜러(Peter Koller)에 의해 계획되고 건설되었다. 1939년 이후부터 나치 정권은 이러한 새로운 타운계획을 전폭적으로 밀어붙였다. 그러나 앞에서도 이야기했듯이 히틀러 나치 정권의 내재적 한계로 인해 이것들 역시 나름대로의 빛을 보기는 어려웠다. 1933년부터 실행된 나치정권의 기획 중 그래도 유일하게 인정받을 수 있는 것은 고속도로 건설기획 정도를 손꼽을 수 있을 뿐이다.[52)]

---

50) Stephen V. Ward, *op. cit.*, p.90.

51) *Ibid.*, p.93.

52) *Ibid.*, p.94.

제4절 근대 영국의 도시기획[53)]

1. 19세기 중반부터 20세기 전까지의 도시기획

영국은 19세기 중반에 국력의 신장과 더불어 혁신에 대한 기대와 희망이 절정에 달했다. 이러한 것이 도시기획에도 상당히 많은 영향을 미치게 되었다.[54)] 이런 혁신에 대한 압력은 너무나 강했다. 19세기 중반기에 인구 270만을 가진 런던(London)은 세계에서 가장 큰 도시가 되었다. 1851년의 만국박람회 당시 뉴욕의 5배에 달하였으며 파리의 두 배반이나 되었다. 그 당시 런던을 제외한 지역 도시였던 리버풀(Liverpool), 맨체스터(Manchester), 글래스고우(Glasgow) 그리고 버밍햄(Birmingham) 등도 인구 면에선 대부분 유럽의 수도들 인구를 압도하고 있었다. 바로 이 점이 이 시대에 있어 영국의 도시들이 도시기획의 수범사례로 관심이 집중될 수밖에 없었던 이유가 될 것이다. 특히 이 혁신에서 빼 놓을 수 없는 것은 1840년대부터 대규모의 상수도와 하수도 건설과 같은 도시의 공중위생 및 보건 시설들에 대한 혁신이 대대적으로 이루어졌다는 점이다.[55)]

그리고 보다 중요한 것은 1860년대부터 슬럼 화된 주택들을 밀어내고 공원들과 쾌적한 공공시설들을 마련했다는 점이다. 1875년에 '기술숙련공과 노동자 주거 개선법'(the Artisans and Labourers Dwellings Improvement Act)이 제정이 되었다. 이 법은 지

53) 이병철, 『앞의 책』, 239-247쪽을 재편집하여 수정을 함.
54) A. Briggs, *Victorian Cities* (London : Odhams, 1963).
55) R. A. Lewis, *Edwin Chadwick and the Public Health Movement 1832-1854* (London : Longmans Green, 1952) ; A. S. Wohl, *The Eternal Slum : Housing and Social Policy in Victorian London* (London : Arnold, 1974).

역 시 정부로 하여금 슬럼지역을 재개발 할 수 있는 권한을 부여하였다.[56] 그러나 결론을 말하자면 이 법은 슬럼지역을 재개발하는데 있어 나름대로 효과는 있었지만 여타의 주거조건개선을 위한 기여도는 낮았다고 평가할 수 있다.

1890년에 '노동계급 주거법'(the Housing of the Working Classes Act)이 제정이 되었는데 이것은 새롭고 중요한 권한을 부여한 것은 아니지만 나름대로 이 분야에 이정표적인 역할을 하였다. 즉 시의 주거관련 결정에 보다 능동적인 개입을 하게끔 만들어 주었다. 이로 인해 많은 도시들이 특히 런던과 리버풀 등에서 시 정부가 주체가 되어 도시 중심의 슬럼지역을 밀어낸 곳에 시 주택을 지었다.[57] 슬럼지역을 재개발하여 쾌적한 공간으로 바꾸는 노력을 법적으로 뒷받침하여 준 것이다.

이러한 모든 혁신은 이에 대해 다른 국가들이 관심을 가지게끔 만들었다. 예를 들어 독일과 미국 도시들은 영국의 공중위생 특히 상수도와 하수도 시설 및 보건혁신, 그리고 슬럼지역의 재개발 등에 감명을 받고 이 개념을 받아들였다.

그러나 여기에서 중요하게 하나 집고 넘어가야 할 점은 이러한 혁신에 도시를 종합적으로 가꾸어 나가기 위한 의식적인 노력이 결여되었다는 점이다. 쉽게 말하자면 기획이라는 개념이 의식화되어 있지 못했다는 것이다.[58] 그런 면에서 영국에서는

---

56) E. Gauldie, *Cruel Habitations : A History of Working Class Housing* (London : Allen and Unwin, 1974). ; J. A. Yelling, *Slums and Slum Clearance in Victorian London* (London : Allen and Unwin, 1986).

57) S. Beattie, *A Revolution in London Housing : LCC Architects and Their Work 1893-1914* (London : Greater London Council/Architectural Press, 1980).

58) W. Ashworth, *The Genesis of Modern British Town Planning : A Study in Economic and Social History of the Nineteenth and Twentieth Centuries* (London : Routledge and Kegan Paul, 1954). ; G. E. Cherry, *Cities and Plans : The Shaping of Urban Britain in the Nineteenth and Twentieth Centuries* (London :

토지개발에 대한 종합적인 접근이 부족했다. 아마 도시 성장의 규모가 컸기 때문에 이러한 과정을 이끌 수 있는 종합적인 공공기관의 시도가 먹혀들기 어려운 상황이었던 것 같다. 그래서 이러한 허점을 이용해서 개별적으로 민간토지소유자나 민간개발업자들이 자신들의 통제 하에 마음대로 계획을 추진시켜 나갔으며 이러한 현상은 상류층 교외지역의 개발에도 그대로 적용이 되었다.

따라서 이러한 흐름은 종합적인 공공기획보다는 개별적으로 각개 약진하는 식의 상호 유기적 연관성이 없는 민간 적 접근을 낳았고 이것을 일반화시켜 버렸다. 이러한 현상은 런던뿐만 아니라 리버풀, 글라스고우, 에든버러(Edinburgh) 등 영국의 유수한 기타의 도시들에도 일반화 되어버렸다.[59] 이들 도시에서는 하우스만의 종합적인 접근방식이 귀에 들어오지 않았고 그래서 영국은 대륙보다 도시기획에 종합적으로 접근하는데 있어 뒤지게 되는 결과를 가지게 되었다.[60]

이외에 종합적인 공공기획 적 접근이 어려웠던 이유를 하나 더 손꼽으라면 영국기획의 핵심을 이루었던 허가제도(permitting system)를 들 수 있다. 이 제도를 통해서 보여 준 기획가들의 유연성이 오히려 민간개발업자들이 보기에는 자의적인 의사결정으로 비쳐졌다는 점이다.[61] 좀 더 구체적으로 표현을 하면 민간개발업자들이 보기에는 기획가들이 내리는 허가 등과 관련된 의사결정은 자의적이었고 제멋 대로였고 조악하였으며 좀 더 심

Arnold, 1988).

59) Stephen V. Ward, *Planning the Twentieth-Century City : The Advanced Capitalist World* (New York : John Wiley & Sons, Ltd., 2002), p.23.

60) *Ibid.*, p.24.

61) C. M. Harr, (ed.), *Cities, Law and Social Policy : Learning from the British* (Lexington, Mass : Lexington Books., 1984), p.204.

하게 표현을 하자면 정치적인 독단이나 금전적 이득에 의해 동기화되어진 것처럼 비쳐졌다. 따라서 이러한 과정은 당연히 부정적으로 여겨졌고 관료주의적이고 시간 낭비적인 것으로 간주되어졌던 것이다.[62] 따라서 개별적인 접근을 통한 기획을 선호하는 방향으로 나아가게 되는 이유가 되었던 것이다.

2. 1900년대 초기의 도시기획

1898년에 도시 기획의 세계화에 기여를 하게 될 중요한 서적이 출간되었다. 하워드가 쓴『내일 : 진실한 개혁을 위한 평화로운 길』(To-morrow : A Peaceful Path to Real Reform)이 바로 그것이다.[63] 이 책에서 하워드는 세심하게 계획되고 상대적으로 인구밀도가 낮으며 지역사회가 공동소유로 하는 3만 명 정도가 거주할 수 있는 작은 '정원도시'들의 네트워크화를 꾀하였다.

또한 하워드는 1902년에 책을 재 발간하였는데 이곳에서 그는 19세기 말의 런던의 혼잡과 공해를 관찰하고 미래의 희망은 새로운 도시를 중심으로 인구성장을 분산시키는 거라고 결론을 내렸다.[64] 즉 해법은 새로운 도시, 다시 말해 그의 표현을 빌린다면 정원도시를 만드는 것이다. 또한 이러한 정원도시는 아무리 설계가 잘 되고 균형감 있게 고려되었다 하더라도 독자적으로는 생존할 수 없으므로 빠른 교통수단들을 통해 이러한 정원도시들을 서로 유기적으로 연계시키는 체계적인 조치가 수반되

62) Philip Booth, *Planning by Consent : the Orgins and Nature of British Developmental Control* (London and New York : Routledge, 2003), p.1.

63) E. Howard, *To-morrow : A Peaceful Path to Real Reform* (London : Swan Sonnenschein, 1898).

64) John M. Levy, *Contemporary Urban Planning* (Upper Saddle River, New Jersey : Prentice Hall, 2003), p.44.

어야 함을 강조하고 있다.

그는 도시개발이 개인적으로 진척 될 때 이익의 극대화라는 개인적 동기가 공적 이익에 앞설 것을 우려했다. 그는 개인적 사익으로 가득 찬 토지소유자가 자신의 이익만을 고려한 나머지 그것이 끼칠 지역사회의 여타 효과에 대해서는 무관심하게 될 가능성을 내다보고 토지의 공동소유와 토지개발로부터의 이윤을 시 재정에 전용하는 그 당시로는 상상하기 어려운 상당히 전향적인 안을 내 놓았다.[65]

그는 1903년에 자신이 조직한 회사를 통해 런던 중심으로부터 35마일 떨어진 지역의 부지 3,818에이커를 구입해서 '렛치워쓰'(Letchworth)라는 정원도시를 추진시켜 나갔으며 2차로 1919년 런던 근교에 '웰윈'(Welwyn)이라는 정원도시를 건설하였다. 그는 생각을 행동으로 실현시킨 것이다. 바로 이 점이 유토피아적인 꿈을 꾼 오웬스 등과 같은 몽상적 사상가들과의 차이점이었던 것이다.

수많은 새로운 지역사회들이 제2차 세계대전이후 서부유럽에 들어섰다. 이러한 많은 새로운 지역사회의 도래는 경제대공황과 전쟁동안의 주택파괴 등으로 인해 빚어진 주택부족을 메우기 위한 것이었다. 이러한 지역사회들에서 이루어진 것들 역시 하워드가 앞서 제시한 정원도시 비전의 연장선상에서 비롯된 것이었다.[66]

하워드와 일단의 토지 개혁가들이 중심이 되어 1899년에 '정원도시협회'(Garden City Association)를 설립하였다. 이렇게 함으로써 하워드가 제시한 정원도시는 도시를 분산화의 방향으로

---

65) *Ibid.*, p.45.
66) *Ibid.*, p.47.

수렴시켜 나가는데 있어 하나의 방향을 제시해 주게 되는 것이다. 물론 초기에는 여러 가지 어려움들로 인해 부진함을 모면하기가 쉽지는 않았지만 하워드와 그를 중심으로 하여 생각을 같이 하는 사람들로 구성된 조직이 결성되고 이를 기반으로 하여 정원도시에 호의적인 사람들, 즉 지도적인 기업가들, 전문가들 그리고 진보적인 지주들이 대거 합세함으로써 정원도시의 건설에 탄력을 붙게 하였고 도시기획에 있어 진보적 개혁의 주류로써 자리 매김을 하게 하였다.[67)]

또한 하워드의 2번째 책인 『내일의 정원도시』(Garden Cities of To-morrow)[68)]에서는 사회적 도시로의 전반적인 비전을 작지만 아담하고 친근감 있게 제시하면서도, 정원도시를 보다 피부에 와 닿는 물리적 실체로 인정하고 생각하게끔 하는데 집중시키고 있다. 1902년에 파커(Barry Parker)와 언윈(Raymond Unwin)은 요크(York)근처의 '뉴 이어스위크'(New Earswick)에 정원도시 계획을 세웠었다. 그리고 이들은 이에 그치지 않고 북부 런던지역에 있는 새로운 '햄프스테드'(Hampstead) 정원교외를 위한 계획을 추진해 커다란 영향을 끼쳤다.[69)] 네틀폴드(John Nettlefold)도 1905년에 시가 소유하고 있는 땅에 계획적인 타운을 확대 건립시키는 안에 대해 적극적인 옹호의 의사를 밝혔다.[70)]

1900년대 초기에는 영국의 타운기획과 관련된 문헌들이 많이

67) R. Beevers, *The Garden City Utopia : A Critical Biography of Ebenezer Howard* (Basingstoke : Macmillan, 1988). ; D. Hardy, *From Garden Cities to New Towns : Campaigning for Town and Country Planning, 1899-1946* (London : Spon, 1991).

68) E. Howard, *Garden Cities of To-morrow* (London : Swan Sonnenschein, 1902).

69) M. Miller and A. S. Gray, *Hampstead Garden Suburb* (Chichester : Phillimore, 1992).

70) J. S. Nettlefold, *Practical Housing* (Letchworth : Garden City Press, 1908) ; J. S. Nettlefold, *Practical Town Planning* (London : St. Catherine Press, 1914).

쏟아져 나왔다.[71] 대표적인 것들로는 1904년에 정원도시협회의 정기간행물이 "정원도시"(The Garden City)라는 이름으로 발간이 되었고[72] 1910년에는 영국 최초의 학술 기획 간행물인 "타운기획보"(Town Planning Review)가 리버풀 대학교의 '토목설계대학원'(School of Civic Design)에서 출간되었다. 그리고 '타운기획연구소'(Town Planning Institute)가 세워진 1914년에 3번째로 "논문과 토론"(Papers and Discussions)이라는 정기 간행물이 나왔다. 이것은 뒤에 "타운기획연구소논집"(Journal of the Town Planning Institute)이라고 개명을 하였으며 영국만으로 한정되지 않고 국제적인 참고논문이나 자료들도 실리게 되었다.[73]

그리고 영국의 타운기획 등이 국제적으로 관심을 모으게 되는 계기가 된 것은 1910년에 '영국왕립건축연구소'(Royal Institute of British Architectures)가 주최가 되어 개최를 한 타운기획과 관련된 회의 때문이었다.[74] 이 회의를 통해 영국의 타운기획이 보다 널리 세상에 알려지게 되었고 또한 다른 유럽의 기획들도 영국에 더 잘 알려지는 계기가 마련되었던 것이다.

그리고 1914년에 전문 연구 집단으로 앞에서 잠깐 언급이 되었던 '타운기획연구소'가 설립이 되어 타운 기획에 대한 보다 전문적이고 실질적인 발전의 계기를 마련해 나갔다. 그리고 이러한 전문 연구 집단의 실질적인 활동을 가능케 한 사람은 영국 기획운동을 결성하고 핵심적으로 이를 이끌고 나갔던 스코틀랜

---

71) G. E. Cherry, *The Evolution of British Town Planning* (Leighton Buzzard : Leonard Hill, 1974).

72) D. Hardy, *From Garden Cities to New Towns : Campaigning for Town and Country Planning, 1899-1946* (London : Spon, 1991).

73) Stephen V. Ward, *op. cit.*, p.50.

74) A. Sutcliffe, *Towards the Planned City : Germany, Britain, the United States and France 1780-1914* (Oxford : Blackwell, 1981).

드 출신의 아담스(Thomas Adams)이었다.[75] 그는 영국 역사상 가장 뛰어나게 대서양 양안(兩岸)에서 인정을 받는 기획가가 되었다.

기디스(Patrick Geddes) 역시 초기 영국기획운동에 기여를 한 저명한 스코틀랜드 출신의 기획가이었다. 그는 특히 새로운 기획활동에 보다 광범위한 사회적이고 문화적인 조망을 접목시키는데 많은 기여를 하였다. 그는 또한 기획을 만들기 전에 이것과 관련된 모든 국면들을 주도면밀하게 분석하고 조사하였다. 그의 이러한 도시기획의 모든 아이디어들이 갈고 다듬어져서 1912년에 『진화하는 도시』(Cities in Evolution)라는 저서로 출간이 되기도 하였다.[76]

::참고문헌

Ashworth. W. (1954). *The Genesis of Modern British Town Planning : A Study in Economic and Social History of the Nineteenth and Twentieth Centuries*, London : Routledge and Kegan Paul.

Beattie, S. (1980). *A Revolution in London Housing : LCC Architects and Their Work 1893-1914*, London : Greater London Council/ Architectural Press.

Beevers, R. (1988). *The Garden City Utopia : A Critical Biography of Ebenezer Howard*, Basingstoke : Macmillan.

Bollerey, F. and K. Hartmann. (1980). "A Patriarchal Utopia : the

75) M. Simpson, *Thomas Adams and the Modern Planning Movement : Britain, Canada and the United States* (London : Mansell, 1985).

76) Stephen V. Ward, *op. cit.*, p.51.

Garden City at the Turn of the Century," in A. Sutcliffe (ed.), *The Rise of Modern Urban Planning, 1800-1914*, London : Mansell.

Booth, Philip. (2003). *Planning by Consent : the Orgins and Nature of British Developmental Control*, London and New York : Routledge.

Briggs, A. (1963). *Victorian Cities*, London : Odhams.

Cherry, G. E. (1974). *The Evolution of British Town Planning*, Leighton Buzzard : Leonard Hill.

Cherry, G. E. (1988). *Cities and Plans : The Shaping of Urban Britain in the Nineteenth and Twentieth Centuries*, London : Arnold.

Collins, G. R. and C. C. Collins. (1965). *Camillo Sitte and the Birth of Modern City Planning*, Columbia University Studies in Art History and Archaeology, No.3, London : Phaidon.

Des Cars, J. and P. Pinon (eds.). (1991). *Paris-Haussmann, "le pari d'Haussmann"*, Paris : Pavillion de l'Arsenal/Picard.

Diefendorf, J. M. (1993). *In the Wake of War : The Reconstruction of German Cities after World War Ⅱ*, New York : Oxford University Press.

Gauldie, E. (1974). *Cruel Habitations : A History of Working Class Housing*, London : Allen and Unwin.

Hall, Peter. (1992). *Urban and Regional Planning*, 3rd ed., London & New York : Routledge.

Hall, P. (1988). *Cities Tomorrow : An Intellectual History of Urban Planning and Design in the Twentieth Century*, Oxford : Blackwell.

Hall, P. (1998). *Cities in Civilization : Culture, Technology and*

Urban Order, London : Weidenfeld and Nicolson.

Hall, T. (1997). *Planning Europe's Capital Cities : Aspects of Nineteenth Century Urban Development*, London : Spon.

Hardy, D. (1991). *From Garden Cities to New Towns : Campaigning for Town and Country Planning, 1899-1946,* London : Spon.

Harr, C. M. (ed.). (1984). *Cities, Law and Social Policy : Learning from the British,* Lexington, Mass : Lexington Books.

Helmer, S. D. (1985). *Hitler's Berlin : The Speer Plans for Reshaping the Central City*, Ann Arbor, MI : UMI Research Press.

Howard, E. (1898). *To-morrow : A Peaceful Path to Real Reform*, London : Swan Sonnenschein.

Howard, E. (1902). *Garden Cities of To-morrow*, London : Swan Sonnenschein.

Levy, John M. (2003). *Contemporary Urban Planning*, Upper Saddle River, New Jersey : Prentice Hall.

Lewis, R. A. (1952). *Edwin Chadwick and the Public Health Movement 1832-1854*, London : Longmans Green.

Meller, H. (2001). *European Cities 1890-1930s : History, Culture and the Built Environment*, Chichester : Wiely.

Merlin, Pierre. (1971). *New Towns, Regional Planning and Development*, London : Methuen and Co., Ltd.

Miller, M. and A. S. Gray. (1992). *Hampstead Garden Suburb*, Chichester : Phillimore.

Nettlefold, J. S. (1908). *Practical Housing*, Letchworth : Garden City Press.

Nettlefold, J. S. (1914). *Practical Town Planning*, London : St. Catherine Press.

Pinkney, J. (1958). *Napoleon Ⅲ and the Rebuilding of Paris*, Princeton, New Jersey : Princeton University Press.

Simpson, M. (1985). *Thomas Adams and the Modern Planning Movement : Britain, Canada and the United States*, London : Mansell.

Sutcliffe, A. (1970). *The Autumn of Central Paris, The Defeat of Town Planning 1850-1970*, London : Arnold.

Sutcliffe, A. (1981). *Towards the Planned City : Germany, Britain, the United States and France 1780-1914*, Oxford : Blackwell.

Walton, John K. (2003). "Current Trends in Nineteenth and Twentieth-Century Spanish Urban History," *Urban History*, Vol.30, No.2.

Ward, Stephen V. (2002). *Planning the Twentieth-Century City : The Advanced Capitalist World*, New York : John Wiley & Sons, Ltd.

Wohl, A. S. (1974). *The Eternal Slum : Housing and Social Policy in Victorian London*, London : Arnold.

Wynn, M. (ed.). (1984). *Planning and Urban Growth in Southern Europe*, London : Mansell.

Wynn, M. (1984). "Spain," in M. Wynn (ed.), *Planning and Urban Growth in Southern Europe*, London : Mansell.

Yelling, J. A. (1986). *Slums and Slum Clearance in Victorian London*, London : Allen and Unwin.

http://en.wikipedia.org/wiki/Ildefons_Cerd%C3%A0

제8장

근대 미국의 기획[1]

제1절 17세기~18세기 미국의 기획

미국 기획의 초기 역사는 도시성장과 매우 밀접한 관계를 가지고 있다. 17세기에 뉴잉글랜드(New England) 타운들이 나타나기 시작하였다. 이러한 타운 형태는 주택들이 일정한 녹지 공간, 지금 식으로 표현하면 공원이나 공동 집회장소를 둘러싸면서 격자모양의 집단 거주 촌을 형성하는 것이었다.[2] 버지니아 주의 '윌리암스버그'(Williamsburg)나 '제임스타운'(Jamestown)은 타운의 한 복판에 시장(市場)이 자리를 잡고 이 시장을 끼고 타운이 형성되는 그런 계획적인 도시였다. 대부분 영국에서 개발되어 일반화 된 타운 설계에 기반을 두는 것이 많았다.

1) 이병철, 『행정기획의 역사와 이론』(울산 : 울산대학교출판부, 2006), 261-293쪽을 재편집하여 수정을 함.

2) Anthony J. Catanese and James C. Snyder (eds.), *Urban Planning*, 2nd ed. (New York : McGraw-Hill Book Company, 1988), p.17.

그러나 '뉴 암스테르담'(New Amsterdam)[3]의 네덜란드 정착민들의 도시기획은 기존의 것과는 차별화가 되었다. 성채를 둘러싸는 형태의 중세도시 적 양태를 띄었기 때문이다. 맨해튼 지역이 기획이 될 때, 사용된 격자패턴은 1682년 필라델피아를 도시기획하기 위해 펜(William Penn)이 사용했던 것이 적용이 된 것이다. 조지아 주의 '사바나'(Savannah)에 대한 오글래쏘르프(James Oglethorpe)의 1733년 계획도 필라델피아 계획을 모방한 것이지만 그에 의해 변형이 다소 이루어졌다. 즉 광장을 보다 더 넓게 설계를 하였으나 펜의 계획과는 다르게 넓은 공공도로와 넓고 쾌적한 공공장소는 상업적이고 거주 적 용도에 의해 다소 좁아지거나 사라져 버렸다.[4] 그의 초기계획이 19세기 중반의 도시개발의 지침역할을 하긴 했으나 이것은 남북전쟁이전에는 도시가 느리게 성장하는 관계로 넓은 경쟁적 모델이 되지 못하였다는 한계 역시 가지고 있었다.

초기 미국의 도시기획에서 일반적 형태였던 격자형 접근을 하지 않은 가장 대표적인 예는 1791년 랑팡(Pierre L'Enfant)에 의한 미국의 수도인 '워싱턴'(Washington D.C.)의 도시기획이다. 방사 상 구조를 지닌 바로크(Baroque)식의 계획은 비록 프랑스의 베르사유(Versailles)나 나폴레옹 식 파리(Paris)의 도시기획모형의 잔재를 보여주는 것이긴 했지만, 새로운 연방정부의 수도로써의 기념비적인 성격을 잘 상징화하였다.[5] 이러한 것들로 미루어 볼 때 미국의 17, 18세기 기획의 패턴은 대부분 유럽식이라 볼 수 있다. 단지 차이점은 유럽보다 더 개방적이고 공간의 넓이가 넓어졌다는 것이다.

---

3) 지금의 뉴욕(New York)을 일컫는 것으로 이전의 도시명칭이다.
4) Anthony J. Catanese and James C. Snyder (eds.), *op. cit.*, p.17.
5) *Ibid.*, p.19.

제2절 19세기~20세기 초까지의 미국의 기획

1. 대표적인 기획의 사례들

우선 대표적 기획사례로 1862년에 제정된 '자작농장법'(Homestead Act)과 '모릴토지공여법'(Morrill Land Grant Act)을 들 수 있다. 자작농장법은 만약 이민을 온 정착 자들이 정부의 공용토지에서 지속적으로 5년을 거주하면 그 거주한 땅을 160에이커까지 무상으로 소유할 수 있게 해주었다. 이 법에 의해 영향을 받은 땅은 미시시피 강 서안의 땅들로 8,000만 에이커, 125,000평방 마일이 해당이 되었다. 이 법으로 인해 서부개척과 정착에 많은 영향을 주게 되었다.[6)]

또한 모릴토지공여법은 주 의회의 의원 각자에게 연방이 소유한 땅 30,000에이커를 배정해 주는 식으로 각 주 정부에 교부하였다. 이것을 교부받은 주 정부들은 이 토지를 팔아 농업에 실질적인 역할과 도움을 줄 수 있게 농학과 기계학을 가르치는 대학들을 설립하였다. 지금 미국의 많은 주립 대학교들이 바로 이 토지공여를 통해 만들어진 대학들이다. 이 법은 결과적으로 상당히 성공적이었던 것으로 평가받고 있다.[7)] 이러한 법의 통과는 서부 개척을 위한 연방정부의 기획 적 사업으로 평가할 수 있다.[8)]

---

6) John M. Levy, *Contemporary Urban Planning*, 6th ed. (Upper Saddle River, New Jersey : Prentice Hall, 2003), p.290.

7) *Ibid.*, p.290.

8) 그러나 기획이 선호되기 어려운 환경 속에서도 연방정부는 지난 200여 년 동안 여러 가지 다양한 프로그램들과 정책들을 통해 미국의 기반을 만들어나가는 일에 주요한 역할을 수행해 왔다. 연방정부는 채찍보다 당근을 선호하는 방법을 주로 구사하였다. 여기에서 당근은 연방 자금이나 연방토지였다. 주로 연방정부는 가이드라인(지침)을 설정해 주거나 자금 등을 제공하고 주와 지방정부 그리고 민간부문들이 구체적인 세부사업을 실행해 나가는 형태를 유지해 왔다. 이러한 방식이 가능할 수 있었던 것은

두 번째 사례로 1868년에 올름스테드(Frederick Law Olmsted)와 복스(Calvert Vaux)에 의해 시도된 일리노이 주의 리버사이드(Riverside) 기획을 들 수 있다. 여기에서 주목해야 할 인물이 있는데 그가 바로 올름스테드이다. 미국의 도시기획에 크게 이바지하였을 뿐만 아니라 이 분야에서 가장 돋보이는 인물이기 때문이다.[9] 그는 자수성가한 부유한 아버지 덕으로 다양한 직업을 가졌는데 한때는 농부였고 여행 작가, 옛 남부지역의 노예제도에 대한 시사해설자, 출간업자, 보건위생위원회의 위원장, 그리고 광산관리인 등을 역임했다. 그리고 1857년 이후에는 새로운 직책을 가졌는데 바로 공원관리감독관이었다. 이러한 여러 직업들을 경험하고 전전하였지만 그는 도시기획가로써 명성을 남겼다.

그가 도시기획가로써 활동을 하고 있을 당시인 19세기 중반에 이미 미국에서 가장 큰 도시로 발 돋움을 한 뉴욕은 도시인구가 50만을 넘었고 10년 이후에는 80만을 상회하였다. 이러한 도시팽창을 피부로 느끼고 있던 당시의 시민지도자들이 녹지공간

연방이 많은 토지를 소유하고 있었기 때문이다. 미시시피 강 서안의 루이지애나를 구입하였고 멕시코 전쟁이후 멕시코로부터 땅을 획득하였고 영국으로부터 오리건을 양도받았고 러시아로부터 알래스카 등을 구매함으로써 연방정부는 매우 큰 규모의 땅을 소유하게 된 것이다. 이러한 토지와 연방정부의 자금은 주나 지방정부의 기획에 커다란 영향을 끼쳤다. 이와 관련된 연방정부의 활동이나 입법의 예로는 1785년의 북서조례(Northwest Ordinance), 이민자에게 이양되는 자작농장법(Homestead Act), 모릴토지공여법(Morrill Land Grant Act), 테네시계곡개발청(Tennessee Valley Authority), 철도부설을 위한 토지공여(land grants to railroads), 주(州)간 고속도로 건설사업 등이 있다. *Ibid.*, p.289. & p.306.

9) D. A. White, "Frederick Law Olmsted, the Peace Maker", in D. Schaffer, *Two Centuries of American Planning* (London : Mansell, 1988), pp.87-112. ; I. D. Fisher, "Frederick Law Olmsted : The Artist as Social Agent", in DA Krueckeberg (ed.), *The American Planner : Biographies and Recollections*, 2nd. ed. (New Brunswick, New Jersey : Center for Urban Policy Research, 1994), pp.37-59. ; Frederick Law Olmsted, *Public Parks and the Enlargement of Towns* (Boston, Mass. : American Social Science Association, 1870) ; reprinted in LeGates and F. Stout (eds.), *Selected Essays* (London : Routledge/thoemmes, 1998) ; S. B. Sutton, *Civilizing American Cities : Writings on City Landscape* (New York : Da Capo, 1997).

을 갈구했음은 공감이 가는 바이다. 1858년에 공원설계에 대한 경쟁이 있을 때 그는 친구인 건축가 복스와 함께 일을 했으며 뒤에 합류한 다우닝(Andrew Jackson Downing)과 더불어 미국의 정원 풍광을 가장 새롭게 설계한 사람이 되었다. 그는 결국 미국공원 설계의 선구자가 되었다.[10] 다우닝과 같이 1850년대에 영국을 처음으로 방문한 후 영국의 농촌지역 풍광서 공원설계에 대한 영감을 얻었다 한다.[11]

세 번째 사례로 대륙횡단철도를 통한 서부개척과 관련된 사례를 들 수 있다. 1869년 5월 10일에 유타 주의 오그덴(Ogden) 근처에 위치한 프로몬토리 포인트(Promontory Point)에서 대륙의 동과 서로 건설해 오던 두 개의 철길이 연결됨으로써 최초의 대륙횡단철도를 완공하였다. 1850년을 기준으로 해서 볼 때 전국적 네트워크를 갖춘 철도는 없었다. 동부지역에 10,000마일 정도의 철도가 있긴 했지만 대부분 큰 도시를 연결하는 것이었고 통합적 철도체계는 아니었다. 철도의 네트워크화가 활성화되는 것은 연방토지공여가 철도회사들에게 주어지게 됨에 따라서이다. 이러한 최초의 연방토지공여는 시카고에서 앨라배마의 모바일까지 연결철도를 놓기 위해서 이루어진 것이다.

1860년까지 의회는 총 1,800만 에이커에 달하는 토지를 철도건설을 위해 내놓는 결정을 하였다. 1862년에 제정된 '일차 태평양철도법'(The First Pacific Railway Act)은 대륙횡단철도를 부설할 수 있도록 하기 위한 재정적 인센티브와 권한을 부여하였다. 이리하여 '유니온퍼시픽철도회사'(the Union Pacific Railroad)는 미

10) Stephen V. Ward, *Planning the Twentieth-Century City : The Advanced Capitalist World* (New York : John Wiley & Sons, Ltd., 2002), p.24.

11) A. Garvin, *The American City : What Works, What Doesn't* (New York : McGraw-Hill, 1996). ; Stephen V. Ward, *op. cit.*, p.25.

주리 주의 세인트 조셉에서 서쪽으로 건설을 해 나가고 '센트럴 퍼시픽철도회사'(the Central Pacific Railroad)는 캘리포니아 주의 새크라멘토에서 동쪽으로 건설을 해나갔다. 주로 이 대규모 프로젝트에 투입된 노동력은 이민을 와 새로운 정착을 위한 꿈을 꾸는 아일랜드인과 중국인들이 주종을 이루었다 한다. 또한 연방정부는 건설자금을 충당하기 위해 공채(bond)를 발행하였다. 이러한 노력 끝에 태평양과 대서양이 철로를 통해 서로 만날 수 있게 되었던 것이다.[12]

그리고 1878년에는 포웰(John Wesley Powell)이 『미국의 개척지 보고서』[13]를 발간해 내었다. 이 보고서에서 그는 서부정착과 부족한 수자원의 보전을 위해 지역계획을 만들 것을 제안을 하였다. 실제로 1880년에서 1884년까지 풀맨(George Pullman)에 의해 '모델산업타운'(Model Industrial Town)으로 일컬어지는 일리노이 주의 풀맨이 건설이 되었다.

이러한 역사적 사실들은 바로 미국의 기획 적 역사를 상징하고 있는 것들이다. 일반적으로 자유분방하고 자유방임적인 것을 미국적인 전통으로 이해하려는 일반적 시각에서 보면 미국과 기획은 상당한 거리감을 두는 것처럼 여겨질 수 있다. 그러나 미국이 이루어 온 여러 정책들과 관련 사업들을 회고해 보면 반드시 그런 것만은 아니라는 점을 이해하게 된다.

갤로웨이(George B. Galloway)의 말처럼 어떻게 보면 "광범한 정책의 수립이라는 견지에서 보면 기획은 미국이 건국된 이래 미국적 전통의 일부"[14]이었는지도 모른다. 또한 많은 학자들이

---

12) John M. Levy, *op. cit.*, p.290-291.

13) 원 보고서의 제목은 "Report on the Lands of the Arid Region of the U.S."이다.

14) George B. Galloway and Associates, *Planning for America* (New York : Henry Holt and Co., 1941), p.4.

나 관련 인들은 부정을 하고 있지만[15] 그의 말처럼 "미국의 기획이 소련이나 나치독일과 같은 전체주의 국가의 기획보다 오히려 앞선 것[16]"일지도 모른다.

2. 도시화의 특징들

우선 이 시기의 미국의 도시화를 살펴볼 필요가 있을 것이다. 1800년에 미국의 도시인구는 줄잡아 30만 명 정도에 불과 하였다. 이것은 그 당시 미국 전체인구 500만 명의 6%를 점유하는 비율이었다. 그러나 1900년에는 도시인구가 3,000만 명으로 크게 증가하였다. 이것은 그 당시 미국 전체인구 7,600만 명 중 40%를 점유하는 비율이었다. 이러한 도시인구 급증은 그 당시 미국에서 가장 큰 도시인 뉴욕의 인구 증가 추세를 살펴보아도 실감이 간다. 1800년에는 인구가 10만 명 정도에 불과하였으나 1900년에는 300만 명으로 30배나 늘어났던 것이다.[17] 이러한 것을 볼 때 미국 도시화의 황금 시기는 19세기 말에서 20세기 초로 볼 수 있을 것이다.

이렇게 도시화가 진전된 이유로는 여러 가지를 생각해 볼 수 있겠지만 산업화로 인해 농업인구[18]가 농촌 지역을 떠나 대규

15) John D. Millett, *The Process and Organization of Government Planning* (New York : Columbia University Press, 1947), pp.4-6. ; John D. Millett, "Planning", in F. M. Marx (ed.), *Elements of Public Administration*, 2nd ed. (Englewood Cliffs, New Jersey : Prentice-Hall, 1959), p.113. ; 권영찬, "기획에 관한 몇 가지 사적 고찰", 『한국행정학보』, 148쪽에서 재인용.

16) 갤러웨이는 미국의 기획운동이 소련의 5개년 계획이나 나치독일의 4개년 계획보다 앞서 행해졌을 뿐만 아니라 전체주의자들은 많은 기술을 미국의 산업, 과학 및 정치에서 차용하였으며 이것을 비민주적 목적에 적용시켰다고 주장을 하였다. George B. Galloway and Associates, *op. cit.*, p.4-5.

17) John M. Levy, *op. cit.*, p.7.

18) 1800년에는 농업에 종사하는 인구가 미국 노동력 전체의 85-90%를 차지하였으나

모로 생산 공장지대로 유입이 되고 이러한 생산 공장지대를 중심으로 도시가 만들어지고 번성 한 것도 큰 몫을 하였기 때문이다. 이외에 인구의 증가, 산업화로 밀려드는 이민, 과거보다 증대된 농업생산성, 저렴한 임금, 풍부한 자원, 그리고 넓은 땅덩어리, 적절하게 잘 발달된 교통 및 통신, 그리고 저렴해진 교통비용 등도 한 몫을 하였기 때문이다.

그러나 이러한 도시의 성장이 장밋빛 미래만을 기약해 주는 것은 아니었다. 이러한 도시화는 더럽고 황폐한 환경오염과 소요스러운 사회적 불안 그리고 공중보건과 관련되는 비 위생, 도시의 열린 공간의 소멸, 열악한 주거의 질, 도시과밀, 교통 혼잡, 그리고 도시인구에 적절한 유동성을 제공하는 여러 문제 등을 초래하였다.[19] 이 중에서 이러한 문제를 해결하기 위해 이 당시 기획가들이 심혈을 기울인 몇 개 부문을 살펴보면 다음과 같다.

먼저 위생문제를 살펴보자. 증가하는 도시인구가 내다버리는 쓰레기들은 인구밀도가 높아질수록 공중위생을 위협했다. 특히 대부분 식수(食水)를 우물이나 하천에서 얻고 있었기 때문에 도시민들에게 더욱 위협이 되었다. 식수오염은 다반사가 되었다. 이것은 콜레라나 장티푸스 같은 수인성전염병을 파급시키고 창궐시켰다. 물을 자연스럽게 흘려내려 보내는 원시적이고 자연적인 형태의 하수구가 없었던 것은 아니지만 이것은 물을 흘러가게 하고 홍수나 범람을 막는 그런 역할만을 할 뿐 화학적으로나 유기적으로 유해한 성분을 지닌 쓰레기들을 처리하는 것은 아니었다.

더군다나 평상시에는 유속이 매우 느리거나 이미 퇴적이 되

1880년에는 50%까지 감소하고 있다. *Ibid.*, p.8.

19) *Ibid.*, pp.27-28.

어있는 쓰레기 더미들에 의해 장애물이 형성되어 물이 흐르지 못하고 악취 등을 풍기는 그런 쓰레기웅덩이 같은 걸로 변해 버렸다.[20] 그래서 생각해 낸 것이 인위적으로 하수도를 만들어 유속을 빨리 하여 쓰레기나 배설물들을 먼 곳으로 내다 버리는 것이었다. 이러한 하수도 시설 망 구축은 도시로 하여금 이와 관련된 대규모의 기획을 요구하게 만들었다.[21] 이것은 도로와 연계되어 만들어져야 했고 또 인구분포와 현재의 보건 및 위생 조건 등에 관한 데이터를 필요로 했기 때문이다. 이를 위해 19세기 말에 보건위생조사가 이루어졌다. 이로 인해 많은 도시들이 최초의 기획과 연관되는 체계적인 데이터를 갖게 되었다.

물론 이 당시의 기획은 종합적인 기획노력들로 짜여 진 것은 아니었다. 19세기 중반이후 올름스테드(Frederick Law Olmsted)는 미국의 가장 저명한 기획가로써 수많은 새로운 지역사회를 설계했다. 물론 그의 설계 내용에도 반드시 이러한 배수시설이나 쓰레기처리와 같은 하수도시설들을 위시한 보건위생시설 들이 고려되었다. 열린 공간의 위치와 나무, 숲, 그리고 공원 등의 위치와 같은 것 역시 일조량과 공기환기 등을 위해 고려가 되었다. 그의 생각은 도시기획이 질병의 감소와 깊은 관련을 가지고 결정되어야 한다는 것이었다.[22]

두 번째로 도시의 열린 공간의 소멸을 들 수 있다. 이 당시 기획가들이 도시의 열린 공간의 소멸을 해소하기 위해 고려 한 것은 도시공원의 설치였다. 공원이 도시의 환기와 통풍 그리고 건

---

20) John A. Peterson, "The Impact of Sanitary Reform upon American Urban Planning," in Donald A. Krueckeberg, (ed.), *Introduction to Planning History in the United States* (New Brunswick, New Jersey : Rutgers University Center for Urban Policy Research, 1983), pp.13-39.

21) John M. Levy, *op. cit.*, pp.28.

22) *Ibid.*, pp.29.

강 등을 증진시킨다고 본 것이다. 1857년에 올름스테드와 복스에 의해 설계된 뉴욕 시 맨해튼에 소재하고 있는 '센트럴 파크'(Central Park) 등이 대표적인 것이다. 이것은 이와 같은 문제로 고민하고 있는 많은 다른 도시들에게 이와 관련 된 좋은 긍정적 영감(靈感)을 제공했다. 올름스테드의 손때가 묻은 설계도에 의해 만들어진 공원은 이외에 뉴욕시 브룩클린(Brooklyn)에 소재하고 있는 '프로스펙트 공원'(Prospect Park), 그리고 버펄로(Buffalo), 시카고, 몬트리올(Montreal), 디트로이트(Detroit), 보스턴(Boston), 로체스타(Rochester), 루이스 빌(Louisville) 등에 있는 공원 등을 열거 할 수 있다.[23)]

세 번째로는 주거의 질(質)문제였다. 특히 질적으로 형편이 없는 열악한 주택 문제 등이 이에 포함이 되었다. 이러한 문제를 해소하기 위해 이 당시 기획가들은 주택개선사업에 무게를 두었다. 도시의 가난한 자들의 집을 개선해 주는 것이 주요 기획의 의제가 되었다.[24)] 1867년에 뉴욕 시에서 이와 관련된 최초의 입법이 추진되었고 많은 관련 입법이 뒤를 이었다. 1901년에 제정된 '차가(借家)법'(Tenement House Act) 등이 이정표적인 입법이었다.

이 법은 각 아파트 세대들이 독립된 욕실(浴室)을 갖도록 하고 동(棟)간 거리, 그리고 마당(courtyard)의 넓이도 채광과 환기 또는 통풍을 위해 건물의 높이에 따라 결정하도록 하였고 방화벽 등의 시설도 개선토록 하였다. 또 이 법은 '차가(借家)위원회'(Tenement House Commission)를 설립케 하였고 법대로 잘 이루어지고 있는지를 감시하는 감사와 그렇지 않을 경우 이를 강제할 수 있는 집행 관리를 두도록 하였다.[25)] 1920년까지 적어도 40개나 되는 다

23) *Ibid.*, pp.30.
24) Rachel Carson, *Silent Spring* (Houghton Mifflin, Boston, 1962).
25) John M. Levy, *op. cit.*, p.31.

른 도시들이 실효적인 집행기구를 가진 관련 건물규정을 제정하였다.

미국에서의 주택개선은 보수적인 방향으로 이루어졌다. 유럽 국가들이 채택한 주택정책이 미국에서는 거부되어졌던 것이다. 유럽에서는 많은 공공기금이 노동자들의 주택건설에 투자되었다. 시 정부는 지주, 개발자, 그리고 부동산중개업자의 역할까지 수행했다. 지방과 중앙정부는 수용할 수 있는 비용으로 적절한 주택을 제공하는 것을 정부의 책임으로 여겼다. 그 대표적인 예가 독일의 '울름'(Ulm)시이다. 이 도시는 교외의 1,400에이커의 땅을 얻어서 이 지역을 계획하고 이에 따라 주택을 짓고 이것을 노동자가정에 판매하였다. 이 시는 또한 지역사회시설과 연관된 아파트 건설에 보조금을 지급하기도 하였다.[26)]

이러한 유럽과 달리 미국에 만연된 시각은 시장에 의해 주택이 제공되어져야하며 정부에서 해야 할 일은 시장의 기능이 원활하게 유지될 수 있도록 노력하는 것이다. 미국에서 정부는 유럽과 달리 지주도 개발업자도 부동산중개업자도 아니었다. 차가(借家)법을 제정하는데 힘을 많이 쓴 베일러(Lawrence Veiller)조차 지역의 시 정부는 시장을 활성화하는 규제나 하고 일반적인 기획은 도로를 놓는 일 정도로 국한되어져야 한다고 생각했다. 심지어 그는 유럽처럼 공공기금이 주택에 충당되는 것에 대해 원칙적으로 반대를 하였다.

물론 미국도 근자에 들어서서는 공공주택을 짓고 주택보조금 등을 지불하는 방식으로 전환이 이루어지고 있긴 하지만 영국이나 독일, 프랑스, 그리고 네덜란드 등의 유럽 국가들이 행했던

---

26) Mel Scott, *American City Planning Since 1890* (Berkeley, CA : University of California Press, 1971), p.131.

것과는 방향에 있어 상당한 거리감을 가지고 있다.[27] 그래서 대부분의 미국인들은 민간시장을 통해 이윤과 영리취득을 목적으로 하여 지어진 집에서 살고 있다.

미국이 유럽방식을 따르는 것이 현명한지 아닌지는 아직까지 명료한 해답을 얻지 못하고 있으며 지속적으로 논란거리가 되고 있다. 기획의 문제 역시 자유방임적이고 시장중심 적인 정치이념과 따로 분리하여 생각할 수는 없기 때문이다. 기술적으로 장점이 많은 것인지 혹은 단점이 많은 것인지는 뒤로 미루어 놓고서라도 전통적인 미국적 시각에서 볼 때에는 유럽의 접근방식을 미국에서 수용하기에는 너무나 사회주의적인 요소가 많은 것처럼 보인다.[28]

어찌되었든 이러한 미국식 접근은 도시기획을 탐욕과 이기심에 의해 이윤창출을 도모코자 하는 수단으로 전락시켰고 이것이 도시의 문제를 확대 재생산하였다. 이러한 시대상을 비판한 대표적인 책이 있는데 그게 바로 1904년 스테펜스(Lincoln Steffens)가 저술한『도시의 수치』(The Shame of the Cities)이다.

이러한 미국 특유의 도시화의 과정을 통해 이 시대의 도시화의 특징들을 알 수 있다. 19세기 도시의 두드러진 특징은 집중과 과밀화이었다. 예를 들어 뉴욕의 맨해튼의 경우 1900년에 22평방 마일 내에 220만 명이 거주를 했었다. 1평방 마일 당 평균 10만 명이 거주한 것으로 집중과 과밀화의 정도를 가히 짐작할 수 있다.[29] 이러한 집중과 과밀화를 낳은 이유 중에 하나로 이 당시의 교통기술을 손꼽을 수 있다. 비용이 상대적으로 저렴한 수상(水上)교통을 많이 이용함으로써 항구를 중심으로 많은 사람들

27) John M. Levy, *op. cit.*, p.31.
28) *Ibid.*, p.32.
29) *Ibid.*, p.9.

이 모여 들끓게 되었을 뿐만 아니라 철도교통 비용의 상대적인 저렴화는 철도역 등을 중심으로 하여 많은 사람들이 모여 살게 하였다. 그리고 대부분의 사람들은 육상(陸上) 교통수단의 미흡[30]으로 인해 주거지에서 일터까지 걸어갈 수 있는 거리를 선호하였다. 따라서 인구 과밀과 집중은 불가피했던 것이다.

이렇게 되자 인구 과밀지역은 지가(地價)가 상승할 수밖에 없었고 이러한 지역에 많은 사람들이 모여 살기 위해서는 건물이 고층화 될 수밖에 없었다. 물론 전기 등의 공급을 위해서도 밀집된 고층건물이 더욱 선호되었으며 특히 남북전쟁 직후 엘리베이터가 개발되고 철골건축기법이 개발되면서 이러한 고층건물의 선호도는 더욱 높아졌다.[31] 이렇게 됨으로써 과밀화와 집중화가 보다 심화되었다. 무엇이든 지나치면 탈이 생기듯 이러한 과밀화와 집중화는 새로운 도시문제를 낳게 되었다. 이렇게 되자 도시의 과밀화와 집중화를 해소하려는 것이 개혁지향 적인 시민과 기획가들의 주요목적이 되었다.[32]

이 시기의 이러한 인구집중과 과밀에 대한 문제는 급기야 제도적인 연구와 해결을 위한 시도를 필요로 하게 되었다. 1907년에 뉴욕에서 '인구혼잡위원회'(the Committee on Congestion of Population)가 결성이 되었다. 이 위원회는 마쉬(Benjamin C. Marsh)를 집행책임관(executive secretary)으로 선임을 하였다.[33] 그와 인구혼잡위

30) 이 당시 육상교통의 중심은 철도와 마차 등이었다. 그러나 근거리용 육상교통수단이었던 마차는 교통비용이 상대적으로 매우 높아 일반 도시민이 이용하기에는 상당한 부담이 되었다.

31) John M. Levy, *op. cit.*, p.10.

32) *Ibid.*, p.12.

33) H. A. Kantor, "Benjamin C. Marsh and the Fight over Population Congestion," on D. Krueckeberg (ed.), *The American Planner : Biographies and Recollections*, 2nd ed. (New Brunswick, New Jersey : Center for Urban Policy Research, 1994), pp.113-132.

원회는 도시기획에 대한 종합적인 미국적 개념을 정립시키는데 커다란 기여를 하였다. 1909년에 마쉬는 『도시기획입문 : 민주주의의 도전과 미국도시』[34]라는 중요한 책을 발간하였다. 이 책은 특히 기획에 대한 사회적 담론을 공론화시키는데 크게 기여를 하였다. 또한 인구혼잡위원회는 1909년에 워싱턴에서 도시기획에 관한 전국회의를 처음으로 주최하였다.[35]

자동차 등을 비롯한 교통기술의 발달과 운송수단의 변화 그리고 이러한 개혁적 사고를 지닌 기획가들의 노력으로 20세기 들어서면서 도시중심의 인구밀도가 낮아지기 시작하였다. 이러한 현상이 나타나는 이면에는 교외 화(suburbanization) 현상이라는 것이 자리를 잡고 있는 것이다. 특히 자동차라는 교통기술과 운송수단의 변화가 이러한 현상을 크게 가속시켰다는데 는 이의가 없다. 매년 200만대의 자동차가 출고되면서 자동차 소유주가 늘어나고[36] 건물밀집지역 그 중 특히 상업건물 밀집지역에 혼잡이 가중되었다. 또 많은 자동차 소유주들이 거주공간을 교외로 옮겨가기 시작함으로써 교외 화 현상을 가속시켰다.

이때의 자동차 증대는 정말 괄목할 만 한 것이었다. 1890년대에 첫 선을 보인 자동차는 1915년까진 비교적 완만한 성장세를 보였다. 1915년에 500만대 정도였다. 그러나 이 시기 포드(Henry Ford)에 의해 설립된 포드자동차 공장에서 'T모형'의 자동차를 대량 생산해 내면서 자동차의 증가폭은 상상을 초월하게 증가

34) 원문의 제목은 "An Introduction to City Planning : Democracy's Challenge and the American City"이다. ; Benjamin C. Marsh, *An Introduction to City Planning : Democracy's Challenge and the American City* (New York : Arno press, 1909 & 1974).

35) Stephen V. Ward, *op. cit.*, p.71.

36) 자동차소유주의 수가 1945년에 2,500만대에서 1950년에 4,000만대, 1960년에 6,200만대, 1970년에 8,900만대, 1980년에 1억2,200만대, 1990년에 1억4,400만대로 증가하였다. John M. Levy, *op. cit.*, p.17.

하여 1930년에 2,500만대에 달하게 되었다. 불과 15년 만에 5배가 증가한 셈이다.37) 이러한 급작스런 자동차 소유의 증가는 결과적으로 많은 사람들의 공간거리를 단축시킴으로써 교외 화 현상을 크게 가속화시켰던 것이다.

이러한 교통수단의 혁신 등에 힘입어 1880년부터 1920년까지 도시중심의 인구밀도 증가율이 높아지기는 하였으나 도심 주변부의 인구밀도증가율을 따라잡지는 못하였으며 1920년부터 1963년까지는 도시중심의 인구밀도가 급격히 떨어지는 반면 도심 주변부의 인구증가는 급한 상승세를 지속하였는데 이러한 현상이 이를 잘 말해주고 있다.38)

미국에서는 1870년대까지 기획의 종합적 접근에 대해서는 기대하기가 어려운 상황이었다. 그러나 물론 어떤 의미로는 19세기 도시형성의 규모는 도시기획의 기본적인 형태를 요구하였다.39) 대부분은 초기의 식민지 시대의 기획을 따르는 식이었다. 그러나 이러한 기획은 전혀 현대기획의 특징들을 결여한 것이었다.

미국 독립전쟁이 이루어지기 전인 식민지시대에는 지역자치단체가 토지사용에 대한 통제권을 강하게 가지고 있어서 독자적으로 자신의 거주 지역을 형성하였다. 이러한 통제권은 유럽의 전통에서 유래된 것이었다. 유럽은 마을이 독자적인 기관으로써 자기 경계 안에 있는 대부분의 토지를 소유하고 통제하고 사용하고 처분하였다.40)

개인이나 집단은 이러한 지역 자치단체의 교부(grants)방법을

---

37) *Ibid.*, p.15.
38) *Ibid.*, p.14.
39) J. W. Reps, *The Making of Urban America* (Princeton, New Jersey : Princeton University Press, 1965).
40) John M. Levy, *op. cit.*, p.24.

통해 토지를 사용하고 이에서 수익을 얻고 그리고 처분할 수 있었다. 따라서 지역사회는 경제활동에 대한 통제에 관해 광범위한 권한을 가졌다. 그래서 지역자치단체는 개발형태를 누구에게 간섭받음이 없이 자기 자신에 맞출 수 있는 힘이 있었다. 그러나 이 시대는 산업화 이전단계였기 때문에 성장압력은 그 이후의 다른 어떤 시기보다 낮았다.

그러나 1776년부터 시작된 독립전쟁은 많은 변화를 가져왔다. 우선 개인에 대한 황실 하사의 메커니즘을 통한 관행이 종식되었다. 새로운 정부단위로 주(州) 정부가 들어서게 되고 이 주를 통해서 교부가 이루어지도록 제도가 바뀌어졌다. 이렇게 됨으로 해서 지역 자치단체의 토지사용에 대한 통제권은 점차 사라지게 되었다. 독립전쟁의 결실로 1789년에 만들어진 헌법은 사유재산권 보호를 위한 여러 조치를 내포하고 있었다. 헌법이 보장하는 이러한 사유재산권의 보호는 종전처럼 지역 자치단체가 사유화된 토지에 대해 개발통제권을 행사하는 것을 엄격히 제한하였다. 결국 계층 제, 사회적 지위, 그리고 권위는 약화시키는 반면 개인의 권리를 강화시키고 기업 활동의 위신을 높여주게 되는 결과를 초래하였다. 이러한 변화는 개발을 보다 일목요연하고 질서 있게 이루어내려는 것보다 자유롭고 자율적으로 이루려는 의지를 보다 강하게 만들어 주었다.41)

이와 같이 성장유형에 대한 지역 자치단체의 통제가 거의 없게 되자 고삐 풀린 망아지처럼 많은 타운이나 도시들이 급속히 성장을 하였다. 이때의 도시기획은 도시에 몸담고 있는 민간 상업지도자들, 즉 도시의 자본과 상권을 쥐고 있는 민간 엘리트들

41) Gordon S. Wood, *The Radicalism of the American Revolution* (New York : Vintage Books, Random House, 1991) ; John M. Levy, *op. cit.*, p.26.

의 수중에 놓여 있었다.[42] 그래서 이들에게 보다 높은 개발이익이나 이윤을 보장해 주는 도시 중심에 들어서는 상업지역에 이들의 관심과 이해관계의 초점이 맞추어지다보니 주거지역은 상대적으로 경시되거나 무시되기 일쑤였고 개발 우선순위에서 항상 뒤로 밀려났다.

기획은 또한 이러한 개발이익이나 이윤을 보다 극대화시켜 주는데 도움을 줄 수 있는 도시의 상업적, 산업적 기능을 원활하게 해 줄 수 있는 사회 기반 시설들, 예를 들면 철도나 철도역, 수로 또는 항만, 그리고 항구 등에 초점이 맞추어졌다. 즉 많은 기획 적 관심과 노력이 철도가 닿을 수 있도록 하기 위한 시설이거나 강안(江岸)에 배들이 쉽게 접안(接岸) 할 수 있도록 하는 시설들과 연계된 것이 대종을 이루었다. 어떠한 도시 정부도 민간개발기업이나 업자들의 이러한 무차별적인 공간개발에 대항하기 위해 땅을 사들이는 그러한 노력은 경주하지 않았다. 바로 이것이 19세기 초엽의 미국 도시들의 일반적인 풍경이고 또한 당시의 현실적 정서였다.

이러한 미국 도시지역의 전반적인 분위기와 추세의 흐름에 예외적인 것은 연방수도였던 워싱턴(Washington D.C.)이었다. 워싱턴은 앞에서도 잠깐 언급하였지만 1791년 프랑스의 군 엔지니어이며 예술가이고 건축가였던 랑팡(Pierre Charles L'Enfant) 대령에 의해 기획이 되었다.[43] 그의 계획은 유럽식의 구제도(ancien regime)계획과 직결되어 있음을 잘 보여주고 있다. 이 계획은 어떻게 도로를 패턴 화할지, 그리고 공공장소와 그 구조는

---

42) Charles N. Glabb and A. Theodore Brown, *A History of Urban America*, 2nd ed. (New York : Macmillan Publishing Company, 1976).

43) J. W. Reps, *Washington on View : The Nation's Capital since 1790* (Chapel Hill : University of North Carolina Press, 1991).

어떻게 만들어 져야 할 것인 지와 같은 것이 하나의 잘 통합된 비전에 입각하여 전반적이고 광범위하게 설계되었다. 일반적으로 미국 도시개발과 이와 관련된 기획의 양태에 주도적인 주류를 형성했던 민간개발기업이나 업자들의 상업적 동기보다는 시민적 동기가 더욱 강하게 작용을 했다고 볼 수 있다. 이것이 한마디로 다른 여타의 도시들과 비교해 보았을 때 두드러지게 나타나는 워싱턴 도시기획의 특이성 혹은 차별성이라 말 할 수 있을 것이다.

3. 도시 미화운동

19세기 말에 들어서서는 예술, 건축 그리고 기획이 한데 어우러져 단순히 실용적이고 공리적이며 효용성을 따지는 단계를 뛰어넘어 도시를 아름다움의 장소로 바꾸려는 시도가 이루어졌다. 이러한 도시 미화 운동의 결과 부드럽고 아름다운 곡선의 미를 담고 있는 아치, 물과 어우러지고 조화된 화려한 아름다움을 지니는 분수, 조형적 아름다움과 예술성을 드러내는 조각상, 그리고 다른 도시 설계와 차별화 되고 다종다양한 형형색색의 장식에 필요한 조형물들이 두드러지게 나타났다. 도시를 아름답게 꾸미고자 하는 이러한 운동의 내면아래에 깊이 흐르는 영감(靈感)은 주로 유럽 쪽에서 건너 온 것이었다. 이러한 영감을 자아내어주는 대표적인 예를 하나 들어보면 프랑스 파리의 '에투알 개선문'(Arc de triomphe de l'Étoile) 등을 손꼽을 수 있다. 미국에서 이러한 도시미화운동을 가장 대표적으로 잘 드러내고 있는 실제의 사례로는 시카고에서 이루어진 '백색도시'(White City) 계획을 들 수 있다.

1893년 '시카고세계박람회'(Chicago World's Fair)의 책임기획가이며 유명한 건축가가 바로 번햄(Daniel H. Burnham)이었다. 그는 그 당시 가장 유명했던 건축 및 도시설계사였다. 이 박람회는 그와 올름스테드의 아들인 올름스테드 주니어(Frederick Law Olmsted, Jr.)에 의해 설계되었다. '콜롬비안 박람회'(Columbian Exposition)로도 불리어진 이것은 콜럼버스(Christopher Columbus)가 아메리카 신대륙을 발견한지 400년이 된 것을 기념키 위한 것이었다. 번햄은 어둠침침한 검은색으로 착색되어진 미국 산업도시들과 산뜻하게 대비시키기 위해 백색 도시라는 아이디어를 기획개념으로 개발하였다.44)

이 박람회는 미국의 새로운 산업을 선보이고 이를 자랑하기 위한 것이었지만 번햄은 이에 더하여 유럽풍이 물씬 풍겨나는 고전적 스타일의 아름다운 건물들과 호사스런 주변 풍광을 보여주고자 했던 것이다. 이를 위해 그는 건물들을 유럽풍으로 화려하게 변신시켰으며 특히 시카고에 자리 잡은 미시간 호(湖) 안의 조망이 탁 트인 산책로 등과 호반의 넓은 공간들을 값비싸고 호사스럽게 꾸며 박람회 때 선을 보였다. 이렇게 가꾸어진 백색 도시는 상업적인 측면에서 평가할 때 매우 성공적이었다. 박람회가 끝날 때까지 2,600만 명이 관람을 했던 것이다.45)

그러나 보다 중요한 것은 이러한 백색도시가 그때까지 감히 생각하기도 어려운 거대한 규모의 기획에 의해 완성이 되었고 그러한 결과물을 많은 사람들에게 체계적이고 입체적으로 보여주었다는 것이다. 그래서 이것은 미국의 도시기획을 '도시 미화 운동'(City Beautiful Movement)으로까지 이끌어 올리는데 커다란

44) Anthony J. Catanese and James C. Snyder (eds.), *op. cit.*, p.19.
45) John M. Levy, *op. cit.*, p.33.

공헌을 하였다고 평가받고 있는 것이다.[46] 이 운동은 도시 예술뿐만 아니라 시민운동(Civic movement)의 아이디어와 함께 병행하여 발전되었다. 참고적으로 도시 미화 운동의 가장 선구적인 도시를 시카고 이외에 하나 더 손꼽으라면 펜실베이니아 주의 주도(州都)인 해리스버그(Harrisburg)를 들 수 있다.[47]

이러한 도시 미화 운동과 관련된 기획의 가장 잘 알려진 예는 '몰'(Mall) 방식이다. 몰이란 나무그늘이 있는 아름다운 산책길이나 보행자를 배려한 예쁜 산책길을 의미한다. 이것은 미국 연방수도인 워싱턴에서 잘 볼 수 있으며 '내셔날 몰'(National Mall)로 지칭되고 있다.[48] 이것은 워싱턴 기념탑(Washington Monument)에서 호수를 사이에 두고 마주보는 링컨 기념관(Lincoln Memorial)의 대칭적 구도 등이 이러한 도시 미화 운동을 몰 방식으로 표현한 대표적인 것이다.[49] 주로 시민 센터, 블루버드(Boulevard) 식 도로, 공원 가로 등에서 창조성을 찾아 볼 수 있는 도시 미화 운동은 아치, 광장, 트래픽 서클, 분수 등에 초점이 맞추어지는 도시예술 개선운동과 밀접하게 연계되어 있다.

이러한 운동의 영향으로 도서관, 예술관, 전시관, 음악공연장 등 거대한 고전적 양식을 지닌 건물들도 많이 축조되었다. 도시 예술과 미화운동을 대변하는 대표적 인 두 가지 예를 들어보라면 뉴욕 시 브룩클린에 있는 '그랜드아미 광장'(Grand Army Plaza)

---

46) Anthony J. Catanese and James C. Snyder (eds.), *op. cit.*, p.20.

47) J. A. Peterson, "The City Beautiful Movement : Forgotten Origins and Lost Meanings," in D. A. Krueckeberg (ed.), *An Introduction to Planning History in the United States* (New Brunswick, NJ : Center for Urban Policy Research, 1983), pp.40-57. ; W. H. Wilson, "The Ideology, Aesthetics and Politics of the City Beautiful Mivement," in A. Sutcliffe (ed.), *The Rise of Modern Urban Planning, 1800-1914* (London : Mansell, 1980), pp.166-198.

48) Stephen V. Ward, *op. cit.*, p.69.

49) John M. Levy, *op. cit.*, p.33.

과 맨해튼 59번 가와 5번 로 상에 있는 '퓰리처 분수'(the Pulitzer Fountain)를 들 수 있다.50)

물론 도시의 아름다움과 웅장함 그리고 미적인 예술적 가치를 가장 중시하는 입장에 기초하고 있던 이러한 도시 미화 운동은 도시를 보다 능률적으로 기획하고 보다 실제적이고 실용적인 방향으로 변모시키려는 움직임으로 바뀌게 된다.51) 이리하여 대규모 마스터플랜과 기획 기법들의 새로운 표준이 설정이 되게 되는 것이다.

어쨌든 번햄은 시카고의 성공 여세를 몰아 미국의 대표 적인 몇 몇 도시들의 기획을 총괄하였다. 그는 샌프란시스코(San Francisco)와 클리블랜드(Cleveland)의 기획을 추진시켜 나갔고 연방수도 워싱턴의 계획도 수정을 하였다. 이러한 과정에서 도시의 이정표, 기념물, 광장, 산책로, 그리고 대 도로 등과 건물들이 아름답게 치장되고 가꾸어졌는데 대부분이 파리에 있는 '에꼴 드 보사뜨'(The Ecole des Beaux-Arts)를 모형으로 한 것이었다. 물론 마스터플랜의 의도는 미국의 약진하는 도시로 상징화하는 것이었다.

그러나 일반적으로 냉정하게 평가를 해볼 때 도시 미화 운동은 낭만적이기는 했지만 현실적이지는 못했다. 산업국가의 도시들을 고대 그리스 페리클레스(Pericles) 시대의 아테네나 고대 로마 율리우스 카이사르(Gaius Julius Caesar) 시대의 로마로 탈바꿈시키려 했던 것은 어떤 면에선 시대착오적이고 어리석은 일이었는지도 모른다. 그러나 이러한 비판적 평가에도 불구하고 도시 미화 운동이 미국에 있어서 현대기획의 중요한 선구적 역

50) *Ibid.*, p.34.
51) Stephen V. Ward, *op. cit.*, p.45.

할을 수행하였다는데 대해서는 이의가 별로 없다. 왜냐하면 이것은 많은 사람들에게 조건과 환경은 사람하기에 따라 얼마든지 개선될 수 있다는 점을 보여주었기 때문이다.

앞서 말하였듯이 1898년 하워드(E. Howard)의 저서 『내일 : 정원도시운동』이 출간이 되었고 하워드에 의해 1903년 최초의 영국 정원도시인 레취워쓰(Letchworth)의 건설이 이루어졌다. 물론 이러한 영국의 정원도시운동은 미국에서 '새로운 타운운동'(New Town Movement)이 일어나게 하는데 커다란 자극이 되었다. 다시 말하자면 미국의 도시기획에 영국의 정원도시가 영향을 주게 되는 것이다.[52] 1907년에 이와 관련된 단명(短命)의 몇몇 관련협회들도 나타났었다.

하지만 미국이 영국과 차이나는 점은 주로 기업가나 공공적 마인드를 지닌 일부 민간개발업자들과 같은 사람들에 의해 민간위주로 이 사업이 기획되고 추진되었다는 점이다. 하워드가 초기에 주장했던 토지의 지역사회 중심의 공동 소유를 통한 이용에 대한 관심은 미국에선 그리 주목을 끌지 못하였다. 그래서 미국에서는 정원도시라는 것이 영국과는 달리 공공적 개혁의 차원보다는 단지 디자인적 용어로 사용이 되었다. 미국에서 정원도시의 개념을 도입해 도시기획을 한 것으로 가장 유명한 곳은 뉴욕 주의 '포레스트 힐스 가든'(Forest Hills Garden)이다. 이곳은 1910년부터 올름스테드(Frederick Law Olmsted)에 의해 설계되었고 '러셀 세이지 재단'(the Russell Sage Foundation)의 비영리 프로젝트로 추진이 되어 완공이 되었다.[53]

1909년 수도 워싱턴에서 제1차 '전국도시기획회의'(National

52) S. Buder, *Visionaries and Planners : The Garden City Movement and the Modern Community* (New York : Oxford University Press, 1990).
53) Stephen V. Ward, *op. cit.*, p.71.

Conference on City Planning)가 개최되었다. 그리고 같은 해 번햄의 『시카고 계획』(Plan of Chicago)이란 보고서가 발간이 되었는데 이 보고서는 최초로 미국의 광역도시계획(Metropolitan Plan)에 대해 나름대로의 견해를 제시하였다. 1909년의 '시카고 계획'은 현대 도시기획 시대의 시작을 의미했으며 종합기획이 무엇이고 어떻게 이러한 계획을 집행해 나가야 하는지를 기획가, 정치가 그리고 일반시민들에게 잘 가르쳐 주었다.[54] 이러한 의미에서 미국 도시기획의 발전에 있어 시카고 계획이 가지는 의미는 매우 크다.

1906년에 '상인들의 모임'(The Merchants Club)이 저명한 기획가 번햄을 시카고 도시계획을 추진 발전시키기 위한 커미셔너, 즉 최고 기획 감독관으로 지명을 하였으며 그의 지도아래 이루어진 이 계획은 상업인 모임과 다른 기업조직들에 의해 85,000달러의 돈이 투여되었고 계획이 완결되어 시에 제출된 것은 1909년이었다. 이 계획은 도시중심에서 60마일에 이르는 지역에 미치는 방사상 형태의 시(市)의 외곽을 도는 초고속 도로체계를 포함해 통합된 대중교통체계와 철도화물터미널을 포함하고 있었다. 시카고의 '유니온 역'(Union Station) 역시 이 계획에 입각하여 만들어지게 된 것이다.[55] 도시 내로는 도로의 확장계획, 중요교차로의 입체화 등이 제안되어졌다. 또한 공원과 야생동물보호소 등이 시 내부와 외곽인근지역에 설치될 것 등도 포함되었다.

시는 이러한 계획을 추진할 책임기관으로 '기획위원회'(Planning Commission)를 만들었다. 기획가들은 전략적 사고에 입각해서 계획 중 한 가지를 실행시킴으로써 이 계획이 결코 몽상이나 공

54) John M. Levy, *op. cit.*, p.47.
55) *Ibid.*, p.35.

상이 아님을 보여줄 필요성을 느꼈다. 그래서 하나의 프로젝트에 집중하여 실행에 옮겼고 결국 그 일을 성취시킴으로써 이 계획에 대한 회의론을 뒤엎고 많은 지지를 얻어냈으며 그 결과 차기 프로젝트들을 위한 기금을 채권(Bond)형태로 확보할 수 있었다. 1931년까지 3억 달러의 기금이 채권 발행을 통해 확보가 되었다. 이러한 돈이 사유지가 아닌 공유지에 계획을 실행으로 옮기는데 충당되었다. 이 계획에 대해 말도 많고 비판도 많았지만 이루어 낸 업적으로 볼 때 그 당시로는 놀라운 성과를 거둔 것으로 이해 할 수 있다.[56)]

1914년 베쏘로뮤(Harland Bartholomew)가 뉴저지 주의 뉴와르크(Newark) 시의 '시 기획위원회'(City Planning Commission)의 전임 기획컨설턴트가 되어 번햄과 유사한 기획 적 노력을 경주한 것도 이러한 움직임과 무관치 않다.

4. 개혁운동과 도시기획

1853년에 매사추세츠 주의 스톡브리지(Stockbridge)에서 처음으로 일어난 이래 민간주도개혁운동은 처음에는 뉴잉글랜드지방을 시점으로 하여 전국적으로 빠르게 확산해 나갔다.[57)] 그 결과 1900년에 '전국개선협회'(the National League of Improvement Associations)가 창설이 되었고 2년 후에 '미국시민개선연맹'(the American League for Civic Improvement)으로 대체되었다. 수 백 개의

56) *Ibid.*, pp.36-37.
57) John A. Peterson, "The City Beautiful Movement : Forgotten Origins and Lost Meanings," in Donald A. Krueckeberg, (ed.), *Introduction to Planning History in the United States* (New Brunswick, NJ : Rutgers University Center for Urban Policy Research, 1983), pp.13-39.

시민개선조직들의 의제는 나무 심기, 반(反) 게시판운동, 도로와 보행로 포장하기, 분수식 물 마시는 곳과 공중목욕탕 시설 그리고 공원과 레크리에이션 시설의 설치 등 다양한 공중시설 및 문제들에 대한 다양한 항목들이 망라가 되었다. 이 운동은 전통적인 공적 관심을 기획으로 이슈화하는 기원이 되었고 시와 지역자치단체의 기획을 자연스럽게 수용하게 되는 분위기를 조성하게 하였다.[58)]

이러한 시정개혁과 도시개혁을 둘러싼 전반적인 분위기는 20세기 초에 설계전문가들과 사회개혁가들이 서로 단합하여 기획을 이끌어 나가게 하는 계기를 마련하였다. 건축가나 토목기사들이 미국도시개혁을 위해 변호사나 사회개혁가들과 합세를 한 것이었다. 지역기획(regional planning)의 아버지로 널리 알려진 기드스(Patrick Geddes)[59)]의 개념이 번햄의 것인 양 자주 환기되었다. 미국 전역에 기획위원회가 줄줄이 들어섰다. 1916년에 맥아니(George McAney)와 조닝[60)]의 아버지로 불리어지는 바세트(Edward Bassett)의 지도아래 '뉴욕시평가위원회'(New York City Board of Estimates)에 의해 전국최초의 '종합조닝결의안'이 채택이 되어 뉴욕 시의 토지사용, 건물높이와 크기를 규제하기 위해 처음으로 조닝이 시작이 되었다. 도시기획과 관련된 개혁조치가 성과를 드러내기 시작했던 것이다.

기획역사에서 중요한 부분은 사적 소유의 땅에 대한 공적 규제의 진화과정에 대한 것이다. 19세기 말서부터 일련의 법과 법

---

58) John M. Levy, *op. cit.*, p.32.
59) 1915년에 『진화하는 도시들』(Cities in Evolution)이란 책을 발간하였다.
60) 조닝(Zoning)이란 사전적 의미로는 "구역제 또는 지역분할 지역구분 지역제" 등으로 쓰여진다. 여기서는 도시계획 할 때 지역마다 특화 된 구분으로 쓰이는 경우를 의미한다.

원 판결은 종전과는 달리 사유재산에 대한 지방정부의 규제권한을 부여하기 시작했다는 점이다. 조닝 과정은 시 정부가 땅의 개발, 사용형태의 허가, 개발의 물리적 변형[61]에 대해 도심 밀집지역에 대한 규제 권을 행사할 수 있게 해주는 것이다. 이로 인해 도시를 중심으로 한 지역사회는 조닝 지도(Zoning Map)에 나타난 대로 수많은 존(Zone)으로 나누어지게 되는 것이다.

1920년대에는 조닝 문제가 전국을 통해 많이 빠르게 제기되는 시기이었다. 그 이유를 아는 것은 그리 어렵지 않다. 법적인 선례들이 이미 정립이 되어있었고 이미 뉴욕 시에서는 복잡한 법적 분쟁의 여러 방어수단들이 이미 강구되어져 있었기 때문이었다. 상업지역의 혼잡을 규제하고 주거지역에 상업개발목적의 침입을 통제하는 방법으로 조닝은 유용하고 쓸모가 많았다. 많은 지역사회에서 조닝의 힘은 급속한 경제 및 사회변화에 대항해 현상을 바람직하게 보호하는 최상의 방법처럼 보였다.

주거지역 주민들은 주유소, 중고자동차 매매상점, 햄버거 가게 등이 무차별적으로 자신들이 살고 있는 주거지역으로 밀고 들어오는 위협에 노출되었다.[62] 그러나 조닝은 이러한 바람직하지 않은 변화로부터 이 지역주민들의 가정을 지키는데 있어 효과적이고 비용이 들지 않는 방법이었다.

지금 조닝은 기획의 도구이고 미래를 형성하는 테크닉 일뿐만 아니라 현존하는 질서를 방어하는 수단이 되고 있다. 조닝은 재산 가치를 또한 높이고 있다. 대부분의 기획가들은 조닝을 기획의 한 부분 혹은 마스터플랜을 집행하는 하나의 도구로 보고 있다. 1920년대 초기에 조닝은 기획에 앞서거나 기획과 같은 것

61) 빌딩의 높이나 지주의 재산 선에서의 후퇴 등을 그 예로 들 수 있다.
62) John M. Levy, *op. cit.*, p.37.

이 되었다. 1921년에 조닝을 실시하는 시가 48개였으며 해당인구는 1,100만 명이었다. 그러나 1923년까지 그 숫자는 218개 도시에 2,200만 명으로 늘어났다. 후버(Herbert Hoover)가 상무성 장관으로 있었던 1924년에는 조닝이 더욱 가속이 되었고 '모범주조닝권능부여법'(Model State Zoning Enabling Act)[63]이 제정되었다. 뉴욕 시 조닝 입법에 기여를 많이 한 바세트(Edward M. Bassett)에 의해 초안된 표준 권능 부여 법은 많은 주들에게 이러한 법을 채택하도록 하는데 좋은 자극과 격려가 되었다.[64]

미국연방대법원이 조닝의 헌법 성을 지지해 준 1926년의 '앰블러 부동산 대 유클리드 빌리지'(Ambler Realty v. The Village of Euclid)판결이후 이러한 제도는 모든 도시와 타운에서 통과가 되었다.[65] 이와 관련되어 미국의 경우는 사유재산에 대한 개인적 권리를 강조하는 성문헌법이 명백히 존재하고 있는 마당에 국가가 개발과정에 간섭할 권리가 있는지에 대한 논란이 기획이라는 개념과 연관되어 제기되어졌었다.

이러한 논란에도 불구하고 19세기 초의 도시성장은 최소한의 기획과 공공통제 아래에서 일어났다. 이러한 과정에서 사실 모든 미국인들에게 있어 국가의 행동이 헌법에 보장된 개인의 자유와 권리를 부당한 방법으로 침해할 수 있는지에 대한 고통스런 고민의 과제를 불러일으킨 것은 어떻게 보면 지극히 당연한 결과인지도 모른다. 이러한 문제는 앞에서 잠깐 언급했듯이 조닝[66]이 수용될 수 있는 미국생활방식으로 받아들여지게 되는 '앰블러 부동산 대 유클리드 빌리지' 판례에 의해 1920년대에

63) '표준주조닝집행법'(Standard State Zoning Enabling Act)이라고도 불려진다.
64) John M. Levy, *op. cit.*, p.38.
65) Anthony J. Catanese and James C. Snyder (eds.), *op. cit.*, pp.21.
66) 공장 혹은 주택 지대 등의 지대 설정 혹은 지역제를 의미한다.

성공적으로 해결이 되었던 것이다.[67)]

그리고 뒤를 이어 주택, 공중보건법이 만들어졌고 1917년에는 '미국도시기획기구'(The American City Planning Institute)[68)]가 도시기획에 관심이 많은 전문가들을 중심으로 하여 캔자스시티(Kansas City)에서 창립이 되었고 초대 회장으로는 올름스테드(Frederick Law Olmsted, Jr.)가 취임을 하였다. 그 해 11월 52명[69)]의 사람들이 뉴욕 시에서 만나 이 기구의 창립회원(charter member)이 되었다.[70)] 1978년에 '미국기획가기구'(the American Institute of Planners)는 '미국기획공무원협회'(the American Society of Planning Officials)와 합병을 하여 '미국기획협회'(American Planning Association)가 되었다.

1920년대에 지역기획이 기드스가 제시한 개념의 영향으로 증대되기 시작하였다. '지역기획청'(Regional Planning Authorities)이 뉴욕, 필라델피아, 시카고, 그리고 워싱턴에서 처음으로 만들어졌다. 그리고 계속 설립이 되어 1931년까지 67개가 넘었다.

1920년대의 기획에 있어 가장 중요한 경향이 토지사용규제의 전파와 수용임에도 불구하고 도시와 도시에서 기획위원회(Planning Commission) 설립을 통한 기획의 제도화가 펴져나갔다. 몇 몇 경우에는 기획위원회가 자체 참모들에게 돈을 지불하면서 실제적으로 계획을 만들었다. 실제로 빈번하게 계획과 조닝이 이런 기획 상담전문가들에 의해 만들어졌다. 1920년대에 미국에 약 24

67) Philip Booth, *Planning by Consent : the Orgins and Nature of British Developmental Control* (London and New York : Routledge, 2003), p.7.

68) 뒤에 the American Institute of Planners와 the American Institute of Certified Planners가 되었다.

69) 14명의 조경건축가(landscape architects), 13명의 엔지니어들, 5명의 건축가들, 6명의 변호사, 4명의 공인부동산중개업자(realtors), 2명의 출판업자, 그리고 기타 8명으로 구성이 되었다.

70) Anthony J. Catanese and James C. Snyder (eds.), *op. cit.*, pp.20-21.

개의 기업 상담 자문회사들이 활동을 했다.71) 이 시기의 지역사회계획의 전형적 활동영역은 토지사용, 도로패턴, 통행 및 운송, 수로교통을 포함한 철도 교통, 공공 레크리에이션, 시민 예술 등이었다.

토지사용은 우선 모순된 토지이용을 막는 것이었다. 즉 주거지역에 공장이 들어서는 것을 막는 것이다. 다른 목적은 민간 혹은 공중교통체계를 잘 기능하도록 하는 것이었다. 또 다른 목적은 공원과 레크리에이션 시설을 적절한 체제로 만들고 유지하는 것이었다. 재산적 가치의 보전과 사업적으로 매력 있는 지역사회로 만드는 것이 이러한 목적 뒤에 있는 주요 동기였다.

이러한 점은 도시 미화 운동이나 시카고 계획에서 잘 드러나고 있다.72) 또한 이러한 목적에 부합되는 것으로는 멋진 주거지역으로 널리 알려진 뉴저지 주의 레드번(Radburn)을 손꼽을 수 있다. 이곳은 도시설계의 기획가나 학도들이 이러한 목적을 위해 반드시 견학을 하는 곳이기도 하다.

또한 1920년대에 있어 특기할 점은 지역과 주 기획이 출현하였다는 점이다. 가장 일반적인 종합지역계획은 뉴욕 시에서 나왔다. 이 지역은 1920년대 1,000만 명의 인구를 가졌으나 지금은 1,800만 명으로 증가하였다. 이 계획은 5,528평방 마일에 미쳤는데 뉴욕 시 자체는 300평방 마일에 불과하였다. 그러나 여타 지역은 뉴욕 주의 인근 군들과 코네티컷(Connecticut) 주의 페어필드 군, 그리고 인접한 뉴저지 주의 2,000평방 마일에 이르렀다. 이 계획은 비영리, 비정부 집단인 '지역계획위원회'(Committee on a Regional Plan)73)에 의해 만들어졌다. 계획을 위한 기금은 자

---

71) John M. Levy, *op. cit.*, p.38.

72) *Ibid.*, p.39.

73) 후에 '지역계획협회'(Regional Plan Association)로 개칭하였으며 현재까지 존속하

선사업가인 세이지(Russell Sage)에 의해 만들어진 재단에 의해 50만 달러가 제공되었다. 이 위원회는 어떤 정치적 힘도 없었고 단지 아이디어만이 그들의 힘이었다.[74)]

지역계획은 1920년대에 걸쳐 수많은 다른 지역에서도 나타났다. 1929년에 노랜(John Nolen)은 15개의 지역을 그러한 예로 들고 있다. 대부분이 뉴욕지역계획과 같이 민간주도이었다. 예를 들면 필라델피아 지역의 펜실베이니아 주, 그리고 뉴저지 주, 델라웨어 주 등 3개의 주가 서로 연관되어 지역계획을 추진시켜 나가는 '3개 주 지역계획'(Tri-State District Plan)과 '보스턴 광역시 기획위원회'(Boston Metropolitan Planning Commission) 등이다. 동부로는 뉴욕 주의 웨스트체스터 군(Westchester County), 서부로는 로스앤젤레스 군(Los Angeles County) 등이다.

지역계획은 정치력이 떨어진다는 것이 문제였다. 정부간 협정(Intergovernmental agreement)이 계획을 추진시키기 위한 정치적 기반이었다. 때로는 다리를 놓고 이를 운영하고 터널, 항만시설, 버스터미널, 공항 등을 건설하고 운영하기 위해[75)] 공사(public authority)가 설립이 되었다. 예를 들면 '뉴욕 · 뉴저지 항만공사'(Port Authority of New York and New Jersey) 등이 그 대표적인 예이다.

지역계획과 더불어 1920년대는 주 정부의 기획노력의 시작을 볼 수 있다. 주 정부계획은 지역계획의 문제와 반대되는 문제를 갖는다. 지역계획은 적절한 정치적 구조를 결여하는 자연스러운 단위(unit)인데 반해 주 정부는 정치적 구조이다. 따라서 자연스런 기획단위로 정의될 수 없는 경계도 갖게 된다. 대부분의 주들은 지리적, 경제적, 사회적 실제와 일치하지 않는 경계를 갖는

고 있다.

74) John M. Levy, *op. cit.*, p.41.

75) *Ibid.*, p.42.

다. 예를 들어 주 정부 기획노력을 처음으로 시도한 뉴욕 주는 롱아일랜드의 몬타우크 포인트(Montauk Point)에서 이리(Erie)호에 이르는 구간에 사는 주민들이 같은 주에 산다는 것 이외에는 어떠한 다른 공동된 이익을 찾기가 어려웠다. 이러한 문제점에도 불구하고 많은 주가 주 기획을 넓혀나갔으며 현재까지 넓혀가고 있다. 광역적 기획이 불가피한 환경 분야나 성장관리 문제 등이 주 대상이 되고 있다.76)

::참고문헌

권영찬. (1967). "기획에 관한 몇 가지 사적 고찰", 『한국행정학보』, 제1권.

Booth, Philip. (2003). *Planning by Consent : the Orgins and Nature of British Developmental Control*, London and New York : Routledge.

Buder, S. (1990). *Visionaries and Planners : The Garden City Movement and the Modern Community*, New York : Oxford University Press.

Carson, Rachel. (1962). *Silent Spring,* Houghton Mifflin, Boston.

Catanese, Anthony J. and James C. Snyder (eds.). (1988). *Urban Planning*, 2nd ed., New York : McGraw-Hill Book Company.

Fisher, I. D. (1994). "Frederick Law Olmsted : The Artist as Social Agent", in DA Krueckeberg (ed.), *The American Planner : Biographies and Recollections*, 2nd. ed., New Brunswick, New

76) *Ibid.*, p.44.

Jersey : Center for Urban Policy Research.

Galloway, George B. and Associates. (1941). *Planning for America*, New York : Henry Holt and Co.

Garvin, A. (1996). *The American City : What Works, What Doesn't*, New York : McGraw-Hill.

Glaab, Charles N., and A. Theodore Brown. (1973 & 1976). *A History of Urban America*, 2nd ed., New York : The Macmillan Publishing Company.

Kantor, H. A. (1994). "Benjamin C. Marsh and the Fight over Population Congestion," on D. Krueckeberg (ed.), *The American Planner : Biographies and Recollections*, 2nd ed., New Brunswick, New Jersey : Center for Urban Policy Research.

LeGates, and F. Stout. (eds). (1998). *Selected Essays*, London : Routledge/thoemmes.

Levy, John M. (2003). *Contemporary Urban Planning*, 6th ed., Upper Saddle River, New Jersey : Prentice Hall.

Marsh, Benjamin C. (1909 & 1974). *An Introduction to City Planning : Democracy's Challenge and the American City*, New York : Arno Press.

Millett, John D. (1947). *The Process and Organization of Government Planning*, New York : Columbia University Press.

Millett, John D. (1959). "Planning", in F. M. Marx (ed.), *Elements of Public Administration*, 2nd ed., Englewood Cliffs, New Jersey : Prentice-Hall.

Olmsted, Frederick Law. (1870). *Public Parks and the Enlargement of Towns*, Boston, Mass. : American Social Science Association.

Peterson, John A. (1983). “The Impact of Sanitary Reform upon American Urban Planning,” in Donald A. Krueckeberg, (ed.), *Introduction to Planning History in the United States*, New Brunswick, New Jersey : Rutgers University Center for Urban Policy Research.

Peterson, J. A. (1983). “The City Beautiful Movement : Forgotten Origins and Lost Meanings,” in D. A. Krueckeberg (ed.), *An Introduction to Planning History in the United States*, New Brunswick, New Jersey : Center for Urban Policy Research.

Reps, John W. (1965). *The Making of Urban America*, Princeton, New Jersey : Princeton University Press.

Reps, J. W. (1991). *Washington on View : The Nation's Capital since 1790*, Chapel Hill : University of North Carolina Press.

Scott, Mel. (1965). *American City Planning Since 1890*, Berkeley, CA : University of California Press.

Sutton, S. B. (1997). *Civilizing American Cities : Writings on City Landscape*, New York : Da Capo.

White, D. A. (1988). “Frederick Law Olmsted, the Peace Maker”, in D. Schaffer, *Two Centuries of American Planning*, London : Mansell.

Ward, Stephen V. (2002). *Planning the Twentieth-Century City : The Advanced Capitalist World*, New York : John Wiely & Sons, Ltd.

Wilson, W. H. (1980). “The Ideology, Aesthetics and Politics of the City Beautiful Mivement,” in A. Sutcliffe (ed.), *The Rise of Modern Urban Planning, 1800-1914*, London : Mansell.

Wood, Gordon S. (1991). *The Radicalism of the American Revolution*, New York : Vintage Books, Random House.

제9장

현대 유럽의 기획[1)]

제1절 프랑스의 국가기획의 역사

1. 20세기 프랑스 도시기획의 특성과 발달과정

이미 앞에서 언급하였듯이 19세기 이래로 프랑스는 수도권인 파리지역이 여타지역에 비해 상대적으로 과도하게 성장을 해나갔다.[2)] 이러한 불균형적이고 과도한 파리지역의 도시개발 및 확장문제를 시정하기 위해 프랑스정부는 전국을 기준으로 하여 8개의 성장거점(growth pole) 지역을 정하였다. 성장거점은 일정한 거리 내에 하나 혹은 두, 세 개의 서로 인접하여 위치하고 있는 도시들로 구성이 되었다.

1) 이병철, 『행정기획의 역사와 이론』(울산 : 울산대학교출판부, 2006), 제7장과 제8장, 제9장 그리고 제11장을 재편집하여 수정을 함.

2) John M. Levy, *Contemporary Urban Planning* (Upper Saddle River, New Jersey : Prentice Hall, 2003), pp.319-321.

동부지역의 거점은 프랑스와 독일 국경지대와 인접한 곳에 설정을 하고 서부지역은 대서양연안, 그리고 북부지역은 영국해협, 그리고 남부지역은 지중해지역이 되었다. 지난 50년 동안 이러한 성장거점도시의 지역발전계획은 불변적인 국가정책이 되어 오고 있다. 홀(Peter Hall)에 의하자면 고등교육시설에 대한 투자, 그리고 고속도로 및 고속전철 등에 대한 투자가 이런 성장거점도시지역들을 중심으로 이루어지고 있다는 것이다.

역사적으로 대륙 계 국가들이 늘 그러했듯이 프랑스의 중앙정부는 상대적으로 매우 강하고 지방정부는 상대적으로 매우 약하였다. 많은 고위지방행정관료[3]들이 중앙정부에 의해 임명이 되었다. 기획은 중앙정부가 밑그림과 큰 그림을 그리면 지방정부가 이미 그려진 그림 안에다가 작은 그림을 채워 넣는 상의하달 적이고 중앙정부에 의존하는 과정이었다. 이러한 흐름에 변화가 나타나는데 바로 그것이 1980년 초에 이루어진 분권화 움직임이었다.

이러한 움직임에 의해 중요한 정치적 조직이 재편성이 되었고 몇 몇 정치권력이 분권 화 되었다.[4] 이러한 변화의 대표적인 예를 들면 종전까지 중앙정부의 임명 직 이었던 지사가 선거 직으로 바뀐 것 등을 열거 할 수 있다. 그래서 지방정부가 자신의 지역개발게임에서 보다 중요한 의사결정자로써 의 입지를 강화할 수 있게 되었다. 그러나 이러한 변화에도 불구하고 전체적으로 볼 때 아직 프랑스는 중앙정부 우위의 강력한 중앙집권제를 실시하고 있다.

상당수의 도시개발이 민관공동소유형태의 개발조직으로 알

3) 불어로 지사(prefets)라 불리는 직책 등을 의미한다.

4) Peter Newman and Andy Thornley, *Urban Planning in Europe* (London and New York : Routledge, 1996), ch.7.

려진 '셈'(Societe d'Economie Mixte : SEM)에 의해 이루어지고 있다. 이러한 정부와 산업 또는 기업과의 공동적 연대 또는 정부와 민간과의 연대는 프랑스에서 흔히 볼 수 있는 국가와의 관계성을 드러내는 조직형태이다. 그래서 2차 대전이후 프랑스의 기획 유형은 '계도 적(啓導的) 기획'(indicative planning)이라는 표현을 많이 쓴다. 정부는 방향을 잡고 앞에서 끌고 기업은 뒤에서 미는 형태의 정부와 기업 간의 공동결합을 전제로 하는 기획을 의미한다는 뜻이다.[5] 또한 이것은 자유 시장주의와 사회주의 사이에 그 어떤 중간적 위치를 점하는 '제3의 길'(The Third Way)로도 이해할 수 있는 것이다.

여기에서 제3의 길이란 앤서니 기든스(Antony Giddens)가 자신의 저작에서 제창한 것으로 신자유주의와 사회민주주의를 모두 반대하고 제3의 길로 불리는 새로운 사회발전 모델로 나가야 한다는 주장이다. 사회적 실험을 통해 자유 시장주의와 사회주의가 모두 문제점을 갖는다는 점을 인식하고 이에 대한 새로운 대안적 패러다임으로 이것을 제시한 그는 정치적으로는 자본주의와 사회주의를 실용적으로 결합하는 중도좌파 적 노선을 택하고 경제적으로는 무한경쟁으로 인한 자유시장경제의 폐단을 막기 위해 정부가 간여하는 신 혼합경제(new mixed economy)를 추구해야 한다는 것을 골자로 하고 있다.[6] 이런 의미에서 프랑스의 계도 적 기획은 과거 구(舊) 소련 등에서 이루어진 중앙집권적인 국가계획(central planning)과는 구별이 된다.[7]

---

5) Daniel A. Yergin and Joseph Stanislaw, *Commanding Heights* (New York : Simon & Schuster, Inc., 1998), pp.29-32.
6) http://terms.naver.com/entry.nhn?docId=70160
7) Daniel A. Yergin and Joseph Stanislaw, *op. cit.*, pp.29-32.

2. 프랑스의 모네 계획(Monnet Plan)

2차 세계대전 종전과 더불어 독일이 패퇴한 뒤 프랑스에서는 전후 복구와 경제개발을 위해 경제개발계획[8]의 필요성을 인지하고 '국가경제부'(Ministry of National Economy)를 설립하였다. 1945년에 국가수반이 된 드골(Charles de Gaulle) 대통령은 금융과 전기 분야 등을 국유화하였다. 즉 광산, 대규모 은행, 대규모 보험회사, 전기 및 가스회사, 프랑스 항공(Air France), 르노(Reno) 자동차회사를 공기업화 한 것이다. 이로 인하여 산업부문의 20% 이상이 정부의 직접 통제 아래로 놓이게 된 것이다. 이러한 정책은 전통적인 통제경제정책과 맞물려 병행되었으며 1947년 들어서면서 공산주의자들이 정부에서 물러났고 1949년에는 사회주의자들이 정부에서 퇴장을 하였다.

1) '모네 계획'을 실현시킨 모네(Jean Monnet)는 누구이며 어떠한 일을 하였는가?

모네는 1947년 '근대화시설계획위원회' 위원장으로서 프랑스의 경제부흥을 위한 '모네 계획'(Monnet Plan)을 발표하였다. 그는 이 계획을 성취하는 것이 프랑스 산업의 현대화를 이루어 내는 것으로 생각하여 이의 목표달성을 강하게 요구하였으며, 개인적으로는 드골 대통령을 설득하여 프랑스에 국가기획체제를 도입하게 하는데 크게 기여를 하였다 한다.[9]

---

8) 프랑스는 1946년의 유명한 부흥계획에서부터 그 뒤 여러 차례에 걸친 근대화계획에 이르기까지 상당히 본격적인 경제계획을 실시하였다. 주로 지침 적 혹은 계도 적 계획이기는 하지만 전력·철도·항공·은행 등을 국유화하여 정부는 국가의 투자총액의 상당부분을 좌우하고 있다. 참고적으로 이탈리아도 유명한 에니(ENI)·이리(IRI) 등의 특이한 국가지주회사가 주요산업에서 큰 비중을 차지하는 방식을 취해 국가의 개입 정도가 높다.

그는 프랑스정부가 모든 부문의 경제 재건을 이룩할 자원을 가지고 있지 않기 때문에 핵심적 경제부문에 우선적으로 공공투자를 해야 할 것을 요구하였다. 이러한 핵심적 경제부문으로는 교통체계, 석탄, 전기, 철강 및 농업기계화 등이었다. 뒤에 가서 연료와 비료부문이 이 목록에 추가되었다. 전후 유럽의 경제재건과 복구를 위해 미국이 주도가 되어 펼친 마셜 계획(Marshall Plan)[10]이 실시됨에 따라 1952년까지 계획기간이 연장된 이 경제계획을 우리는 모네 계획이라 칭한다.

구체적으로 모네 계획에 대해 이야기하기 전에 모네가 어떠한 사람이며 이 사람이 어떠한 일을 하였는가 하는 것을 참고삼아 집고 넘어가기로 한다.

모네는 1888년 프랑스의 코냑(Cognac)에서 태어났다. 그의 집안은 코냑 주류 판매업을 하였다. 16세 때 대학입학시험을 포기하고 런던으로 가서 2년 동안 머물면서 경영학과 영어를 공부했다. 그런 후 가업을 위해 스칸디나비아, 러시아, 이집트, 캐나다, 그리고 미국 등을 폭 넓게 여행을 하였다. 1914년에 그는 건강상의 이유로 군을 면제받았다.

그 후 1차 대전이 일어나자 그는 연합군이 승리하기 위해서는 프랑스와 영국의 전쟁노력이 서로 합쳐져야 한다고 생각을 하였고 이러한 생각을 모아 전쟁자원을 조정할 수 있는 계획을 프랑스 정부에 제안하였으며 이것이 프랑스 정부에 의해 받아들여져 실행이 되었다. 그는 이러한 노력의 제도적 장치로 런던에 '연합국간 전시위원회'(Inter-Allied Maritime Commission)를 설립하

---

9) 김신복, 『발전기획론』(서울 : 박영사, 1999), 438-439쪽.

10) 정식 이름은 '유럽부흥계획'(European Recovery Program)인데 이 계획을 제안했던 미국의 국무장관 마셜(George Catlett Marshall)의 이름을 따서 마셜 계획이라고도 부른다.

기도 하였다.

종전이 되자 이러한 전쟁기간의 노력 등이 감안이 되어 그는 1919년 31세의 나이로 프랑스 수상 클레망소(Clemenceau)와 영국의 정치인 발포어(Balfour)에 의해 창시되는 '국제연맹'(League of Nations)의 사무부총장(Deputy Secretary General)으로 임명이 되었다. 그러나 국제연맹이 가지고 있었던 만장일치 의사결정제도로 인해 연맹의 장도가 어두움이 깃들자 어려움에 처한 자신의 가업을 계승하기 위해 1923년 사직을 하였다. 그 후 그는 국제적 금융인으로 1929년에는 샌프란시스코의 한 은행을 공동 관리하기도 하였다. 1934년에서 1936년까지 장개석(蔣介石) 총통의 초청에 의해 중국에서 살면서 중국철도망을 재조직하는 일에 도움을 주기도 하였다.

프랑스정부가 1940년 6월 독일에 의해 붕괴되자 프랑스와 영국의 연합계획을 드골 장군과 처칠(Winston Leonard Spencer Churchill)수상이 수용하도록 영향력을 행사하였다. 1940년 8월에 그는 '영국 군수지원위원회'(British Supply Council)의 일원으로 미국에 가서 전쟁군수물자구매에 대한 협상을 하였다. 미국은 '민주주의의 최대 무기고가 되어야 한다.'11)는 믿음을 가지고 대통령을 설득하여 연합군을 위한 무기들을 지원하기 위한 거대한 무기 생산프로그램을 가동시키는 일을 성사시켰으며 1941년 루주벨트 대통령과 처칠 수상이 미국이 전쟁에 참여하게 만든 '승리프로그램'(Victory Program)에 합의 할 수 있도록 하는데 도움을 주었다.

전쟁 후 영국의 경제학자 케인즈(John Maynard Keynes)는 모네의 이러한 노력이 전쟁을 1년 정도 단축시킬 수 있었다고 극찬

---

11) Daniel A. Yergin and Joseph Stanislaw, *op. cit.*, pp.29-32.

하였다 한다. 그는 드골 대통령에 의해 1945년 '기획위원회'(Planning Commission) 위원장[12]으로 임명이 되어 프랑스의 경제 재건과 발전을 위한 계획을 수립하여 제안하였고 이와 관련되어 많은 노력을 하였다. 바로 이 계획이 앞에서 이미 이야기한 모네 계획이다. 이 모네 계획이 현실화의 첫 걸음을 내 딛게 되는 것은 바로 '슈망 계획'(Schuman Plan)의 발표를 통해서이다.

1949년 모네는 프랑스의 입장에서도 그리고 독일의 입장에서도 매우 중요한 석탄과 철강 산지인 루르 지방의 통제문제로 제1차 세계대전 이래로 촉발되었던 독일과 프랑스 사이에 적대적이고 위험한 갈등이 있음을 감지하였다. 프랑스나 독일 공히 전후의 복구를 위해 루르 지역의 석탄과 철강이 너무나도 절실했던 것이다. 자본이야 미국이 '마셜 계획'에 의해 제공을 하는 것을 활용한다 치더라도 자원 특히 에너지 및 중화학공업의 관건이 되는 석탄과 철강자원은 루르 지역에 대한 통제권을 상실하는 순간 잃게 되는 것이므로 양국의 입장에서는 너무나 루르 지역에 대한 통제권이 절실했고 따라서 이에 따른 갈등은 첨예화될 수밖에 없었던 것이다. 따라서 양국은 이 지역을 상호배타 적으로 통제하기를 원했고 이것이 프랑스와 독일 간에 팽팽한 긴장을 낳게 만든 것이다.

이를 해결하기 위해 1950년 5월 9일 서독의 아데나워(Konrad Adenauer) 수상의 동의하에, 프랑스의 슈망(Robert Schuman)[13] 기

---

12) 쉽게 표현하면 계획청장이다.

13) 슈망은 1886년 6월 29일 룩셈부르크에서 태어났다. 그는 초등학교와 중등학교를 룩셈부르크에서 다닌 후 대학은 독일로 갔다. 1912년 6월 메츠(Metz)에서 법률실무를 위해 머물렀다. 2년 후에 전쟁이 발발하였고 건강상이유로 군 징집이 면제되었다. 1918년 11월에 알 사스 로렌(Alsace and Loraine)이 프랑스로 다시 원상복귀 되자 그는 모젤(Mosel)의 국회의원이 되었다. 1939년 2차 대전이 일어나자 로렌으로 되돌아와 머물렀는데 이때 독일 비밀경찰(Gestapo)에 체포가 되어 메츠의 감옥으로 이송되어 영어(囹圄)생활을 하였다. 전쟁이 끝나고 프랑스 정부의 외상이 되었으며

민당 당수 겸 외상이 프랑스 정부 이름으로 성명을 발표하였다. 물론 이 성명은 슈망 외상을 위해 모네가 작성한 것이었다. 성명서의 내용은 새로 설립되는 소위 '최고 당국'(High Authority)의 공동통제아래에서 프랑스와 독일의 석탄과 철강 산업을 통합하는 것과 유럽의 다른 나라들에게도 개방하는 것을 제안하는 것이었다. 이것이 바로 슈망 계획이며 이는 유럽의 평화를 유지하고 개선하며 유럽연합을 향한 구체적인 첫 걸음이었다. 곧 서독, 이탈리아, 벨기에, 룩셈부르크, 그리고 네덜란드가 제안에 대해 화답을 하였고 '유럽석탄 및 철강공동체'(European Coal and Steel Community : ECSC)가 탄생을 하였다.[14)]

그리고 한 걸음 더 나아가 영국도 참여할 것을 권유하였으나 주권문제로 거절하였다. 실제로 영국을 비롯한 북유럽국가들은 정부 간의 협력 체제를 초월하는 유럽통합이나 연합에 대해서는 무관심했고 냉정했다. 또한 프랑스와는 달리 영국은 독일에 대해 아직 적대적 감정의 끈을 놓지 않고 있었다. 이에 반해 독일은 유럽연합에 대해 매우 적극적이었는데 그 이유는 유럽연합을 통해 독일의 주권을 회복하고 다른 유럽국가와 동등한 위상을 회복함으로써 효과적인 국가재건이 가능하다는 확신 때문이었다. 1952년 모네는 최고당국의 초대 책임자가 되어 1955년까지 봉직하였다.

그 후 그는 유럽의 통합화를 위한 많은 기초들을 다지는데 기여를 하였다. 1957년 '로마조약'(Treaty of Rome)으로 1958년에 설

1950년 5월 9일 슈망 계획 혹은 슈망 성명을 발표하였다. 이 슈망 성명은 유럽석탄 및 철강공동체와 관련된 것으로 모네와 그의 팀에 의해 세심하고 주의 깊게 마련된 것으로 유럽통합에 기초가 되었다. 슈망은 1958년부터 1960년까지 유럽의회의 의장을 지냈으며 1963년 9월 4일 영면하였다.

14) Daniel A. Yergin and Joseph Stanislaw, *op. cit.*, pp.29-32.

립되는 '공동시장'(Common Market)으로 더 널리 세간에 알려져 있는 '유럽경제공동체'(European Economic Community : EEC), 그리고 1967년의 '유럽공동체(European Community), 1974년의 '유럽위원회'(European Council), 1979년의 '유럽의회'(European Parliament) 등이 그것이다. 그리고 그는 '북대서양조약기구'(NATO)의 재군비 계획에도 참여를 하였다. 이러한 그의 업적을 기려 '유럽의 아버지'(Father of Europe)라고 불리어지기도 하였다.[15] 전후의 프랑스의 재건과 현대화 그리고 경제발전과 유럽의 통합을 위한 노력에 매진했던 그는 은퇴를 한 후에 향리(鄕里)로 돌아와 자서전을 집필하였다. 1979년 91세를 일기로 영면하였으며 파리에 소재 한 빵떼옹(Pantheon)성당에 묻혔다.

2) 모네계획의 내용

모네계획에 따라 각개의 핵심부문의 구체적인 기획실행은 기획위원회(Planning Commission)라 불리어지는 현대화위원회에서 이루어졌다. 이 위원회는 각개 부문에 있는 주요기업들, 공기업들, 노동조합 그리고 관계전문기술가들이 참여를 하였다. 물론 이 위원회는 자신들의 결정을 강제할 수 있는 권한은 없었고 단지 이 결정을 자발적으로 따라주기를 바랬다. 이러한 과정을 앞에서 잠깐 설명했듯이 '제안 적' 또는 '계도 적 기획'(indicative planning)이라 부른다. 민간 기업들은 일반적으로 모네 계획을 지지하였다. 이유는 이것이 프랑스의 발전을 목적으로 하고 있다는 점에 공감을 했기 때문이다.

제1차 계획은 1947년에서 1950년까지 4개년에 걸친 '근대화 및 설비계획'으로 출발하였으나 마셜 계획이 실시됨에 따라 계

15) *Ibid.*, pp.29-32.

획기간을 1953년까지 연장을 하였다. 이 계획은 전쟁으로 파괴된 산업시설의 복구에 의한 생산력회복에 기본목표를 두었다. 이를 위해 석탄, 전력, 철강, 시멘트, 수송, 농업기계 등 6개 기초부문에 집중적인 투자가 이루어졌다.[16] 이러한 결과 대규모 공기업들이 급속히 재건되었으며 민간 기업들도 서서히 생산력을 회복하여, 1949년에 물자배급제가 폐지되고 1950년에 임금 자유 교섭 제가 부활되는 등 전후의 통제경제에서 시장경제로 점차 복원이 되었다.[17]

이 계획기간동안의 생산목표는 일반적으로 달성이 되었고 생산실적도 실질적이고 괄목할 만 하였다. 그러나 월남(Vietnam)과 알제리(Algeria)에서의 전쟁은 군사비지출을 크게 요구하였고 이것은 정부예산에 상당한 압박을 가하였다. 이에 따라 정부재정은 적자로 돌아섰고 불균형예산은 인플레이션을 야기 시켰다. 지속적인 인플레이션은 민간 기업에 대한 정부보조프로그램을 결과하였고 프랑스 경제가 서독경제만큼 빠르게 성장을 하지 못하게 되는 하나의 원인이 되었으며 특히 농업부문은 이러한 현상이 더욱 심했다.

2차 계획은 1954년부터 1957년을 계획기간으로 수립이 되었다. 이 계획을 일명 '허쉬 계획'(Hirsch Plan)이라 불렀다. 모네 계획에서 설정 된 목표는 5년 동안 핵심부문의 10%성장을 도모하는 것이었으나 허쉬 계획에서는 3년 동안 보다 더 넓은 산업부문의 성장을 25% 이루어 낼 것을 요구하고 있었다. 그러나 이러한 높은 성장률의 요구에도 불구하고 프랑스는 허쉬 계획의 목표를 달성하였다.

---

16) 김신복, 『앞의 책』, 439쪽.
17) "프랑스의 8차 경제사회계획", 『한국은행조사월보』, 제35권 7호(1981.7), 20-37쪽. ; 김신복, 『앞의 책』, 439쪽에서 재인용.

드골 대통령이 1958년에 다시 대통령선거에서 승리하였고 이로 인해 제5공화국[18]이 탄생을 하였으며 제3차 경제개발계획이 1958년부터 1961년까지를 계획기간으로 하여 수립이 되었다. 3차 계획은 프랑스 국민총생산(GDP)을 23%까지 증대시키고 국가발전의 통합적 프로그램을 개발시키고 사회적 목적을 성취할 것을 요구하고 있었다. 농업부문을 제외하고 나머지 3차 계획의 목표 역시 달성이 되었다.

4차 경제개발계획은 1962년부터 1965년까지를 계획기간으로 하고 있었다. 기획방법론이 종전 보다 더 세련 화되었고 사회적 목적이 경제적인 것보다 더욱 강조되었으며 제안 적 혹은 계도적 기획의 모형이 되었다. 프랑스 기획당국은 자신들이 자유방임적인 시장경제와 구(舊) 소련식의 중앙집권적 국가기획과의 사이에 가장 이상적인 황금 분할 선을 발견한 것으로 생각을 하였다.

1966년부터 1970년까지를 계획기간으로 하는 제5차 경제개발계획은 제4차 계획과 유사하였다. 이것은 균형 속의 성장전략(balanced expansion)을 요구하였다. 1968년 5월의 어려움에도 불구하고 이 계획 역시 계획목표가 달성이 되었다. 그러나 드골 대통령이 1969년 4월 선거에서 패배하였으며 경제계획으로 인하여 프랑스의 생산성이 많이 증대되기는 하였지만 서독과는 필적할만한 수준이 못되었다. 문제는 실물분야의 부진과 연구개발부문에 대한 불충분한 투자 때문이었다. 또한 프랑스 정부가 기업합병과 통폐합을 격려하기는 했지만 프랑스 기업규모가 독

---

18) 프랑스는 공화국이다. 1870년부터 1940년까지가 3공화국이고 독일 나치정권에 의해 프랑스가 점령된 기간인 1940년부터 1944년까지를 비시(Vichy)정권이라고 한다. 이 기간은 나치정부에 협력한 괴뢰정권이다. 그 후 비시정권이 몰락한 1944년부터 드골 대통령에 의해 영도된 1958년까지를 4공화국이라 하고 1958년부터 드골, 뽕삐두, 지스카르 데스탱, 미테랑, 자크 시락 대통령으로 이어지는 현재까지를 5공화국이라 한다.

일의 기업규모보다 현격히 작았다는 것도 그 이유 중 하나였다. 농업은 5차까지 지속된 계획기간 내내 계속 문제로 남을 수밖에 없었고 설상가상으로 많은 프랑스의 농부들은 능률성과 생산성에 관심조차 갖지를 않았다. 이것은 결국 프랑스 농업의 상대적인 낙후를 가져오게 하였다.

프랑스는 이러한 주도적인 국가 경제기획을 통해 전후의 복구를 성공적으로 이루어내고 나아가 유럽의 수위(首位)국가로써의 자리 매김을 할 수 있었다. 특이한 점은 영국과 같은 유럽의 다른 나라들과는 달리 상대적으로 강력한 중앙집권적 국가기획을 추진시켜 나갔다는 점이다. 그에 따른 공과가 오늘의 프랑스의 명암을 만들어내기는 하였지만 전체적인 관점에서 볼 때 프랑스의 발전에 기여한 공이 더 크지 않았을까 하고 평가할 수 있으며 그런 관점에서 국가기획의 유용성의 일면을 읽을 수 있다.

제2절 독일의 국가기획의 역사

1. 나치정권의 경제계획

1932년에 히틀러(Adolf Hitler)는 독일에 몰아닥친 경제공황을 타개하기 위해 1933년부터 1936년까지를 계획기간으로 하는 '제1차 4개년 계획'(The First 4 Year Plan)을 수립 시행하였다. 1차 계획의 주된 목적은 경제공황으로 야기된 대량실업문제를 해결하는데 있었다.[19] 물론 이것 외에 농촌 구제와 관련된 사업, 경제부흥, 그리고 사상재건 사업들도 성취해야 할 주요한 목적들

19) 1929년에 90만 명이던 실업자가 1932년에는 600만 명으로 크게 늘어났다.

이었다. 이를 위해 국립은행 총재인 샤흐트(Hjalmar Schacht)를 경제부장관으로 임명하였다.

그는 주로 전대에서 구상했던 공공사업계획을 단순 반복적으로 시행하였다. 공공사업 중 으뜸은 대규모 건설 사업이었는데 이 사업에 많은 젊은이들이 참여를 하였다. 실업의 해소를 위해 비경제적인 방법을 사용하는 것도 마다하지 않았는데 인력으로 가능한 작업에는 기계의 사용을 금지시킨 것 등이 그러한 예이었다.

또한 징병제를 도입하고 공공사업에 인력을 동원한 결과 실업인구가 약 100만 명 정도 감소하였으며 결혼상여금이 지급되자 여성들이 가정에 머무르게 되고 그 빈자리를 남성들이 차지하게 되었다. 또한 당과 국가 관료기구의 급팽창으로 수천 명의 인력이 흡수되었으며 이러한 분위기는 활력소가 되어 민간경제부문도 활기를 되찾았고 폭넓은 세금감면은 새로운 시설투자를 촉진하였다.

또한 수입을 감소시키고 수출을 증대하는 정책을 써나갔으며[20] 발칸반도 국가들과 맺은 쌍무협정을 통해 자국의 상품을 원자재들과 교환하였다. 외환취급은 국립은행에서 엄격히 통제하였고 수입 역시 정부가 일괄적으로 구입하여 필요에 따라 각 산업부문에 할당을 하였다. 이러한 노력들에 힘입어 1935년이 되어 근소하게나마 수출초과를 기록하기에 이르렀다.

그리고 농촌구제는 농업관련 담당 장관의 책임 하에 진행되어 습지간척으로 25만 헥타르(hectare)의 경작지를 일구어내고 식림사업으로 13만5천 헥타르의 산림을 획득하였고 기타 하천

20) 이로 인해 1934년 2억8천4백만 마르크의 국제수지상의 적자를 1936년에는 5억5천만마르크의 흑자로 바꾸어 놓았다. 권영찬, “기획에 관한 몇 가지 사(史)적 고찰”, 『한국행정학보』,제1권. (1967), 159쪽.

개수, 산 개간, 증산장려에 의해서 1936년에는 농산물 증가액이 5천만 마르크에 도달하였다.[21]

사상재건은 히틀러의 총애를 받던 괴벨스(Goebbels) 선전상의 진두지휘 하에 진행되었으며 계획목표는 독일민족사상 및 나치 전체주의사상의 고취와 유태인 박해, 공산사상 및 소위 퇴폐적 문예의 배격에 두었다. 이를 위해 '히틀러 유겐트'(Hitlerjugend), '독일노동전선'(DAF) 등 수많은 나치 산하단체가 동원되었다.[22]

1차 계획의 성공에 힘입은 히틀러는 1937년부터 1940년까지를 계획기간으로 하는 '제2차 4개년 계획'(The Second 4 Year Plan)을 1936년 9월에 수립하고 그 책임자에 샤흐트 대신 괴링(Hermann Goering)을 임명하였다.[23] 히틀러가 샤흐트 대신 괴링을 2차 계획의 사령탑으로 앉힌 이유 중 하나는 샤흐트가 2차 계획의 목표를 달성하는데 있어 적임자가 아니라고 판단했기 때문이다.

사실 샤흐트는 재무장과 군비증강 때문에 경제가 왜곡되는 것을 우려하였다. 그는 이로 인해 예산이 압박을 받고 무역균형이 적자로 반전될 것을 염려하였으며 이렇게 되지 않기 위해서는 수출을 증대시키고 군비지출을 최소한 억제하여야 한다고 생각했던 것이다. 이러한 샤흐트의 생각은 히틀러의 야망과는 너무나 먼 거리를 두는 것이었다.

1차 계획의 주 된 목표가 실업문제의 해결이었다면 2차 계획의 주 된 목적은 경제를 전시체제로 개편하고 수입 원료에 대한 의존성을 감소시켜 자립경제를 일구어내는 것이 히틀러의 야망 뒤에 숨겨진 생각이었기 때문이다.

---

21) 권영찬, "앞의 논문", 159쪽.
22) "앞의 논문", 160쪽.
23) 뒤에 괴링을 뒤이어 스피어(Alfred Speer)가 책임자로 임명이 되었다.

비밀리에 히틀러는 괴링에게 군대와 경제가 4년 이내 전쟁준비를 갖추도록 명령하였다. 이에 따라 괴링은 2차 계획의 골격을 히틀러의 뜻에 따라 크게 3가지로 범주화하여 짜나갔다. 첫째, 샤흐트에 의해 정립되고 집행되어 온 경제골격은 지속적으로 유지해 나간다. 둘째, 재무장과 군비강화를 신속히 이루어 나간다. 셋째, 식량 및 사료, 공업제품, 원료, 기계생산 등에 있어 자급자족 체계를 달성한다는 것이었다. 그리고 이러한 계획 목표를 위해 민간산업분야를 이 계획에 따라 재조정시킨다는 것이다.

이러한 계획의 골격에 따라 괴링은 계획기구관료제를 통해 독일전역의 자원들을 통제하는 계획을 설정하였고 민간 기업들에겐 미리 책정된 책임과제를 할당하였으며 괴링이 관장하는 계획기구가 자본, 원료, 노동 등의 물적, 인적 자원배분에 대한 거의 절대적인 권한을 가지게 하고 이를 충실히 이행하는 기업에 대해서는 그에 상응하는 이익을 보장해 주었다.

'이게 파르벤'(IG Farben)과 같은 기업들이 계획에 충실히 참여함으로써 가장 많은 이익을 얻었다. 이 기업은 생산품 가격을 결정하고 분배와 공급 등을 결정할 수 있는 기업카르텔을 결성해서 많은 이익을 얻어냈다. 물론 이러한 일이 가능할 수 있었던 것은 괴링이라는 뒷배가 있었기 때문이었다.

그러나 이와 반대로 만약 이러한 계획에 참여하지 않거나 이에 대해 저항하는 기업에 대해서는 그에 따르는 불이익이 주어졌다. 1936년에 루르 지역 철광생산기업이 계획에 따르지 않자 괴링은 이에 대적하기 위해 국영의 철광생산기업인 '라이히베르케'(Reichwerke)를 설립하였고 이것은 그 후 1939년에 이르러서는 유럽에서 가장 큰 규모의 산업관련기업이 되었다. 이렇게 되기까지 괴링은 강매를 일삼고 계획에 동참하지 않는 미운 털

이 박힌 기업에 대해서는 재정지원을 끊고 계획에 동참할 것을 회유하고 협박한 결과였다.

또한 농업부문에서도 자급자족정책과 나치의 인종주의 적 정책덕분에 아리안 족의 후예로 인정된 농민들은 토지보유가 보장되고 대출편의가 제공되었으며 그들의 생산물은 높은 가격으로 판매되었다. 그리고 1935년에서 1939년 사이에 이룩한 외교적 승리로 인한 유럽 내의 주도권 회복은 이러한 경제적 성과를 더욱 빛나게 만들었다. 이러한 관점에서 볼 때 히틀러의 1, 2차 계획은 어느 정도는 성공적으로 평가할 수 있을지 모른다.

그러나 이러한 계획의 결과에 대해 회의적인 비판 시각이 없는 것이 아니다. 실업의 감소도 1933년 이후 세계경제의 자연스런 회복조짐에 함입은바 크다는 주장도 제기되고 있고 1933년부터 1939년까지 노동력부족현상이 두드러지게 나타났음에도 불구하고 이 기간 동안 실질임금의 상승이 이루어지지 못했다는 비판도 있으며 전쟁을 위한 재무장과 군비강화를 위해 중화학공업부문은 어느 정도 발전을 이루긴 하였으나 이것도 속을 들여다보면 정부의 보증구매와 국제 판매의 호조에 상당한 부분 의존했다는 비판도 제기되고 있다.

그리고 실제적으로 괴링을 통해 히틀러가 내세우고 이룬 자급자족경제 역시 속이 빈 강정처럼 '빛 좋은 개살구'에 불과하였다는 비판도 있다. 그 예로 전면전 개시 후 6주간만 전쟁을 수행할 수 있는 탄약과 포탄만을 군이 가지고 있었다는 것이 재무장과 군비증강계획의 허(虛)를 드러내는 것이라는 지적도 있다. 전쟁발발이후부터 전쟁수행에 필요한 상당한 원료들이 거의 독일 외의 자원으로 충당되었다는 점이 이를 잘 설명해 주고 있다. 독일이 그런 대로 자기의 자원만으로 그럭저럭 전쟁을 끌고 나갈 수 있었던 것은 1942년까지이었고 전 유럽이 전쟁의 참화로 치달은 시기인 그 이후에는 적과 정복한 지역의 약탈된 자원으로 충당을 하여 나갔던 것이다. 이러한 관점에서 1, 2차 계획에 대해 평가를 할 경우 계획이 성공적이라고 보기는 어려운 면이 있다는 것이다.

2. 제2차 세계대전 이후의 기획

1939년 기준 인구로 볼 때 독일의 10만 이상 되는 인구를 가진 도시의 대부분이 연합군의 공중폭격 등으로 인해 50% 이상 파괴되었다. 함부르크, 브레멘(Bremen)[24], 드레스덴, 콜롱, 에센, 그리고 도르트문트(Dortmund)[25] 등은 피해가 더욱 컸다. 그래서 이러한 도시들에게는 도시재건이 무엇보다 긴요한 문제였다.

구수쵸우 등을 중심으로 한 기획가들에 의해 종전 전에도 도시재건을 위한 노력이 경주되어진바 있긴 했지만 도시재건에 대한 본격적인 시작은 전쟁이 종결되고 나서부터였다. 그러나 스피어나 마이어(Konrad Meyer) 등은 전범 등이 되어 재판을 받게 되었고 슈마허 등은 너무 연로하여 현역으로 일을 하기에는 힘겹고 버거운 상황이었다. 이러한 상황으로 인하여 새로운 기획가들로 자연스럽게 물갈이가 이루어지게 되었다. 그로피우스(Walter Gropius), 바그너(Martin Wagner), 로에(Mises van der Rohe) 등이 이러한 공백을 메우고 들어선 새로운 기획가들이었다.

그렇다고 해서 나치정권 하에서 일했던 기획가들이 모두 물갈이되고 청산된 것은 아니었다. 전쟁 후의 도시재건이 절실했

---

24) 독일 브레멘 주(州)의 주도(州都)이자 행정구이다.
25) 독일 서부 노르트라인베스트팔렌 주(州)에 있는 도시이다.

던 반면 이를 추진할 수 있는 기획가들이 절대적으로 부족한 상황이었던 만큼 나치정권에 부역했던 전문기술력을 가진 기획가들도 복직 비슷하게 이루어져 전후의 도시재건기획에 참여를 할 수 있는 기회가 부여되어졌던 것이다. 그러한 도시기획가들로는 힐러브레흐트(Rudolf Hillebrecht), 슈바르쯔(Rudolf Schwarz), 호스(Walter Hoss), 그리고 라이셔우(Hans Bernard Reichow) 등을 열거 할 수 있다.[26)]

전후에 독일의 기획가들은 물론 제한적이기는 했지만 프랑스와 영국의 기획가들을 통해 나름대로 독일기획에 대한 틀을 새롭게 정립해 갈 수 있었다. 미국은 처음에는 응징 적 차원에서 독일의 도시계획 추진에 대해서는 소극적이었으나 소련과의 관계악화 등으로 인해 점차 독일의 도시계획, 그 중 특히 전쟁으로 파괴된 주택들로 인해 발생한 주택부족을 해소하기 위한 방향으로 눈을 돌리기 시작하였다.

이미 앞에서도 잠깐 언급하였듯이 독일은 전쟁 당시 인구 10만이 넘는 도시는 대부분 공중폭격을 당했으며 그 결과 종전 후 550만 호라는 엄청난 숫자의 주택수요가 발생했다. 이러한 주택수요는 설상가상으로 동독지역으로부터의 600만 명에 이르는 자유를 찾아 서독 행을 결심한 난민이 대거 유입됨으로 인해 더욱 가중되었다. 따라서 이러한 수요에 대응하기 위해 광범한 주택건설프로그램이 신속히 이루어질 필요가 있었던 것이다.

이러한 절박한 필요성에 의하여 미국의 관할구역 안에 위치했던 프랑크푸르트, 뮌헨, 스투트가르트(Stuttgart)[27)] 지역의 주택부족을 해소하기 위해 독일과 미국의 기획가들이 중심이 되어

---

26) Stephen V. Ward., *op. cit.*, p.161.
27) 독일 남서부 바덴뷔르템베르크 주(州)의 주도(州都)이다.

주택건설과 관련된 도시기획이 이루어지게 되었던 것이다. 그러나 1950년대 말까지 재건은 주로 옛 도로망을 따라 이루어졌고 기대했던 것만큼 크게 진척이 이루어지지는 못했다. 소련 역시 자신의 점령지역인 동베를린과 동독지역에 대해 강도 높은 도시기획을 감행하였지만 그 성과는 미미한 것이었다.

이러한 과정 속에서 독일의 도시기획의 방향을 현상유지와 보존 쪽으로 잡을 것인가 그렇지 않으면 현대화시키는 방향으로 잡을 것인가를 놓고 논란이 일었다. 그러나 논란의 결론은 도시에 따라 차별적으로 접근이 되어야 한다는 것이었다.

예를 들어 함부르크 같은 경우 1842년에 대화재가 난 후 돌과 벽돌로 지어진 도시중심부는 폭격에도 끈질기게 살아남음으로서 보존 쪽으로 가닥이 잡혔고 이에 반해 프랑크푸르트는 도시중심이 주로 목조로 된 중세도시건물이어서 폭격에 대부분 파괴되거나 소실됨으로써 보존할 것이 별로 없었다. 카셀(Kassel)[28] 역시 그러해서 도시중심을 완전하게 현대화하는 방향으로 가닥이 잡혔던 것이다.[29]

소련의 관할구역 안에 위치했던 동독지역은 경제적으로 취약한 상황에 처해 있었기 때문에 새로운 도시개발이나 신속한 복구는 매우 어려웠다. 드레스덴의 경우를 보면 1950년에 바로크식의 역사적 건물들이 시민들의 반대에도 불구하고 밤에 철거가 된 후 새로 지을 재원부족으로 인해 오랜 시간동안 방치가 되어 공터로 남아있던 것이 이를 잘 말해 주고 있다.[30]

1960년대 들어서면서 경제성장이 이루어지고 낮은 실업률을 기록하고 개인소득이 증대되고 자동차도 늘어나기 시작하였다.

---

28) 독일 중부 헤센 주(州) 카셀행정구의 주도(主都)이다.
29) Stephen V. Ward, *op. cit.*, p.163.
30) *Ibid.*, p.165.

이런 장기간의 경제 붐이 도시성장에 불을 붙였다. 농촌지역 사람들이 성장의 붐을 이룬 도시지역으로 유입해 들어왔고 이탈리아, 스페인, 그리스, 유고슬라비아, 그리고 터키 지역에서 해외근로자들이 유입되어 들어왔다. 이러한 결과 오늘날 독일에는 500만 명이나 되는 외국인들이 살고 있다. 프랑크푸르트에만 거주자 3명중 한 명이 외국인이라 한다. 이러한 도시화에 발맞춰 도시중심과 외곽에 대한 기획이 이루어지고 주택건설 등이 이루어졌다.

1970년대에 들어서면서 도시 확장에서 도시재개발로 바뀌게 된다. 1차 대전 이전에 지어진 집들이나 2차 대전시 폭격에도 부서지지 않은 낡고 오래된 집들에는 가난하고 나이 많은 사람들이 집단적으로 들어와 거주하게 됨으로써 도시중심지역을 다른 여타지역과 차별화 시켰다. 1971년에 도시재개발을 가능토록 하는 재원을 연방정부가 지원하는 새로운 법이 제정이 되었다. 이러한 노력 등에 의해 도시재개발은 어느 정도의 성공을 이루어내었다.

1980년대에는 산업구조변화로 도시풍경이 바뀌게 되었다. 대표적인 것은 1950년대에 주요도시성장의 중심 축 이었던 루르지방 등이 철강과 석탄산업의 퇴조로 심각한 쇠퇴를 하게 되었던 것이다. 이러한 지역에 대한 재개발기획이 이루어졌다.

1970년대와 1980년대에 있어 두 개의 중요하면서도 서로 상반되는 경향이 나타나게 되는데 그 하나는 자연환경에 대한 관심의 고조이다. 이러한 환경보전에 대한 관심의 고조는 기획과정에 보다 많은 규제요소를 가지게 만들었다.

또 다른 하나는 도시기획을 하는데 있어 민간자본에 의존이라는 일반적인 경향이 나타나게 되었다는 것이다. 독일도 여타의 다른 유럽 국가들과 같이 개인에 대해 보다 종합적인 사회 안전망을 구축하는 것을 기반으로 하는 유럽식 사회민주주의모형을 따랐다. 그러나 이것은 일자리 증가가 더뎌지고 만성적인 실업이 주요문제가 되자 위기에 봉착하게 되었다. 이에 여파로 시정부는 재원의 부족을 절감할 수밖에 없게 되었고 따라서 도시의 커다란 프로젝트들은 민간자본에 의존하지 않을 수 없었다. 이러한 움직임은 도시기획에 있어 규제완화나 해제의 움직임을 주요 이슈로 만들어 내었다.

동독은 동유럽에서 가장 발달된 공업국이었으나 1945년의 패전으로 나라가 분할되자 독자적인 경제운영이 불가피해졌고 더구나 주전장(主戰場)이 되었던 동독은 황폐가 심하여 소련의 점령치하에서 극도로 피폐한 경제 환경 가운데 재출발하지 않을 수 없었다. 또한 경제재건에 필요한 원료자원의 부존 상태가 대부분 열악하였으며 전시배상으로 인한 경제적 부담의 압박 때문에 동독의 공업경제는 발전에 필요한 전제조건이 미흡하거나 결여되어 있었다.

1948년 2월 소련점령지역 전체에 대해 계획경제 방식으로 발전을 꾀하기 위한 조정기관으로서 '독일경제위원회'(DWK)가 창설되었다. 이것은 반 개년 계획, 2개년 계획을 입안하여 사회주의적 계획경제에 대한 기초를 마련하는 것이었다.

1949년 동독의 성립을 계기로 중앙집권적인 경제건설을 계획화함으로써 공화국의 제 생산력의 급속한 발전의 보장, 즉 파괴된 여러 산업능력의 복구와 잠재 공업능력의 발굴 및 발전이 추진되었다. 또한 '제1차 5개년 계획'이 1951년부터 1955년까지 추진되었으며 이에 뒤이어 '제2차 5개년 계획'이 1956년부터 1960년까지 추진되었다. 그리고 1959년부터 1965년까지를 계획기간으로 하는 '제1차 7개년 계획'이 추진되었으며, 이 계획의 후속으로 1966년부터 1970년까지를 계획기간으로 하는 '제3차 5개년 계획' 등이 추진되어 경제재건을 일구어 나갔다.

1963년부터 기업의 자주화를 존중한 경제개혁을 실시하였고, 다시 1972년 양 독일기본조약으로 서독과의 관계가 정상 화 됨으로써 서독의 경제적 지원을 얻을 수 있게 되자 동유럽 제일의 풍요로운 사회를 이루는 경제재건에 성공하였다. 1981년부터 1985년에 이르는 5개년 계획이후 1986년 4월 제11차 당 대회에서 채택한 1986년부터 1990년까지를 계획기간으로 하는 '5개년 계획'이 추진되어 공업은 22~24%, 실질임금은 21~22%나 증가하였고 1986년 생산국민소득은 4.3% 증가하였다.

1989년 베를린장벽의 붕괴를 상징적 시발점으로 하여 통일이 된 이후 동독지역을 개발하기 위해 1990년에서 1998년까지 공공자금으로 미화 6,000억 달러가 투자되었다. 독일에 있어 기획의 목적은 경제자원의 분배를 평등하게 함으로써 전국이 평등한 가치의 생활조건을 이루려는 것이다. 이를 위해 이 중 많은 돈이 도시들에 투자되었다. 도시지역 간의 도시재개발을 위해 또는 공공주택지역의 현대화를 위해 또는 유지와 관리를 하기 위해 그리고 도로망과 철도체계 등을 확대, 개선시키기 위해 투자되었다.

이러한 독일정부의 노력에도 불구하고 아직 재통일과업은 갈 길이 멀다. 뮌헨이나 스투트가르트처럼 남쪽의 부유한 지역과 석탄과 철강 산업의 퇴조로 인한 루르 지방처럼 상대적으로 빈곤한 지역 그리고 동쪽의 옛 동독의 빈곤한 지역과 서쪽의 부유한 지역으로 나뉘어져 있는 형국을 아직 벗어나지 못했기 때문이다. 아직도 동독지역은 서독지역에 비해 빈곤하며 실업률도 높다.

통일 후 동독인들이 보다 나은 직장을 위해 서독으로 많이 이주함에 따라 서독은 새로운 유형의 도시성장을 경험하게 되었다. 1990년대 시정부들은 이러한 수요를 충족시키기 위해 주택건설계획을 마련하였고 여러 가지 환경 적 어려움에 부딪치며 문제해결을 위해 노력하고 있다.

1998년 9월에 연방선거에서 콜(Helmut Kohl)의 '기독교민주당'의 보수정권이 막을 내리고 슈레더(Gerhard Schroeder)가 이끄는 '사회민주당'이 집권을 하였다. 이러한 변화는 통일독일로 나가는데 있어 비용은 지속적으로 많고 높게 지불하면서도 실질적 의미의 통합은 지연되고 있는 현상에 대해 독일국민들의 실망과 좌절이 표로 나타난 것으로 보는 시각도 있다.

이러한 실질적 의미의 독일통합의 현상은 결국 현재 추진하고 있는 연방, 주 그리고 시 정부로 표현되는 국가 기획에 핵심을 이루고 있다. 잘 알고 있듯이 독일도 미국과 유사하게 연방정부, 주정부, 그리고 지방시정부로 구성되는 3계층의 연방 국가이다. 따라서 기획체계 역시 강력한 법의 틀과 분권화 된 의사결정구조에 의해 특징지어진다.[31)]

이러한 법적 틀로는 '연방지역기획법'(Federal Regional Planning Code)과 '연방건축법'(Federal Building Code)이 있다. 이 법적 틀에 어느 정도 주나 지방의 기획이 맞추어져야 하지만 각 주는 그 자신의 자율적인 기획체계를 가지고 있으며 시 정부는 기획에 있어 아주 높은 자율성을 인정받고 있다.

이제 냉전이 종식되고 통일독일로 진전됨에 따라 그로 인해

---

31) Peter Newman and Andy Thornley, *Urban Planning in Europe* (London and New York : Routledge, 1996), p.60.

소련군도 미군도 기타의 연합군도 철수를 한 마당에 독일의 도시지역은 군사적 용도보단 도시개발이라는 본래의 목적에 맞게 변환이 되었으며 이것은 앞으로 독일 도시기획에 주요한 중심으로 자리를 잡게 될 것이다. 동독지역의 많은 군사수비도시(garrison town)들의 방대한 군 기지 토지들도 이제 새로운 도시기획에 의해 변화를 맞이해야 할 것이다.

끝으로 독일의 연방정부 외 경제 계획기관들로는 독립적인 독일연방은행, 고용주협회, 노동조합 등이 있다. 경제정책위원회는 연방정부의 경제, 재무 각료들, 각 주 정부의 대표 1명, 자치제 대표 등으로 구성되며 연방은행이 참여하는 가운데 통일된 금융정책을 마련한다. 비슷한 구성의 재정계획위원회는 연방, 주, 지방 등의 재정정책들을 조정한다.

제3절 영국의 기획의 역사

1. 2차 세계대전 이후~1960년대까지의 기획

세계대전 직후 영국정부는 기획의 주안점을 다음과 같이 책정하였다. 첫째, 런던과 여타의 다른 대도시들의 성장을 제한하고 둘째, 가능한 여타의 농업지대와 농촌을 개발로부터 보호하고 이를 위해 개발을 서두르지 않으며 셋째, 경제를 강화시키고 쇠잔해 가는 지역의 인구가 감소되는 것을 막는 것 등이었다.

이러한 목적을 달성하기 위해 도시기획은 세 가지 주요한 요소들을 갖추었다. 첫째, 런던과 여타의 도시들을 둘러싸는 그린벨트 체계와 둘째, 새로운 도시나 타운의 개발 셋째, 런던에서부터 쇠잔해 가는 지역들에 이르기까지 이러한 지역의 경제성장을 위한 정부보조와 적절한 규제를 사용토록 하는 것이다. 그러나 결과적인 관점에서 보면 셋째로 언급했던 지역의 경제성장을 위해 정부보조와 규제를 사용토록 한 조치는 별로 성공적이지 못했다. 그러나 첫째와 둘째, 즉 그린벨트 체계와 새로운 도시나 타운의 개발은 비교적 성공적이었다.

그린벨트 개념은 1947년에 제정된 '타운기획법'(the Town and Country Planning Act)[32]에 내재되어 있었다. 그리고 후속 되는 정책들에도 내재되어 꾸준히 계승되었다. 일단 이 법에 의해 그린벨트로 책정이 되면 책정된 그 지역은 새로운 개발을 할 수가 없었다. 그리고 이렇게 개발이 제한이 됨으로써 지주가 받는 불이익에 대해서는 극히 제한된 범위 내에서 보상이 이루어졌다.

새로운 도시나 타운은 제2차 대전이 종전 된 후부터 1980년까지 30개가 넘게 만들어졌다. 1990년까지 새로운 도시나 타운은 70만 가구와 200만의 주민을 수용하였다.[33] 이러한 새로운 도시나 타운은 강력한 중앙정부와 상대적으로 약한 지방정부가 존재하는 덕에 활성화될 수 있었다.

타운기획법에 의해, 새로운 도시나 타운의 건설은 중앙기관인 '타운기획부'(Town and Country Planning)의 장에 의해 임명된 위원회의 위원들의 책임 하에 이루어졌다. 위원회는 기획을 하고 이를 행정적으로 관리해나갈 수 있는 사람들을 고용하고 토지를 구매하거나 또는 수용하는 광범위한 권한을 가졌을 뿐만

32) Philip Booth, *op. cit.*, p.2. ; 이 법의 통과 이래로 영국에서는 더 이상 Zoning이 없다.
33) Peter Hall, *Urban and Regional Planning*, 3rd ed. (London & New York : Routledge, 1992), p.81.

아니라 주택, 상업건물 혹은 공공건물 등을 건설하고 새로운 도시를 유지하기 위해 필요한 도로나 상하수도와 같은 위생시설 등 관련 기반시설을 건설 할 수 있는 권한을 가지고 있었다.[34] 법적으로는 지방 의회 등과 상담이나 협의 등을 하도록 되어있긴 했으나 실권은 모두 이 위원회 위원들이 가지고 있었다. 그래서 경우에 따라서는 지방정부의 소망이 묵살되기도 하였다. 새로운 도시나 타운을 건설하는데 소요되는 재원은 물론 중앙정부에서 나왔다.

그리고 이러한 새로운 도시나 타운건설과 관련된 아이디어는 기획가인 하워드(Ebenezer Howard)에게서 주로 나왔다. 그는 토지의 가치는 공공투자에 의해 창출되며 개인재산소유자에 의해서가 아니라 공중에 의해 토지의 가치가 결정되어야 한다고 주장을 하였다. 이러한 그의 아이디어에 따라 새로운 도시나 타운의 많은 토지와 구조물 그리고 시설들은 이 도시나 타운을 세운 위원회에 의해 소유되었다.

토지나 이와 관련된 구조물 그리고 시설들의 재산가치가 오르면 위원회는 가치상승과 연계하여 임대료를 올리거나 관련 재산의 판매를 늘려 재원을 확충하고 이를 새로운 또 다른 도시나 타운건설을 위해 빌린 채권의 채무를 상환하는데 사용하였다. 영국에서 그린벨트의 설정과 새로운 도시나 타운의 건설은 전후 영국 국가 도시기획의 가장 특이적인 형태라 볼 수 있다.

1950년대에 애쉬워쓰(Ashworths)는 기획을 발전시키는 방법들에 대한 연구 분야에 선구적인 개척자가 되었고 그를 뒤이은 체리(Gordon Cherry)와 서트클리프(Anthony Sutcliffe), 그리고 워드

34) Pierre Merlin, *New Towns, Regional Planning and Development* (London : Methuen and Co., Ltd., 1971).

(Stephen Ward) 등에 의해 이러한 연구는 계속적으로 승계 되어 연구되어졌다. 체리와 서트클리프의 지도력아래에서 '국제기획역사학회'(International Planning History Society)가 설립되어 도시연구의 역사분야에 보다 돋보이는 연구영역을 만들어 주었다. 대부분의 연구들은 계획과 정책에 초점이 맞추어졌으며 계획의 준비보다는 개발통제를 통한 영국기획의 역사를 탐구하기 위한 사례에 주안점이 두어졌다. 이러한 것에서도 알 수 있듯이 영국에서는 기획을 통한 개발의 통제에 역점을 두었다.

영국에서의 도시개발은 2세기 동안 '임차권통제제도'(leasehold control system)를 통한 민영화방식이 효과적이었다. 영국의 도시기획은 13세기까지 거슬러 올라가는 중세봉건시대부터 내려온 기획통제의 특성들을 잘 반영하고 있었다. 그래서 중세시대에 개발된 재산법은 현재의 기획 관련입법의 개념화에 있어 핵심을 이루고 있다. 이러한 역사적 설명은 현재의 기획과 관련된 여러 실무로부터 연원 되는 문제의 본질을 추론해 내는데 중요하며 이러한 역사적 설명에 의해 제공되는 통찰력이 미래의 이와 관련된 지적 논쟁에 더 많은 것을 제공 할 수 있는 자극으로도 활용되어 질 수 있는 것이다.[35)]

2. 1970년대~현재까지의 기획

1970년대 이래의 영국 기획은 괄목할만한 성취를 보였다. 그러나 영국의 정치도 변화를 맞이하게 되었고 종전까지의 복지국가 적 관점에도 변화를 요구하는 국민적 정서가 일어났다. 경

---

35) Philip Booth, *op. cit.*,, preface.

제도 시장을 보다 선호하고 정부의 개입을 막으려는 분위기가 확산되어졌다. 대처(Margaret Thatcher)의 보수당정권이 1979년에 들어선 이래 1997년 블레어(Tony Blair)의 노동당정권이 들어서기 전까지 국내정책은 우경화방향으로 나아갔다. 영국은 여타의 대륙 국가들보다 경제성장이 더디었는데 이는 규제와 과도한 세금 탓 등이 큰 요인이었다.

대처 정부는 이러한 문제를 해결하기 위해 종전까지 지속된 대규모 국가기획을 중단했다. 이러한 정부의 조치는 종전까지의 종합적 기획(comprehensive plan) 철학에서 점증적 기획(incremental plan) 철학으로의 반전을 의미하는 것이었다. 영국정부는 점차로 쇠퇴 해 가는 도시지역과 민간자본에 초점을 맞추기 시작했다.[36]

이렇게 해서 나온 것이 '기업 존'(Enterprise Zone)이라는 것이었다. 여기에서 기업 존이라는 것은 도시의 침체된 지역을 의미했고 따라서 기획을 통한 개발이 필요로 되는 지역을 뜻하였으며 이 개념은 영국의 기획가 피터 홀(Peter Hall)에 의해 제기되고 정립되었다. 이 기업 존에서는 민간 건설 회사나 관련 부동산 개발업자들이 다양한 세금관련 혜택을 받을 수 있었고 평상적인 기획규제로부터 자유로울 수 있었다.

이외에 대처 정부는 '도시개발청'(Urban Development Corporation : UDC)을 주도했다. 이 조직은 중앙정부에 의해 임명이 되고 재원이 주어졌으며 지정된 지역 내에서 재산에 대한 배타적인 권한을 가지고 있었으며 필요에 따라서는 지방정부의 기획을 무효로 하거나 번복시킬 수 있는 권한 역시 가지고 있었다.

이 조직은 위원회 형태로 관리 운영되었으며 민간 기업가들

---

36) J. Barry Cullingworth and Vincent Nadin, *Town and Country Planning in Britain*, 11th ed. (London and New York : Routledge, 1994).

이 기업가적 마인드로 일을 소신껏 추진할 수 있도록 기업가들에게 힘과 무게를 실어주었다. 이 조직이 추구하는 목적은 도시 기반시설의 개선이나 확충 등과 같은 개발선행조건을 정립하고 잘 다듬어 놓음으로써 민간투자가들이 이렇게 잘 정리되고 다듬어진 지역에 대해 매력을 느낄 수 있도록 하는 것이었다.37)

이러한 기획 적 노력 이외에 대처 정부는 경쟁을 촉진, 장려하고 건설프로그램들을 현재 직면하고 있는 사회 경제적 문제를 해결하기 위해 준비되어있는 프로그램들과 연결시키고 통합시키는 노력도 아끼지 않았다. 이는 이러한 통합 노력을 통해 시너지적 효과의 극대화를 노리려는 것이었다. 또한 이러한 노력들과 연관된 다양한 미국스타일의 프로그램들을 전향적으로 도입하여 실시하였다. 이러한 대처 정부의 기획관이 반영된 영국의 기획정책은 이념적 성향이 다른 블레어 정부에서도 커다란 변화 없이 받아들여져 현재까지 진행되어 나가고 있다.

영국은 프랑스처럼 중장기계획 수립을 제도화하여 실시하지는 않았지만 정기적으로나 혹은 비정기적으로 국가계획을 작성하여 실시한바 있다.38)

2차 대전 이후 노동당이 집권하면서 경제계획에 대해 높은 관심을 보였다. 이러한 관심은 1947년 '중앙경제기획단'(Central Economic Planning Staff)으로 결실을 보았다. 그러나 초기의 관심과는 달리 커다란 성과를 거두지 못하고 1958년에 해체되었다. 그 후 보수당 정부는 1962년 재무장관의 자문기구로서 '국가경제발전심의회'(National Economic Development Council)를 설치하여 몇 차례 경제성정전망을 추계 하여 발표하였다.39)

---

37) *Ibid.*

38) 김신복, 『발전기획론』(서울 : 박영사, 1999), 441쪽.

그 후 선거에서 승리한 노동당 정부는 장기적 경제계획 및 정책수립을 담당할 '경제성'(Department of Economic Affairs)을 신설하고 국가경제발전심의회도 경제성에 소속케 하였다. 이듬해 동 위원회에서는 1965년부터 1970년에 이르는 영국 역사상 최초의 종합적 경제계획인 국가계획(The National Plan)을 작성하였다.[40] 국가계획과 관련된 실제 작업은 동 심의회의 '경제발전위원회'(Economic Development Committee)에서 담당하였다.

이 위원회는 관련이 있는 각 성의 실무자들과 협의를 거쳐 초안을 작성하고 심의회의 답신서를 경제성에 제출하였다. 그러나 국가계획은 물가, 임금, 재정, 금융 등 제반정책수단이 충분히 뒷받침되지 못하였고 정부와 노동조합 그리고 자본가 단체 사이에 합의를 도출하는 제도적 장치의 부재로 인하여 실패하고 말았다.[41]

그 후 1969년 경제성은 폐쇄되고 장.단기경제계획 및 정책에 관한 책임은 다시 재무성에 집중되었으며 심의회도 재무성 소속으로 다시 환원되었다. 1970년대 이후로는 특기할만한 중.장기계획은 공표 되지 않고 있으며 다만 재무성에서 매년 예산을 편성할 때 공공부문은 5개년 지출소요를 예견하여 조정하고 있으며 이러한 과정에서 부문별 경제정책 및 계획이 구체화되고 있다고 볼 수 있다.[42]

부스(Booth)는 『통제된 개발』(Controlling Development)이라는 책에서 프랑스와 영국의 기획제도에 대한 비교연구를 시도하였

---

39) 김신복, 『앞의 책』, 441쪽.

40) 이 계획은 경제성장률을 연평균 3.8%로 책정을 하였고 3.4%의 노동생산성 향상을 전망하였다. Department of Economic Affairs, *The National Plan* (London : HMSO, 1965). ; 김신복, 『앞의 책』, 442쪽에서 재인용.

41) 김신복, 『앞의 책』, 442쪽.

42) 김신복, 『앞의 책』, 442쪽.

다. 이 책이 뒤에 출간 된『합의에 의한 기획』이라는 책[43]의 근간이 되었다. 프랑스와 영국의 기획 역사를 비교해 볼 때 크게 두 가지 점에서 차이가 지는 것을 발견 할 수 있다.

우선, 영국에 있어서 기획의 주된 관심은 신축성 혹은 융통성에 주어졌다. 어떻게 신축성 혹은 융통성을 이루어낼 수 있느냐 하는 것이 주된 관심사였다. 이에 반해 프랑스는 좋은 기획이 되기 위해선 법적 안정성(legal security)과 확실성이 선행되어져야 한다는 점에 기초하고 있었다. 영국은 기획입법에 있어서 실용적인 모호함에 만족하고 있던 반면 프랑스는 명료성과 정확성을 모색하였던 것이다.

다음으로, 프랑스는 도시기획에 있어서 법을 중심으로 접근을 하였으나 영국은 정책이라 일컬어지는 수단을 통해 접근을 하였다. 영국에서는 법과 정책을 분명히 구분하였으나 프랑스에서는 그러한 생각이 부재하였다. 그래서 프랑스에서는 도시기획 법에 따라 작성된 세부적인 토지이용계획도 영국에서 하는 식으로 토지이용정책이라는 개념으로 생각하지 않았고 그렇게 받아들여지지도 않았다.

프랑스에서는 법적 구속력을 통한 규제를 통해 토지이용계획 등을 정확하게 구사해 나갔던 것이다. 프랑스에서는 이런 방법을 통해 계획은 법(code)의 대체물이 되었던 것이다.[44] 이러한 맥락에서 볼 때 전통적 법에 의존하는 프랑스의 계획은 보통법(common law)에 입각한 영국의 것과는 달랐다는 것을 알 수 있다.

---

43) Philip Booth, *op. cit.*
44) *Ibid.*, p.5.

제4절 소련의 기획의 역사

1. 사회주의 혁명과 국가기획

1917년 10월 레닌(Vladimir Illyich Lenin)[45]에 의해 러시아에서 사회주의 혁명(Bolshevik Revolution)이 일어나 짜르(Czar)지배하의 제정 러시아를 붕괴시키고[46] 소련(Soviet Union)이라는 새로운 국가체제가 탄생하였다. 혁명을 통해 권력을 장악한 볼셰비키들은 소련을 사회주의 국가로 만들려고 하였다. 이러한 그들의 목적은 야심 찬 것이었으나 한편 좀 공허한 부분이 없지 않았다.

마르크시즘(Marxism)을 창시한 마르크스(Karl Marx)나 엥겔스(Friedrich Engels) 모두 구체적인 경제정책이나 또는 달성하고 이루어야 할 목표에 대한 청사진을 명료하게 제공하지 못했기 때문이다.

1차 대전에 의해 야기된 혼돈과 소요 그리고 뒤이어 발발한 1918년에서 1921년까지의 내전(內戰)은 볼셰비키들이 원하는

---

45) 레닌은 볼셰비키 당(Bolshevik Party)의 지도자이었다. 볼가 강변의 심비르스크에서 교육자의 아들로 태어나, 1887년 황제 알렉산드르 3세의 암살계획에 참여하다 처형된 만형 알렉산드르의 영향으로 혁명에 뜻을 두기 시작하였다. 카잔대학에서 법학을 공부하는 한편, 1870년대에는 러시아에 도입된 마르크스주의를 연구하여 마르크스주의자가 되었다. 이후 혁명운동에 투신하여 체포와 유형의 세월을 거친 뒤 1900년 국외로 망명, 1903년 브뤼셀과 런던에서 열린 러시아 사회민주당 제2차 대회에서 당원 자격문제로 마르토프와 맞서 직업혁명가주의를 관철시킴으로써 볼셰비키(다수파)가 되었다. 1905년 제1차 러시아혁명 직후 일단 귀국하였으나, 1907년 다시 망명하여 주로 스위스에 머물면서 연구와 저술에 종사하다가, 1917년 2월 혁명 직후 독일이 제공한 봉인열차(封印列車)로 귀국하였다. 같은 해 11월 7일 무장봉기로 과도정부(過渡政府)를 전복하고 이른바 프롤레타리아 독재를 표방하는 혁명정권을 수립한 다음, 러시아의 공산정권을 지키기 위하여 1919년 제3인터내셔널인 공산주의자 인터내셔널(약칭 코민테른)을 결성하였다. 1922년 뇌일혈 발작으로 마지막 1년은 실어증(失語症)까지 겹쳐 병상에서 지내다가, 1924년 1월에 사망하였다.

46) 러시아 최후의 황제는 니콜라이 2세(Nikolai Ⅱ : 1868~1918)로 10월 혁명 후 소련 정부에 체포되어 가족과 함께 예카테린부르크에서 생을 마감하였다.

것처럼 일관성이 있으면서 사회주의 친화적인 정책을 낳게 하는 것을 어렵게 하였다.

혁명정부는 사회주의화로 내닫기 위해 토지를 국유화하고 대부분의 공장(5인 이상의 노동자를 고용하고 있는 공장 모두)과 대외무역, 그리고 은행을 우선적으로 국유화하였다. 동시에 전술적 이유로 정부는 농부들의 토지소유는 어느 정도 묵인하였으나 이러한 농부들에 의한 사적인 토지소유는 토지이용 상 매우 비효율적이라고 생각하고 있었다.

1918년을 시작으로 하여 정부는 국가경제에 대한 통제노력을 강도 높게 추진시켜 나갔으나 1920년에 들어서면서 농업생산이 격감하고 외국과의 교역이 부진하고 공업생산이 저하되는 현상을 목격하여야만 되었다. 이런 현상은 1920년에 불어 닥친 흉작의 탓도 있었지만 강력한 '붉은 군대'(Red Army)의 육성을 위해 과도하게 가용자원을 군사부문에 집중적으로 투입함으로 인해 경제문제를 전반적으로 악화시키게 만들었던 탓이 컸다.

1921년에 레닌은 이러한 현상을 인정하고 방향전환을 모색하게 된다. 즉 '신경제정책'(New Economic Policy : NEP)[47]이라 불리는 새로운 개혁적 접근을 모색케 되는 것이다. 이 제도는 전쟁전의 경제적 힘을 회복하기 위해 농업, 경공업, 서비스, 내부거래 등에서 사적인 요소를 인정해주는 것을 골자로 하고 있다. 물론 공산화에 전략적으로 필수적인 중화학공업부문이나 교통, 외국과의 무역, 은행에 대한 것은 변함이 없었다.

그러나 이러한 제도 역시 레닌의 사후(死後) 그의 뒤를 이어 권력을 장악한 스탈린(Josef Vissarionovich Stalin)[48]에 의해 무력화되

47) '신경제정책'이란 기업이 자신의 이윤을 소유할 수 있도록 허용을 하고 농부가 자신이 재배한 농산물의 잉여분을 소유할 수 있도록 허용하는 정책이다.

48) 그루지야의 고리(Gori)에서 구두직공의 아들로 태어나, 어려서 아버지를 잃고 어머

었다. 스탈린은 전근대적이고 낙후된 농업국가에서 서방 강대국과 어깨를 겨룰 수 있는 당당한 공업국가로의 발 빠른 변신을 열망하고 있었고 이를 위해 오히려 걸림돌이 된다고 생각하는 신경제정책을 폐기해버리고 그 대신 보다 강력한 중앙집권적 경제계획체제의 추진을 선호한 것이다.

스탈린과 그의 추종자들은 강력하게 중앙집권화 된 공업 능력을 가짐에 의해 군사적으로는 호전적인 서방 외부세력의 개입으로부터 그리고 경제적으로는 자본주의의 경기호황과 불황으로부터 자신들의 국가를 보호할 수 있다고 생각하고 있었다.

스탈린은 레닌보다 더 야심적이고 권위주의적인 사람이었다. 그는 세계자본주의로부터 경제적으로 자립할 수 있으며 제국주의세력의 포위공격으로부터 소비에트체제를 지킬 수 있다고 생각을 하였고 이를 위해서는 강력한 사회주의적 공업 능력의 확보가 최우선 과제가 되어야 한다고 생각하였다.[49] 즉 중공업 우선적 경제발전 추진을 근간으로 삼은 것이다.

이와 더불어 당시 소련의 여러 여건을 고려 할 때 급속한 중공업화에 요구되는 경제적 잉여를 농촌으로부터 추출할 수밖에 없다는 판단아래 그는 농촌으로부터의 경제잉여 추출에 가장

니 손에서 자랐다. 일찍이 비밀결사 '메사메 다시'(Mesame Dazi)에 가담하여 티플리스의 그리스도 정교회신학교에서 추방당하고, 1901년 직업적 혁명가가 되어 카프카스에서 지하활동을 하였다. 이후 10년간에 체포 7회, 유형 6회, 도망 5회의 고초를 겪었다. 1913년 체포되어 시베리아로 유형 되어, 그곳에서 2월 혁명(1917)을 맞고 페트로그라드로 돌아왔다. 4월 레닌이 망명에서 귀환하자 그의 '4월 테제'를 재빨리 지지하였고, 신정권의 민족인민위원이 되어 제(諸)민족 공화국의 공수동맹(攻守同盟)인 '소연방'의 결성에 진력하였다. 1919~1922년 국가통제위원, 이어서 초대 당 서기장이 되어 죽을 때까지 그 자리를 유지하면서 반세기 동안 독재적으로 전(全) 소련을 통치하였다.1953년 뇌일혈로 급사하였다.

49) 스탈린이 행한 다음의 말에서도 이러한 그의 의지를 강하게 읽을 수 있다. "우리는 선진 국가들보다 50년에서 100년 뒤지고 있다. 우리는 10년 안에 이들을 따라 잡아야 한다. 우리들이 이렇게 하지 못하면 그들은 우리를 말살할 것이다."

효율적인 국가통제체제를 수립할 목적으로 농업 집단화를 강제적으로 추진하였다. 그는 농촌의 사회주의적 개조의 본래적 목표와 방식 등에 배치되었던 강제적 농업 집단화정책을 계급으로서의 부농 타도를 명분으로 내세워 사회주의 건설의 일반노선으로 정당화하였다.

또한 그는 사회주의적 공업화와 농업 집단화를 강행하면서 소유형태를 사회주의적 소유 즉 국가적 소유와 국가적 통제 하에 있는 협동조합 적 소유로 전일 화시키고 이에 기초해 비 시장적, 비 상품 적 단일 계획경제체제[50]의 확립을 사회주의 실현의 절대적 기준으로 제시를 하였다. 레닌 역시 혁명 이전에는 이렇게 생각을 하였으나 1921년 이후 신경제정책을 추진하면서부터는 이를 명백히 포기하였던 것과는 상당한 대비를 이루고 있는 것이다.

참고적으로 레닌이 실시한 신경제정책에 대해 잠깐 살펴보고 넘어가기로 하자.

이 정책은 부분적으로 자본주의적 성격을 내포하고 있으며 과도기적인 비상조치로 1921년 3월 제10차 당 대회(the Tenth Party Congress)를 통해 레닌에 의해 채택이 되었으며, 경제의 필수적 부분, 특히 농업부문에 사적 소유를 다시 인정하는 것을 골자로 하고 있다. 그리고 일정한 부분 중앙집권적 기획을 대체하는 것이다. 이 정책은 1차 세계대전, 러시아혁명, 그리고 러시아 내전 등을 통해 많이 손상되고 허물어지고 망가진 러시아경

50) 중앙집권적 계획의 통제에 의하여 재화의 생산, 분배, 소비가 계획되고 관리되는 국민경제를 의미한다. 이를 위해 국가는 생산수단을 모두 국유화하게 된다. 그러나 이에 반해 생산수단의 사유를 전제로 하는 자본주의경제 하에서는 이것이 기업과 개인의 이윤, 효용의 극대화라는 행동원칙에 따라 가격 메커니즘을 통하여 무정부적으로 이루어지는 것이 원칙이며 전쟁 시의 통제경제를 제외하면 계획화할 수 있는 부분은 극히 일부에 지나지 않는다.

제에 나름대로 활력을 불어넣기 위한 방법으로 강구가 되어졌다. 사실 이 당시 농업부문은 자못 심각한 상황이었다.

물론 이 정책은 앞에서도 이미 언급하였듯이 1924년 레닌이 사망한 다음 1929년 1월 스탈린에 의해 폐기되었으며 그는 이것 대신 제1차 5개년 계획을 추진하였다. 스탈린을 위시한 골수 마르크스 추종자들이 볼 때 이러한 조치는 자본주의적 요소를 띠고 있는 관계로 공산주의원리에 어긋나는 것으로 이해를 하고 있었다. 따라서 그들은 중앙집권화 된 기획된 경제를 원했던 것이다.

레닌의 뒤를 이은 스탈린은 1929년 중앙집권적 기획을 다시 회복시키고 또 모든 산업을 국유화하였다. 또한 농업을 집산 화(collectivization)해 버렸다. 이 부분이 레닌이 주도한 신경제정책과 가장 극명한 대비를 이루는 부분이기도 하다.

레닌이 주도한 신경제정책에 의해 농부들은 시장에 자신이 가꾸고 재배한 잉여 농산물을 내다 팔 수 있게 되었고 고용된 노동자들도 자신을 위한 일을 하여 소득을 올릴 수 있게 되었다. 또 20명 미만의 노동자를 고용한 소규모 공장은 국유화대상에서 삭제를 시켜주고 원래의 주인에게 되돌려 줄 수 있도록 하였다. 이 정책은 식량배급의 능률성을 개선하고 특히 농민들의 이익을 극대화 해 주기 위해 실시되었던 것이다.

2. 경제개발계획의 역사

스탈린은 이러한 레닌의 신경제정책을 폐기한 후 소련을 서구열강과 어깨를 견줄 수 있는 강력한 국가로 자리 매김 하기 위해 중앙집권적 경제개발계획을 추진하였다. 그는 세계 최초로 경제개발정책을 5개년 단위로 수립하여 실행을 하였으며 생산수단을 정부가 완전히 소유하도록 하였다. 이런 점에서 자본주의체제에서의 경제개발계획과는 성격을 달리한다.

제1차 경제개발 5개년 계획[51]은 1928년부터 1933년까지를 계획기간으로 하였다. 공식적으로는 계획보다 1년 앞당겨 계획을 달성함으로써 1932년에 계획이 종결이 되었다. 따라서 엄밀히 말하자면 1928년에서 1932년까지가 계획기간이 되겠다. 그리고 이 계획은 중공업의 확대와 농업의 집단화에 초점이 맞추어져 있었다.

스탈린이 이루고자 하는 급속한 산업화는 자본집약적인 기술을 필요로 하는 것이었다. 따라서 자본 조달이 급선무이었으나 해외차관을 통한 자금조달은 어려움을 가지고 있었다. 그래서 스탈린은 내부 저축과 투자를 통해 자본을 확보하는 방안을 강구하였다. 그래서 그는 자본축적의 원천으로 농업부문[52]을 책정하였다.

이를 위해 그는 농업의 집단화를 추구하였다. 잉여 노동력의 산업인력으로의 활용과 농업생산성의 증대 등을 꾀하려는 속셈이었다. 그러나 실상은 이와 정반대로 나타났다. 1932년까지 농촌세대의 60%가 국가농장(state farm)이나 집단농장(collective farm)화 하였다. 그러나 같은 기간 동안 총 농업생산은 공식통계에 따르면 오히려 23%나 감소하였다. 이에 반해 중공업분야는 여러 부문에서 목표치를 상회하였다. 그러나 다른 산업부문 예를 든다면 화학, 섬유, 주택, 소비재, 그리고 서비스 부문은 아주

---

51) 1927년 12월 제15차 공산당 전당대회에서 5개년 계획을 추진하도록 결의하였으며 이에 따라 국가기획위원회는 제1차 5개년계획을 작성하였다. 김신복, 『발전기획론』(서울 : 박영사, 1999), 432쪽.

52) 1928년 기준으로 1억5천만 소련인민 중 80%가 농업에 종사하고 있었다.

열악하였다. 말하자면 성과가 계획치 이하로 떨어진 것이다.

결론적으로 말하자면 중공업부문만을 제외한 여타 부문 모두 계획 목표치에 미달을 하게 된 것이다. 그러나 그 당시 국가 지도부는 1차 5개년 계획을 공식적으로 성공한 경제계획으로 스스로 자평하였다. 중공업을 중심으로 하는 산업생산의 산출결과들이 거의 두 배로 늘어났다는 것이 그들이 성공적으로 평가하는 근거가 되었다.

제2차 경제개발 5개년 계획은 1933년부터 1937년까지를 계획기간으로 하였다. 2차는 1차 계획보다 더 야심적이었다. 이 기간 동안에도 역시 변함없이 중공업에 역점을 두었다.[53] 1930년대 말까지 집단농장은 이전보다는 다소 호전이 되었다. 1935년에 제정된 새 법은 약간의 사적 소유를 인정해주었고 이를 통해 얻은 농산물들을 생산자가 임의로 시장에 내다 팔 수 있도록 하였다. 이러한 약간의 제도개선 등에 힘입어 이 기간 동안의 총 농업생산은 54%까지 증대되었다. 물론 중공업 역점계획에 따른 총력투입에 따라 총 산업생산은 이것의 두 배 이상에 달하였다.

이에 반하여 미국은 이 당시 경제공황으로 인해 경제가 좋지를 않았다. 그러나 소련의 경제는 이를 비웃기라도 하듯이 자본주의 국가들이 겪는 경제 불황 없이 지속적인 성장을 구사하였다.[54] 이 기간 동안 임금은 상승하였으며 2차 계획이 끝날 때까

53) 이 계획기간동안의 실적을 보면 석탄과 철강생산이 두 배 이상 증가한 것을 알 수 있다. 이를 통해 중공업우선정책이 변함없이 지속·추진되고 있음을 알 수 있다. Robert J. Osborn, *The Evolution of Soviet Politics* (Homewood : The Dorsey Press, 1974), p.63. ; 김신복, 『앞의 책』, 434쪽.

54) 스탈린 적 사회주의체제는 산업화가 아직 본격적으로 이루어지지 않았지만 그것이 이루어질 수 있는 잠재력이 존재하고 인민들의 기술적, 문화적 수준이 아직 낮은 상태 속에서 풍부한 노동력과 생산자원들을 국가계획에 따라 최대한 투입할 수 있는 조건과 특히 당에 대한 노동대중들의 신뢰가 높았던 곳에서는 더욱 빠른 속도로 사회주의적 공업력을 발전시키는데 있어 매우 효율적이라는 사실을 역사적으로 입

지 모든 유형의 식량배급이 중단되었다. 높은 노동생산성을 기록한 스타하노프(Alexei Stakhanov)를 닮아 생산역군이 되자는 '스타하노프운동'(Stakhanovite campaign)도 일어났다. 이 운동은 노동자들을 동기화하고 격려, 고무시켰으며 이에 따른 생산성 향상의 움직임이 거세게 일어났다.

제3차 경제개발 5개년 계획은 1938년부터 1942년까지를 계획기간으로 하였다. 이기간 역시 급속한 공업성장이 가속된 시기로 평가할 수 있다. 그러나 이 시기에는 외부적 요인에 의해 계획변동이 있었고 결국 3차 계획의 중단을 낳았다. 그것은 2차 세계대전에서 전쟁에 대비하기 위해 군비확장에 자원을 집중하고 증대시키기 위함이었다.

우선 1939년부터 1940년까지 핀란드와의 전쟁이 있었지만 경제는 오히려 호전이 되었다. 그 이유는 발틱(Baltic) 3국이라 일컬어지는 에스토니아(Estonia), 라트비아(Latvia), 리투아니아(Lithuania)와 베사라비아(Bessarabia), 그리고 폴란드 동부 영토의 합병과 1939년에 체결된 '독소(獨蘇)불가침협정'으로 독일과의 교역이 증대된 탓이었다. 그러나 1941년 독일이 독소불가침협정을 파기하고 '바바로사'(Barbarossa)라는 작전명으로 소련을 침공 한 이후 소련의 경제는 많이 약화되고 망가졌다. 할 수없이 소련 정부는 전쟁노력을 위해 추진해 오던 경제계획을 포기할 수밖에 없었던 것이다.

2차 대전 동안 국가기획기구인 고스플랜(Gosplan)은 자원의 배

증하였다. 실제로 스탈린 체제하에서 소련은 매우 빠른 속도로 강력한 사회주의 공업국가로 탈바꿈을 하였다. 소련의 이러한 탈바꿈은 제1차 대전이후 경제 불황에 빠져있었던 미국, 영국 등으로 대변되는 자본주의경제의 침체상과는 극히 대조적인 것이다. 이러한 것이 대부분의 사회주의자들에게 있어서는 자본주의적 시장경제에 대한 사회주의 계획경제의 우위성이 역사적으로 증명된 것으로 간주되기도 하였다.

분에 있어 균형화를 모색하였다. 전시경제계획은 공식적으로 전통적인 기획과정을 대체하지는 않았지만 전쟁노력을 위해 필요에 따라 강제적으로 강요가 되었다.

여기에서 참고적으로 소련의 5개년 계획 등 중요한 경제계획을 주도한 고스플랜에 대해 설명을 하고 넘어 가기로 하자.

사회주의 경제는 필연적으로 계획경제(planned economy)에 근간을 두며 중앙집권적 기획(central planning)형태를 갖게 된다. 경제계획 목표의 달성을 위해 모든 경제활동은 국가에 의해 집중적으로 관리가 된다. 그 좋은 예가 '소련각료회의 국가기획위원회'(Soviet State Planning Commission) 일명 '고스플랜'(Gosplan)이라 불리는 기구에 의한 여러 차례에 걸친 5개년 계획의 책정과 실시를 들 수 있다.

5개년 계획을 추진시켜 나가는데 있어 가장 핵심적인 기구가 바로 고스플랜 이었으며 소련 70년 역사상 가장 중요한 기관 중의 하나였다고 평가할 수 있다. 1948년에 '국가기획위원회'(State Planning Commission)라는 이름이 '국가기획위원회'(State Planning Committee)로 바꾸어졌다. 이 기구를 통해 모든 가격을 통제하였다. 고스플랜 외에 기획과 관련된 기구로는 '당 정치국'(Politburo)과 '각료위원회'(혹은 '각료회의')(Council of Ministers) 등을 들 수 있다.

고스플랜은 많은 관련 위원회, 관료들, 그리고 관련전문가들로 구성이 되어있었으며 종합적 계획을 작성하고 실행하기 위해 '국가통계위원회'(State committee for Statistics : Goskomstat)의 도움을 많이 받았다. 이외에 국가경제계획안에 과학과 기술과 관련된 프로그램을 포함시키는 일에 대해서도 책임을 지고 있었다. '과학학술원'(the Academy of Sciences) 등과 함께 연구와 개발에 투여되는 자원 등에 대한 계획을 작성하여 실행에 옮겼던 것이다.

다시 본론으로 돌아와서 제4차 경제개발 5개년 계획은 1946년부터 시작이 되어 1950년에 종결이 되었다. 계획 기간 초기에는 2차 대전이 가져다 준 전쟁의 참화를 복구하고 재건하는 쪽에 주된 관심이 주어졌다. 그러나 스탈린은 1947년 미국이 주도한 마셜 플랜에 참여하기를 거절하였다. 그 대신 헝가리, 불가리아, 루마니아, 그리고 패배한 독일이 소련에게 전쟁배상금을 지불(reparation payments) 하였으며 이것이 소련의 복구와 재건에 커다란 힘이 되었다.

전쟁기간동안 소련 정부는 수많은 기업들을 전쟁의 참화에서 벗어나게 하려는 목적으로 우랄산맥 너머의 아시아지역으로 많이 이주를 시켰다. 전쟁 후에도 이러한 이주 기업들은 그 곳에 자리를 잡고 경제개발의 일익을 담당하였다. 다행스럽게도 이러한 이주 위치는 천연원료와 에너지에 접근하는데 있어 보다 큰 지리적 이점을 제공해 주었다. 정부는 또한 전국의 주요 지역에 이러한 중요한 시설들을 분산 배치함으로써 안보적 차원에서 전략적 이점을 취할 수 있었다.

앞의 계획들과는 다소 달리 이 4차 계획은 중공업뿐만 아니라 교통에 강조점을 두었다. 이리되자 다시 농업생산성이 공업과 비교해 뒤쳐지기 시작했다. 농부들의 생산동기를 크게 손상시켰던 것이다. 뿐만 아니라 주택건설, 지역서비스, 그리고 소비품이 뒤쳐지기 시작하였다.

계획기간의 마지막 해에 스탈린은 아르메니아, 아제르바이잔, 그루지야, 그리고 우크라이나 지역에 운하를 건설하고 수력발전소를 짓고 대단위 식수(植樹)사업을 한다고 하면서 몇 개의 거창한 사업을 추진하였다. 그러나 기본적으로 스탈린은 중공업을 중시한 나머지 대부분의 가용자원을 중공업분야에 집중적으로 투하한 탓으로 경공업, 소비재산업의 낙후를 부채질 할 수밖에 없었던 것이다. 이로 인해 스탈린의 통치기간 내내 인민들의 소비적 여건은 아주 열악할 수밖에 없었다.

제5차 경제개발 5개년 계획은 1951년부터 1955년까지를 계획기간으로 하였다. 1953년에 스탈린이 사망을 하긴 했지만 그의 중공업 중흥에 대한 유업은 지속되었다. 1950년에서 1953년까지 지속된 한국전쟁에도 불구하고 이러한 추세는 지속되었다. 이 계획기간동안 국민소득은 71% 증가하였다. 기존 계획 하에서 중공업분야는 우선적으로 투자재원의 상당액을 지원 받을 수 있었다.

그러나 5차 계획기간의 마지막 해에 당 지도부는 소비재, 주택, 그리고 서비스 부문의 개선에 대해 관심을 표명하였다. 말렌코프(Georgii M. Malenkov) 신임총리는 소비재의 수요를 감안하여 중공업과 군에 대한 투자와 지출을 줄이는 것을 골자로 하는 5차 계획의 수정을 지지했다. 물론 그가 1955년에 총리직에서 실각을 하지만 이러한 그의 생각은 그 당시 소련의 소비재, 주택, 서비스부문의 사정을 고려해 볼 땐 나름대로 의미를 가지는 것이었다.

제6차 경제개발 5개년 계획은 1956년부터 시작이 되어 1960년에 종결이 되도록 계획이 되어있었으나 계획내용이 너무나 지나치게 야심적이고 활용가능 한 자원을 고려치 않고 실현가능성을 웃도는 과도한 목표치를 설정하였고 더 나아가 계획입안방식이 달라졌을 뿐만 아니라 신규자원이 발견되어 새로운 기업이 창설 된 까닭에 1957년 이 계획은 포기가 되고 석탄, 석유 생산 그리고 화학공업에 초점을 맞춘 7개년 계획이 새로이 작성되어 실행이 되었다.

이 7개년 계획은 1959년부터 시작을 하여 1965년에 종결되도록 계획이 짜여졌다. 1956년 이후 주요 지도자가 된 흐루시초프(Nikita Sergeevich Khrushchev)는 앞서 언급한 이러한 생산영역에 특히 관심을 많이 가지고 있었다. 그는 또한 집단농장의 농부들에게 사적 소유를 인정하여 생산을 증대시키는 개혁도 밀고 나갔다. 이 7개년 계획기간동안 산업진전이나 소비재생산이 증대되었다. 국민소득이 58% 증대되었으며 총 산업생산이 84%증가하였고 소비재도 60% 늘어났다. 그러나 7개년 계획의 마지막 해에는 이러한 성장세가 둔화되었다.

이 계획을 밀고 나간 흐루시초프는 개혁적 차원에서 경제계획의 틀을 나름대로 바꾸고자 하였다. 즉 그는 모스크바를 상징적인 축으로 하는 종전의 중앙집권적 계획체제에서 벗어나 각 지역이 중심이 되는 기획체제로 변화를 시키려 했던 것이다. 이를 위해 그는 대부분의 중앙정부에 있는 산업관련 기획 부서들을 폐지하고 100개의 새로운 '지역경제위원회'(regional economic councils)를 신설하였다.

이것이 가지는 의미는 종전의 중앙기획기구로부터의 권위를 지방의 하위 지역기관이나 기업들이 나누어 갖게 하는 것으로 기획의 분권화에 이정표를 만든 개혁으로 평가를 할 수 있다.

그리고 그는 종전까지의 5개년 계획을 7개년 계획으로 계획기간을 늘리는 개혁도 하였다. 1959년부터 시작하여 1965년에 종료되도록 계획된 7개년 계획이 바로 그것이다. 또한 인센티브 시스템을 도입하여 총생산보다는 판매와 이윤에 더 강조점을 두려는 개혁적 노력도 경주를 하였다.

일명 '리베르만 방식'이라고 불리는 것으로 이는 공산주의의 계획경제체제에서 자본주의의 이윤제도를 도입하여 생산의 지표로 삼고 이윤의 크기에 따라 보상금을 주는 제도로 이해 할 수 있다. 이러한 아이디어는 경제학자였던 리베르만(Evsei Grigor'evich Liberman)에 의해 제공이 되어졌다.[55)]

그러나 앞서 잠시 언급했듯이 7개년 계획의 마무리단계에서 성장세가 둔화되자 당 지도부는 전통적으로 중앙집권화 된 기획제도를 어설프고 섣부르게 개혁하고 다른 부문을 희생하면서 화학 산업과 같은 특정부문을 과도하게 육성하려는 어설픈 시도에서 이러한 문제가 발생하였다고 흐루시초프를 비난하였다. 실제적으로 7개년 계획이 실행된 1960년대의 농업생산은 성장률이 14%에 머무는 등[56)] 매우 실망 적인 것이었으며 이러한 것들이 1964년 10월에 그를 실각하게 만드는 중요한 이유 중에 하나가 되었다.

제8차 경제개발 5개년 계획은 1966년부터 1970년까지를 계획기간으로 하였다. 이 계획은 7개년 계획에서 종전처럼 다시 5개년 계획으로 되돌아왔다는 의미로 '신(新) 5개년 계획'이라고도 부른다. 흐루시초프의 후임자인 브레즈네프(Leonid I. Brezhnev)에 의해 이 계획이 추진이 되었다.

특히 브레즈네프와 코시긴은 앞에서 언급된 리베르만의 이윤방식을 본격적으로 도입하여 경제개혁을 단행하였다. 브레즈네프가 일부 공산진영국가들로부터 '신판자본주의'니 '수정주의'니 하는 비판을 받으면서도 이와 같은 이윤방식을 기존의 틀에다 접목을 시켜 나간 것은 경제가 고도화되고 복잡다기화 됨에 따라 사회주의식 계획 관리방식의 모순과 비능률이 두드러지게 나타났기 때문이다.[57)]

---

55) 리베르만은 1962년 9월 "프라우다"지에 발표한 "계획, 이윤, 상여금"이란 논문에서 이러한 개혁을 제안하였다. 김신복, 『앞의 책』, 436쪽.

56) 김신복, 『앞의 책』, 436쪽.

이러한 노력에 힘입은 이 계획에 의해 국민소득은 41% 증가하였고 산업생산은 50%가 증가하였다. 이 기간 소비재 증가도 49%나 되었는데 이것은 기획가 들이 소비재의 어려움에 대해 관심을 가지고 있었음을 입증하는 것이었다. 그러나 이 계획기간동안 어려움이 없었던 것은 아니다.

브레즈네프는 소비자들을 위해 소매가격을 일정하게 유지시켰고 농산물의 구매 가를 높였는데 이것이 화근이 되었다. 즉 이러한 농산물 구매가의 상승이 결과적으로 경제전반에 부담을 가중시켰던 것이다. 비록 생산은 증가하였지만 농업부문의 성과는 불만족한 것이었고 그 결과 서방세계로부터 상당량의 곡물을 수입해 들여와야만 하였다. 브레즈네프는 또한 선임자였던 흐루시초프가 개혁을 통해 도입한 지역경제위원회를 폐지하고 다시 산업관련 기획 부서들을 재구축하였다.

제9차 경제개발 5개년 계획은 1971년부터 1975년까지를 계획기간으로 하였다. 이 계획기간의 특징은 국민생활의 향상을 위하여 처음으로 중공업보다 경공업에 우선순위를 부여하도록 하였다는 것이다. 또한 낙후부문의 육성과 기술혁신에 의한 노동생산성 향상을 추구하였다는 점이다.

그러나 생각과는 달리 농업부문의 부실로 인한 흉작과 소비재생산의 부진 등으로 인해 성장률이 크게 둔화되어졌을 뿐만 아니라 이 기간 동안에는 전 분야의 느린 하향추세가 나타나기 시작하였다.

국민소득은 이 기간 동안 28% 증가하는데 그쳤고 총 산업생산은 43% 증가하는데 머물렀다. 소비재생산성장률도 37%에 그쳤는데 이는 계획된 목표치 45.6%에 미달하는 것이었다. 농업

---

57) 김신복, 『앞의 책』, 437쪽.

부문의 문제가 이 기간 동안 더욱 악화되었다. 수요와 공급 간의 괴리 역시 더욱 커졌다.

제10차 경제개발 5개년 계획은 1976년부터 1980년까지를 계획기간으로 하였다. 이 기간 동안의 성과는 더욱 실망스러운 것이었다. 국민소득은 20% 증가하는데 그쳤고 총 산업생산은 24%에 머물렀다. 소비재생산 역시 21%에 묶이고 말았다. 이 당시 서방의 관측자들도 총 국민생산(GNP) 성장률이 1970년대 말에 2%에도 미치지 못한 것으로 추정을 하였다.

1차 경제개발5개년 계획이 시작된 1928년에서 10차 경제개발 5개년 계획이 마무리 된 1980년까지의 경제계획을 통해 이루어낸 성과와 그 결과들에 대해 간단히 평가를 해보자면 나름대로 괄목할만한 발전과 변화를 이끌어 내기는 하였지만 그 정책과 노선에 따르는 내재적 한계로 인해 보다 많은 어려움을 또한 가지게 되었음도 부인할 수 없다. 이러한 어려움이 결국 소련체제를 붕괴시키는 결과를 초래하게 되었다고 볼 수 있다.

완전고용의 성취, 시민들을 위한 경제적 안정의 보장과 부의 형평 적 분배, 그리고 이와 병행된 고도의 성장률 유지의 능력은 소비에트체제가 다른 여타의 체제에 비해 우월하다는 것을 체제지지자들이 과시할 수 있는 좋은 증거가 되었다.

사실 소비에트 지도자들은 많은 업적을 일구어내었다. 실제적으로 소련경제와 다른 주요서구 열강들의 경제 간의 괴리는 소련체제 통치기간 많이 좁혀진 것이 사실이다. 그러나 1970년대까지 계획을 통한 이러한 괄목할만한 성장의 전도는 결국 한계를 가지게 되었다. 1960년대 동안 소련은 모든 주요산업국가들 중 가장 빠른 고용증가율을 보여주었다. 그리고 소련은 일본과 함께 가장 빠른 고정자본(fixed capital stock)의 성장을 자랑하였다.

그러나 소련의 노동과 자본의 생산성 성장비율은 가장 낮았다. 1970년대에 노동력은 보다 느리게 증대되었다. 잉여의 농촌노동력을 빼내는 일도 더 이상 가능하지 않았다. 그리고 노동현장에 여성을 참여시키는 것도 이미 포화점을 지나고 있었다. 더군다나 보다 높은 성장을 위해 필요로 되는 자연자원의 획득도 보다 어렵고 이전보다 보다 더 많은 비용을 요구하였다. 시베리아를 포함하는 동부지역의 개발비용은 기존의 유럽지역의 것보다 적게는 30%에서 많게는 100%를 상회하는 개발비용이 들었다. 그리고 이미 개발된 지역에서의 자원산출의 증가비율은 점차적으로 하향적이었으며 전반적인 생산성이 떨어진다는데 문제의 심각성이 도사리고 있었다.

또한 중공업위주로 치닫는 경제의 심각한 불균형적 성격은 서방세계와 견주어 소비재가 절대적으로 부족하고 열악하게 만들었다. 소련정책의 공언된 목표가 인민의 물질적 삶의 수준과 질을 높이는 것이었으나 이것을 서방진영과 비교할 때 그 목표를 달성하였다고 보기는 어렵다. 생산수단의 생산을 위한 중공업위주의 발전방식은 인민들의 소비재수준을 희생시켜 결과적으로 인민들의 삶의 질을 크게 떨어뜨리고 만 것이다.

제11차 경제개발 5개년 계획은 1981년부터 1985년까지를 계획기간으로 하였다. 1982년 브레즈네프의 사후 정권을 승계 한 안드로포프(Iurii V. Andropov)에 의해 이 계획이 주도되어 나갔다. 이 시기에는 실험적 차원에서 정부가 상당한 기업들에게 기업의 이윤을 투자목적과 노동자들의 인센티브 부여를 위해 보다 신축적이고 융통성 있게 사용할 수 있도록 하는 개혁적 조치를 단행하였다.

그리고 이러한 실험은 공식적으로 1987년 1월 1일에 전 산업부문으로 파급이 되었다. 또한 목표 역시 아주 낮게 책정을 하였다. 예를 들어 이 계획기간동안의 평균 성장률은 3 ~ 4%로 책정을 하였다. 그러한 결과 국민소득의 증대는 17%에 머물렀고 총산업생산도 20%에 멈추었으며 농업생산 역시 11.6%를 기록하는데 그쳤다. 성장의 동력이 쇠잔해지고 있었던 것이다.

제12차 경제개발 5개년 계획은 1986년부터 1990년까지를 계획기간으로 하였다. 1985년 5월에 고르바초프(Mikhail Sergeyevich Gorbachyov)가 권력을 장악한 후 국가가 직면하고 있는 경제문제에 대해 정력적으로 달라붙었다. 경제개발계획의 목표는 과학과 기술진보를 가속화시키고, 생산을 재 도구화하고 적응을 시키며, 현존하는 생산 잠재력을 활용하고, 관리 및 회계체계를 개선시킴으로 해서 경제개발의 능률성과 진행을 개선시켜 소련인민의 생활수준을 올리는 것이었다. 이 기간 동안에 미숙련 노동을 대치하는 새로운 기계화가 도입이 되기도 하였다. 즉 반도체, 로봇, 그리고 다양한 컴퓨터 와 같은 새롭고 진보된 기술로 생산을 자동화하고 기계화하는 것이었다. 낡은 시설이나 장비는 빠르게 도태시켰다.

그리고 높은 에너지를 요하는 산업 활동은 에너지원과 아주 근접하도록 위치를 선정하도록 하였고 많은 노동력을 요구하는 산업은 필요한 인적 자원을 제공할 수 있는 지역에 설립하도록 하였다. 그리고 시베리아와 소련 극동지역의 경제개발도 특별한 관심사항으로 부각이 되었다. 고르바초프는 작업장의 태만과 낮은 노동생산성에 대해서도 깊은 관심을 경주하였다. 이러한 개인별 생산성에 대한 관심은 부패하거나 능률적이지 못한 그러나 영향력을 가지고 있는 늙은 관료들을 작업현장에서 내몰게 만들었다. 또한 그는 노동자들의 동기를 자극하고 개선하려는 노력에 힘을 기울였고 금주(禁酒)운동에도 적극적으로 나섰다.

1987년 1월 중앙당위원회 전체회의에서 고르바초프는 소련사회에 있어 정부의 역할을 근본적으로 재평가하고 재정비할 것을 요구하였다. 그의 경제개혁프로그램 역시 변화를 요구하였다. 예를 든다면 공장이 이자를 주면서 융자를 얻도록 하는 새로운 재정체계를 확립하도록 하였으며 관리자를 경쟁을 통해 선거로 뽑는 그런 제도를 제시하기도 하였다. 이러한 변화는 소련경제의 약점이 현재의 조건과는 맞지 않는 극단적으로 중앙집권화 된 의사결정과 연관된다고 믿는 그의 생각에 근거하고 있었다.

소련의 중요한 경제학자이면서 고르바초프 정책의 학술적 대변인이었던 아겐베기안(Abel Aganbegian)에 따르자면 "소련은 심각하면서도 중요한 결정에 직면하고 있다"는 것이다. 그는 "관리에 있어 진보적인 개혁을 집행해나가고 추진력을 자유롭게 할 것이냐 그렇지 않으면 느린 진화와 점진적인 개혁으로 나가는 진화적 과정을 따를 것이냐 하는 결정인데 만약 후자를 따른다면 목표를 달성할 수 없을 것"이라는 요지의 말을 하고 있다. 그는 "지금 이 나라는 진정한 새로운 구조조정(restructuring)으로 진입하고 있으며 중요한 전환분수령(breakthroughs)의 시기에 있다"는 말로 결론을 내렸다. 이러한 그의 말은 고르바초프의 생각을 잘 집약하여 설명해 주고 있다.

고르바초프는 상당히 논쟁적인 정책결정도 마다하지 않았는데 그 중 하나가 1987년 5월 1일에 법적으로 발효시켜 합법화시킨 사경제활동의 격려, 그리고 다른 사람과의 협력을 통한 사적인 개인사업 활동을 장려 한 것이다. 예를 들면 사적인 자동차를 가지고 택시영업을 하거나 또는 개인적으로 식당을 경영하거나 개인적인 병원을 차리는 일이나 자동차수리공장 등을 만드는 것 등을 들 수 있다.

물론 이러한 사경제활동에 명백한 규제가 없었던 것은 아니다. 예를 들면 정규직노동자는 일과 후 개인적 시간에만 사적 경제활동을 할 수 있도록 한 것 등이 그런 것이다. 또 고르바초프의 개혁에는 국가기업이 개인과 특정한 서비스에 대해 계약을 체결하여 일을 하도록 격려하는 것도 내포하고 있다. 물론 이러한 제한된 사적행위를 넘는 행위를 할 경우에는 엄격한 제재를 하였다.

고르바초프의 이러한 야심 찬 개혁정책은 12차 경제개발계획에 많은 새로운 도전을 가져다주었다. 국민소득증가율을 매년 4%씩 증가하는 것으로 목표에 설정을 하였는데 이런 목표치를 실제로 달성하기 위해서는 노동생산성의 증가가 매년 4%를 유지해 주어야 하였다. 그러나 이것은 1970년 초기 이래로 거의 유지될 수 없는 비율이었다. 또한 계획은 기술진보에 많은 관심과 비중을 부여하고 있었다. 그 결과 기계구축은 5개년 동안 40%에서 45%까지 증가되었다.

첨단기술 분야는 전체산업분야보다 더 빠르게 성장해 나갔다. 예를 들어 컴퓨터생산은 이 계획기간동안 2.4배나 증가하였다. 주요에너지생산증가 역시 이 기간 동안 가속되었다. 일 년 평균 3.6% 증가되었는데 이것은 1981년부터 1985년까지의 매년 성장률 2.6%와 비교해볼 때 보다 높은 것이다. 그리고 1986년에 체르노빌(the Chernobyl)원자력 발전소 핵 누출사고가 있었음에도 불구하고 이 계획은 원자력활용능력에 있어 주요한 성장을 요구하고 있다.

더불어 자본투자에서도 23.6%의 성장을 보이고 있는데 이것은 11차 계획의 15.4%보다 더 높은 것이다. 이 계획은 생활수준의 개선에 있어 상대적으로 적절한 개선을 요구하고 있다. 이 계획은 또한 1986년을 시발점으로 하여 2000년까지 15년 동안의 계획과 관련된 지침을 제시하고 있다. 이에 따르자면 매년 국민소득의 증가를 5%로 잡아 2000년까지는 국민소득을 곱절로 증대시키겠다고 예측하고 있으며 노동생산성은 1990년대 동안 6.5%에서 7%의 성장을 요구하고 있다. 또한 이 계획은 연료, 에너지, 천연자원, 금속, 기타 물질들에 대한 효율적 사용을 요구하고 있다. 그리고 이 지침은 21세기가 시작할 때까지 소련 가정이 독립적인 자가 주택을 가질 수 있도록 하는 안을 지지하고 있음을 알 수 있다.

1986년인 12차 계획의 첫해의 결과는 여러 면에서 고무적이었다. 산업성장률은 목표보다는 다소 낮긴 했지만 그래도 3%를 기록하였으며 농업부문 역시 좋은 성적을 보여주고 있다. 그렇다고 해서 이 계획이 성공적으로만 끝났다고 볼 수는 없다. 1988년 19차 당 대회(the Nineteenth Party Conference)에서 보여 진 것처럼 당 지도부는 변화의 속도와 범위에 대해 논란을 벌렸다.

1989년 말에 모든 기업은 독립채산제를 기조로 하는 회계제도로 전환되었다. 기업 활동을 통해 얻은 재정적 결과에 대해 모두 기업이 책임을 지는 그러한 체제로의 전환이 이루어지게 된 것이다. 국가예산은 주요한 투자프로젝트에만 지급이 되었다. 기업실적과 관리실적의 판단의 주요기준은 계약 성사에 두었다. 기업은 자유롭게 기업의 성과에 따라 고용되어진 노동자를 해고하고 기업규모를 축소할 수 있는 자유를 가지게 되었다. 법은 또한 기업의 파산과 기업의 해체를 허락하였다.

이러한 기업의 노동자들은 국가로부터 실업수당(severance pay)과 대체직업과 관련된 도움(assistance in job placement)을 받을 수 있었다. 또한 법은 기업의 관리자를 선출 직으로 하고 이를 상위기관에 의해 승인 받도록 하였다. 또한 법은 봉급, 교육 훈련, 성과급상여금 등에 대한 문제를 해결하기 위해 노동위원회(labor council)를 구성하도록 하였다.

1991년을 시작으로 해서 고스플랜은 더 이상 종전까지 지속되어 온 연례계획을 작성하지 않았다. 고스플랜의 역할을 재규정하고 축소시키려는 새로운 개혁적 요구가 반영이 된 까닭이었다. 그렇다고 해서 고스플랜의 모든 기능과 활동이 정지된 것은 아니었다. 고스플랜은 5개년 계획, 15개년 계획뿐만 아니라 경제와 국방과 긴밀하며 중요한 관련성을 짓는 것으로 간주되는 생산물들 간의 물질적 균형 등을 위한 결정은 계속적으로 수행해 나갔다.

제13차 경제개발 5개년 계획은 원래 1991년부터 1995년까지를 계획기간으로 설정하였으나 이 계획은 원안대로 완결될 수 없었다. 왜냐하면 1991년 12월에 소련이라는 국가체제가 붕괴되었기 때문이다. 국가체제의 붕괴로 인해 계획만을 설정해놓고 실제 계획으로써 집행도 제대로 해보지 못하고 계획을 휴지화시켜 버린 것이다. 고르바초프의 뒤를 이은 보리스 옐친(Boris Yeltin)은 사유재산을 허용하는 등 자본주의적 시장원리를 채택함으로써 러시아는 기존의 사회주의 계획경제의 틀에서 벗어나게 되었다.

소련의 이러한 5개년 계획은 많은 개발도상 국가들에 의해 도입수정 되어 집행이 되고 있다. 한국을 비롯해 중국도 5개년 계획을 실시하고 있으며 특히 인도의 네루(Jawaharlal Nehru) 수상은 소련의 눈부신 산업성장에 감명을 깊이 받고 인도에도 이와 같은 방식의 경제계획을 도입 실시하였다. 인도는 기획위원회(Planning Commission)의 감독 하에 5개년 계획을 작성하여 집행해 나가고 있으며 최근 12차 5개년 계획을 추진 중에 있다.

그러나 엄밀한 의미에서 볼 때 퍼어슨이 말한 것처럼 국가기획은 소련만이 수행하였다고 말할 수 있을 것이다. 그에 말처럼 이 나라만이 특수한 기능을 위하여 창조된 국가제도 적 의사에서 우러난 전망과 과정을 지닌 전국적 수준과 규모의 사회·경제계획을 소유하고 있었던 것이다.[58] 따라서 엄밀하게 파고 들어가 보면 경제계획의 성격은 나라에 따라 다 상이하며 현재 지구상에 소련 식 계획경제를 하는 나라는 거의 없다고 해도 과언이 아니다.

::참고문헌

권영찬. (1967). "기획에 관한 몇 가지 사(史)적 고찰",『 한국행정학보』, 제1권.

김신복. (1999). 『발전기획론』, 서울 : 박영사.

김형렬. (2000). 『정책학』, 서울 : 법문사.

한국은행. (1981). "프랑스의 8차 경제사회계획", 『한국은행조사월보』, 제35권 7호(7월)

Ashworth. W. (1954). *The Genesis of Modern British Town Planning : A Study in Economic and Social History of the Nineteenth and*

58) Harlow S. Person, "Planned Execution : The Issue of Scientific Management", *Advanced Management*, Vol.10, (December 1945), pp.135-136. ; 권영찬, "기획에 관한 몇 가지 사적 고찰", 『한국행정학보』, 147쪽에서 재인용.

Twentieth Centuries, London : Routledge and Kegan Paul.

Beattie, S. (1980). *A Revolution in London Housing : LCC Architects and Their Work 1893-1914*, London : Greater London Council/ Architectural Press.

Beevers, R. (1988). T*he Garden City Utopia : A Critical Biography of Ebenezer Howard*, Basingstoke : Macmillan.

Bollerey, F. and K. Hartmann. (1980). "A Patriarchal Utopia : the Garden City at the Turn of the Century," in A. Sutcliffe (ed.), *The Rise of Modern Urban Planning*, 1800-1914, London : Mansell.

Booth, Philip. (2003). *Planning by Consent : the Orgins and Nature of British Developmental Control*, London and New York : Routledge.

Briggs, A. (1963). *Victorian Cities*, London : Odhams.

Catanese, Anthony J. and James C. Snyder (eds.). (1988). *Urban Planning*, 2nd ed., New York : McGraw-Hill Book Company.

Cars, J. Des and P. Pinon (eds.). (1991). *Paris-Haussmann, "le pari d'Haussmann"*, Paris : Pavillion de l'Arsenal/Picard.

Cherry, G. E. (1974). *The Evolution of British Town Planning*, Leighton Buzzard : Leonard Hill.

Cherry, G. E. (1988). *Cities and Plans : The Shaping of Urban Britain in the Nineteenth and Twentieth Centuries*, London : Arnold.

Collins, G. R. and C. C. Collins. (1965). *Camillo Sitte and the Birth of Modern City Planning*, Columbia University Studies in Art History and Archaeology, No.3, London : Phaidon.

Cullingworth, J. Barry, and Vincent Nadin. (1994). *Town and Country Planning in Britain*, 11th ed., London and New York : Routledge.

Department of Economic Affairs. (1965). *The National Plan*, London

: HMSO.

Diefendorf, J. M. (1993). *In the Wake of War : The Reconstruction of German Cities after World War Ⅱ*, New York : Oxford University Press.

Gauldie, E. (1974). *Cruel Habitations : A History of Working Class Housing*, London : Allen and Unwin.

Gladden, E. N. (1972). *A History of Public Administration*, Vol. 1, London : Frank Cass.

Hall, Peter. (1992). *Urban and Regional Planning*, 3rd ed., London & New York : Routledge.

Hall, P. (1998). *Cities in Civilization : Culture, Technology and Urban Order*, London : Weidenfeld and Nicolson.

Hall, T. (1997). *Planning Europe's Capital Cities : Aspects of Nineteenth Century Urban Development*, London : Spon.

Hardy, D. (1991). *From Garden Cities to New Towns : Campaigning for Town and Country Planning, 1899-1946*, London : Spon.

Harr, C. M. (ed.). (1984). *Cities, Law and Social Policy : Learning from the British*, Lexington, Mass : Lexington Books.

Helmer, S. D. (1985). *Hitler's Berlin : The Speer Plans for Reshaping the Central City*, Ann Arbor, MI : UMI Research Press.

Howard, Ebenezer. (1898). *Tomorrow : A Peaceful Path to Social Reform*, 1st ed., London : Swan Sonnenschein &co., ltd.

Howard, Ebenezer. (1902). *Garden Cities of To-morrow*, London : Swan Sonnenschein.

Levy, John M. (2003). *Contemporary Urban Planning*, Upper Saddle River, New Jersey : Prentice Hall.

Lewis, R. A. (1952). *Edwin Chadwick and the Public Health*

Movement 1832-1854, London : Longmans Green.

McLean, Mary. (1959). "Scope and Methods of City Planning", in Mary McLean, (ed.), *Local Planning Administration*, 3rd ed., Chicago : The International City Managers' Association.

Meller, H. (2001). *European Cities 1890-1930s : History, Culture and the Built Environment*, Chichester : Wiely.

Merlin, Pierre. (1971). *New Towns, Regional Planning and Development*, London : Methuen and Co., Ltd.

Miller, M. and A. S. Gray. (1992). *Hampstead Garden Suburb*, Chichester : Phillimore.

Mooney, James D. (1947). *The Principles of Organization*, New York and London : Harper and Brothers.

Nettlefold, J. S. (1908). *Practical Housing*, Letchworth : Garden City Press.

Nettlefold, J. S. (1914). *Practical Town Planning*, London : St. Catherine Press.

Newman, Peter and Andy Thornley. (1996). *Urban Planning in Europe*, London and New York : Routledge.

Osborn, Robert J. (1974). *The Evolution of Soviet Politics*, Homewood : The Dorsey Press.

Person, Harlow S. (1945). "Planned Execution : The Issue of Scientific Management", *Advanced Management*, Vol.10, (December).

Pinkney, J. (1958). *Napoleon Ⅲ and the Rebuilding of Paris*, Princeton, New Jersey : Princeton University Press.

"Pyramid". (1969). *Encyclopedia Britannica*, Vol.18, London : Britannica, Inc.

Simpson, M. (1985). *Thomas Adams and the Modern Planning*

Movement : Britain, Canada and the United States, London : Mansell.

Sutcliffe, A. (1970). *The Autumn of Central Paris, The Defeat of Town Planning 1850-1970*, London : Arnold.

Sutcliffe, A. (1981). *Towards the Planned City : Germany, Britain, the United States and France 1780-1914*, Oxford : Blackwell.

Waldo, Dwight. (1977). "The Future of Management", *The Bureaucrat*, Vol.6, No.3 (Fall).

Waldo, Dwight. (1980). *The Enterprise of Public Administration*, Novato, CA : Chandler and Sharp Publishers, Inc.

Walton, John K. (2003). "Current Trends in Nineteenth and Twentieth-Century Spanish Urban History," *Urban History*, Vol.30, No.2.

Ward, Stephen V. (2002). *Planning the Twentieth-Century City : The Advanced Capitalist World*, New York : John Wiely & Sons, Ltd.

Wilson, Woodrow. (1953). "The Study of Administration", in Dwight Waldo, (ed.), *Ideas and Issues in Public Administration*, New York : McGraw-Hill.

Wohl, A. S. (1974). *The Eternal Slum : Housing and Social Policy in Victorian London*, London : Arnold.

Wynn, M. (ed.). (1984). *Planning and Urban Growth in Southern Europe*, London : Mansell.

Wynn, M. (1984). "Spain," in M. Wynn (ed.), *Planning and Urban Growth in Southern Europe*, London : Mansell.

Yelling, J. A. (1986). *Slums and Slum Clearance in Victorian London*, London : Allen and Unwin.

Yergin, Daniel A. and Joseph Stanislaw. (1998). *Commanding Heights*, New York : Simon & Schuster, Inc.

http://www.fas.org/nuke/guide/russia/agency/gosplan.htm

제10장
현대 미국의 기획[1]

제1절 제1차 대전기간과 경제공황기 그리고 제2차 대전기간

기획은 역사적이면서 이념적인 맥락으로 보아야 한다. 특히 1930년대부터 종전 이후의 시기 사이의 기간을 살펴보는 것은 변화하는 이념적 배경의 흐름을 잘 나타내 주는 것으로 기획의 역사를 이해하는데 많은 도움을 주는 것이다.[2]

1930년대는 기획의 역사에 있어서 특이한 시기이다. 기획에 관해 커다란 낙관주의가 눈을 뜨는 시기였기도 했지만 이 시기는 실망스런 것이 눈에 띄는 시기이기도 하였다. 1929년 경제공황이 시작된 이래 1933년 3월 루주벨트(Franklin D. Roosevelt)가 대통령으로 취임[3]할 때까지 실업률은 25%이었고 재화와 용역

1) 이병철, 『행정기획의 역사와 이론』(울산 : 울산대학교출판부, 2006), 제10장을 재편집하여 수정을 함.
2) John M. Levy, *op. cit.*, p.49.
3) 경제 대공황은 주식시장의 붕괴에서 시작이 되었으며 후버 대통령의 대응조치에 실

의 현금가치(cash value)는 1929년 이래 거의 절반까지 떨어졌었다. 자유기업체계는 거의 기능불능인 상태에서 1920년대의 번영을 공산주의의 상징이며 전유물처럼 여기는 기획에서 다시 찾으려는 지적 분위기가 창출되었다. 이 당시는 마치 공산주의가 자유시장체제의 새로운 대안이 아닌가 하는 분위기도 없지 않았던 것이 사실이었다. 또한 이러한 생각들의 이면에는 소련을 염두에 두고 기획을 통해 공산주의의 망령이 미국을 망쳐 놓지는 않을까 하는 두려움과 우려가 만연되었던 것도 사실이다.

한 마디로 경제공황은 새로운 사회 환경을 강요하였고 이러한 급격히 변모된 환경에의 적응을 위한 노력은 새로운 의미의 혁명을 미국사회에 뜨거운 감자로 던져주었던 것이다. 이를 클라크(J. M. Clark)의 표현을 빌려 이해하자면 “1930년 이후의 15년 즉 경제공황의 여파와 영향이 득세한 이시기 동안 경제이론의 혁명과 정부의 경제적 기능에 대한 혁명이 일어났던 것”[4]이며 이것이 기획이라는 용어로 상징화되어졌던 것이다.[5]

기획은 사실 애매모호한 용어이다. 이것은 조그마한 마을의 토지사용에 대한 아주 사소한 통제에서부터 구 소련스타일의 중앙집권적인 경제기획에 이르기까지 그 모든 것을 이에 내포하고 있다. 일반적으로 경제침체와 경제 불황의 악몽은 용어나 단어가 무엇을 의미하건 기획을 보다 선호하는 방향으로 나아가게 만들었다.

루주벨트 행정부 내에서는 아주 넓은 이념적 스펙트럼이 존

망한 국민들은 루즈벨트 대통령 후보에게 희망을 걸었다. 대통령에 당선되어 취임하자마자 루즈벨트는 개혁성향의 젊은 법률가들을 대거 기용하여 뉴딜 정책을 밀고 나갔다.

4) John Maurice Clark, “Financing High Level Employment”, *Financing American Prosperity* (New York : The Twentieth Century Fund, 1945), p.71.

5) 권영찬, “앞의 논문”, 151쪽.

재하고 있었다. 루주벨트 그 자신은 아주 급진적이진 않았다. 그는 어떠한 관점에서 보건 명백한 실용 주의자였다. 그는 상황과 여건이 요구되고 허락하는 바에 따라 시스템을 신축적이고 탄력적으로 적응시키고 조율하려고 했다. 이에 반해 그의 행정부 내에서 내무부장관이었던 아이크스(Harold Ickes)는 상대적으로 보수적이었다. 그리고 루주벨트의 왼팔로 잘 알려진 터그웰(Rexford Tugwell)과 월레스(Henry Wallace)는 진보적인 시각의 소유자들로서 민간부문으로부터 공공부문으로 경제파워를 옮기려는 변화를 선호하였다.

행정부와는 별도로 의회는 거의 진보적이지 않았다. 상대적으로 보수적인 기관인 사법부, 특히 연방대법원 역시 엄격한 헌법 원칙론 자[6]들로써 보수의 자리를 견지했다. 사실 사법부는 정부가 시도코자 했던 상당히 많은 사회 경제적 실험에 발목을 걸었다. 바로 이와 같은 다양한 이념적 스펙트럼이 교차하는 환경 속에서 수많은 기획 적 시도가 이에 대해 발목을 잡는 반대 속에서 대공황 시기 동안에 시작되었다.[7]

이러한 시도 중 하나가 지방정부와 주 정부의 기획노력에 대한 연방정부의 기금제공이었다. 특히 기획요원들에 대한 기금지원이었다. 많은 지역사회가 기획 부서를 만들고 지도와 데이터베이스를 구축하고 대단위 계획을 포함해 계획을 설계하고 하는 일에 연방기금을 사용했다. 물론 많은 계획들이 실제적으로는 실행되지 못하고 선반에 올려 놓여 진 체 먼지만 수북이 쌓

6) Robert Bork, *The Tempting of America : The Political Seduction of the Law* (New York : Free Press, 1990).

7) William E. Leuchtenburg, *Franklin Delano Roosevelt and the New Deal* (New York : Harper & Row, 1963). ; Arthur M. Schlesinger, *The Coming of the New Deal* (Boston, Mass. : Houghton Mifflin, 1958). ; Mel Scott, *American City Planning Since 1890* (Berkeley, CA : University of California Press, 1965), Ch.5.

여가긴 했지만 연방기금은 기획전문가나 이 분야의 규모와 기술적 능력을 신장시키는데 도움이 되었다. 이러한 결과 주 정부 기획부서가 만들어졌고 1936년까지 한 주만 제외하고 모든 주가 '주정부기획위원회'(State Planning Board)를 가지게 되었다.[8)]

이러한 위원회들이 추구하는 기획의 초점은 매우 다양했다. 농업이 경제의 주된 관심인 주는 농업의 보전과 증진에 초점을 맞추었고 주택의 질, 하수처리, 수질오염, 적절한 레크리에이션 시설, 공공재정, 도시 거버넌스(governance)를 포함하는 도시문제에 주된 관심을 경주하는 많은 주들은 그러한 것에 초점을 맞추었다.

연방정부는 저렴한 비용이 소요되는 주택 건설에 관심을 가지고 접근을 하였다. 이러한 접근의 동기는 크게 두 가지였다. 첫째는 가난한 사람들의 주택을 개량해주려는 것이었고 둘째는 경제를 자극하기 위한 방법으로 건설경기를 부양하고 활성화시키려는 것이었다.

이를 위해 먼저 연방정부는 공공주택을 직접 건설했다. 그러나 연방대법원에 의해 이 사업에 제동이 걸리자 프로그램을 변경시키지 않으면 안 되게 되었다. 그래서 연방정부는 지방공공주택관계당국에게 재정지원을 하는 간접방식으로 방향을 선회하였다. 그리하여 오늘날까지 100만 호가 넘는 공공주택과 몇 백만 호가 넘는 사적 소유이지만 공공 재정지원을 통해 건축되어진 주택들이 미국 안에 존재하고 있다. 따라서 주택시장에서 공공부문의 존재는 대공황 때서부터 기원을 갖는다.

1930년대 중반에 '재정착청'(the Resettlement Administration)은 새로운 타운빌딩 프로그램을 착수했다. 그러나 이 프로그램은 의회로부터의 매력과 관심을 지속적으로 얻어내고 유지하는데

8) John M. Levy, *op. cit.*, p.50.

실패를 하여 1938년에 중단되었다. 그러나 이 프로그램은 세 개의 새로운 지역사회를 낳았다. 메릴랜드 주의 그린벨트(Greenbelt), 오하이오 주의 그린 힐(Green Hill), 그리고 위스콘신 주의 그린데일(Greendale)이 바로 그 곳이다. 이외에 '연방주택청'(the Federal Housing Admi- nistration : FHA)에 의해 담보보험(mortgage insurance)이 제공되었다. 이것은 성공을 하여 어떤 연방정부의 조치 중 이것보다 재정착에 보다 더 영향을 끼친 것은 없었다.

도시재개발(urban renewal)의 개념적 기초는 공황시대 때 마련이 되었다. 연방정부 내의 경제학자들은 토지획득비용 때문에 도시중심부가 교외지역과의 개발자금 획득경쟁에서 어려움을 가질 것이라고 내다보았다. 이를 위해 제안된 해결책이 '도시부동산청'(City Realty Corporation)이다. 이 기관은 연방정부의 보조금 사용이외에 시장성이 있는 개발지역을 싼 가격으로 개발해 낼 수 있는 힘을 가지고 있었다. 이러한 시도는 2차 세계대전으로 인하여 뜻을 제대로 이루지는 못했지만 1949년 도시재개발을 위해 마련된 '주택법'(the Housing Act)에 근간이 되어 그 아이디어를 꽃 피울 수 있었다.

제1차 세계대전이 발발하고 미국이 이에 개입하게 됨으로써 미국도 커다란 변화를 맞이하게 되었다. 전쟁에 필요한 막대한 전략물자와 인력을 동원하기 위해선 전통적인 생산체제와 방식으로는 어렵다는 것을 알게 되었고 이러한 인식은 의회로 하여금 1916년 '국가방위법'(The National Defence Act)을 개정하여 윌슨(Woodrow Wilson) 대통령에게 광범한 동원명령권을 부여하게 되는 것이다. 이듬해 '전시산업위원회'(War Industries Board)가 창설되어 생산 및 공급의 우선순위를 설정하고 생산시설, 원료 및 노동력을 배정하고 생산량을 할당하는 권한을 가지게 하였다.9)

이와 같이 1917년부터 1918년 사이에 불충분하나마 전시계획이 행하여 졌으며 1920년 7월 4일에 국가방위법을 개정하여 1921년 이후 '육·해군 군수위원회'(The Army and Navy Munitions Board)에 의해서 장래의 국방을 위한 각종의 산업동원계획이 1930년대까지 발전되어 왔다. 이것은 그 당시에 있어 전시이기는 하였으나 독일이나 소련을 제외한 민주주의 국가에서는 처음 보는 가장 포괄적이고 강력한 정부의 기획활동으로 간주되고 있다.[10] 종전 후에도 군 당국에 의한 물자수급계획은 지속되었으며 연방준비제도(Federal Reserve System) 같은 몇 가지 통제수단은 그대로 존속되었다.[11]

1930년대에 실업자가 1,400만 명으로 증가하고 5,000여 개의 은행 등이 파산하는 등 경제 공황이 심화되자 800여 개 이상 되는 기획위원회들이 재정적 어려움을 겪게 되었다. 많은 도시의 기획위원회들이 자원봉사자들이나 개인 혹은 민간기금으로 연명을 하는 반면 기획의 책임은 연방정부로 이동이 되었다. 아이러니컬하게 기획이 자유방임적 경제체계가 가져 온 문제의 해결사가 되었다. 기획은 뉴딜 정책(New Deal policy)의 근간이었다. 연방정부가 주도가 된 전국기획은 공황을 타개하기 위한 정부투자의 통로가 되었다.

1933년에 내무성 안에 설립된 '국가기획위원회'(The National Planning Board : NPB)는 이러한 임무를 수행하는 중앙기관이 되

---

9) Zoltan Kenessey, *The Process of Economic Planning* (New York : Columbia University Press, 1978), p.62. ; 김신복, 『발전기획론』(서울 : 박영사, 1999), 431쪽에서 재인용.

10) A. F. Hinrichs, "Planning and American Tradition", *Plan Age*, December, 1934. ; John D. Millett, *The Process and Organization of Government Planning, op. cit.*, p.7. ; 권영찬, "앞의 논문", 150쪽에서 재인용. ; 김신복, 『앞의 책』, 431쪽.

11) Zoltan Kenessey, *op. cit.*, p.62. ; 김신복, 『앞의 책』, 431쪽.

었다.[12)] 이 기관은 경제공황을 타개하기 위한 종합계획을 주관하고 주 정부 기획기관을 신설하는 주에 대한 인센티브로 재정과 인적자원을 제공하였다. 이 기관은 또한 미국정부가 최초로 설치한 공식적인 국가기획기관이었다는 점에서 나름대로의 큰 의미를 갖고 있다. 물론 이 기관은 뒤에 '국가자원위원회'(National Resources Board)로 개칭되었다가 1939년에 '국가자원기획위원회'(The National Resources Planning Board : NRPB)로 다시 명칭을 바꾸고[13)] 기획 관련 업무를 수행하다가 1943년에 소멸되었다.

이 기구는 대통령이 상원의 인준을 얻어 임명하는 3인의 위원으로 구성이 되었으며 그 주요 기능은 일반적인 경제동향이나 정부의 구체적인 사업에 관하여 대통령에게 자문하는 것이었다.[14)] 이 기획기구는 대통령 실 직속의 중앙기획기구로서 국토, 하천, 광물 및 동력자원의 이용에 관한 기초적 연구와 현명한 국가정책의 수립에 이바지하는 것이며 따라서 이 기구의 역할은 공공사업에 관한 광범한 기획에 종사하고 인구의 추이, 각종 발명의 사회적 효과, 자원에 관한 조사, 지역 및 도시에 관한 보고를 하는데 있었다.

뿐만 아니라 이 기구는 전국적으로 각종 기획에 관심을 갖는 공적, 사적 기관에 대해서 총 지도 본부의 역할을 담당하여 연

---

12) Anthony J. Catanese and James C. Snyder (eds.), *op. cit.*, p.22. ; 'National Planning Committee'라는 영문표기로 명칭을 부르는 책이나 논문들도 있다.

13) 권영찬, "앞의 논문", 151쪽. ; 1946년에 고용법(Employment Act)이 제정되어 정부로 하여금 완전고용을 달성하도록 의무를 부여하고, 매년 대통령이 의회에 경제 보고서를 제출하도록 하였고 이를 주관하고 대통령에 대한 자문을 담당하기 위해 경제자문위원회(Council of Economic Advisors)를 설치하였다. 이 기구의 구성형태는 국가자원기획위원회와 유사하였다. 김신복, 『앞의 책』, 435쪽.

14) George B. Galloway and Associates, *op. cit.*, pp.493-494. ; 김신복, 『앞의 책』, 433쪽.

방, 주, 주간(州間), 시, 군 및 민간기관의 기획업무를 조정하고 낭비의 방지와 생활수준의 향상에 기여하였다. 그러나 이러한 역할과 활동은 어디까지나 참모로서의 조언 적 기능으로 한정되었으며 직접적인 집행기능은 갖지 아니하였다.[15)]

관련 전국단위의 도시기획과 관련하여 전국자원기획위원회는 두 개의 보고서를 작성하였다. 1937년에 제출된『우리의 도시들 : 국가경제에 있어 그들의 역할』[16)]과 1939년에 발표된『도시기획과 토지정책들』(Urban Planning and Land Policies)이 바로 그 것이다. 이 보고서들은 정부 간 관계의 조정을 통해 상의하달적인 통합기획의 방향을 명확히 하였다.

이외에 1933년에는 경제공황 타개를 위한 많은 정부관련 프로그램들이 쏟아져 나왔다. 그 중에 '민간청년 자연보전단'(Civilian Conservation Corps)이 만들어져서 청년실업자들에 대한 일거리 마련과 자연자원 보호활동을 추진해 나갔으며 '연방긴급구호청'(Federal Emergency Relief Administration)이 만들어져서 도시와 농촌의 구호 및 구조 활동을 추진시켜 나갔다.

또한 '테네시 계곡 개발청'(Tennessee Valley Authority : TVA)이 설립되어 테네시 강 유역의 낙후된 지역을 개발하고 경제공황과 관련된 실업 문제 등을 해소하는 방안으로 활용이 되었다. 테네시 계곡 개발청을 만들려는 아이디어는 네브래스카 주의 상원의원이던 노리스(George Norris)에 의해 제기되었고 이를 실행력 있게 집행해나간 사람은 릴리엔달(David Lilienthal)이었다.

또한 1933년에 '농산물조정법'(Agricultural Adjustment Act :

15) Charles E. Merriam, "The National Resources Planning Board", in G. B. Galloway and Associates, *op. cit.*, pp.493-494. ; 권영찬, "앞의 논문", 152쪽에서 재인용.

16) United States, *Our Cities : Their Role in the National Economy* (U.S. Government Print Office, June 1937).

AAA)이 제정이 되었다. 농산물의 생산이나 가격 및 공급을 안정적으로 회복시키려는데 주안점을 두었다. 이를 위해 정부가 기초농산물의 생산량을 제한하는 대신 보조금을 지급하였다. 그리고 1934년에 기획가와 기획위원회의 기획관련 공무원들을 위한 '미국기획공무원협회'(American Society of Planning Officials)가 설립이 되었으며 '국가주택법'(National Housing Act)이 제정이 되었다.

주요한 기획프로젝트로 손꼽을 수 있는 것 중 하나는 루즈벨트 대통령의 브레인트러스트(Brain Trust)이며 싱크탱크(Think Tank)의 멤버이며 기획이론가인 터그웰(Rexford G. Tugwell)의 지도력아래 앞에서 잠깐 언급한 '국가자원기획위원회'(NRPB)가 창립이 되었다는 것이다.[17] 이 위원회는 주와 지방정부의 기획노력을 지지해 주고 전국단위의 자연자원 목록(inventory)을 만드는 등 나름대로 유용한 기여를 하였다. 그러나 정치적으로 갈등을 유발하면서 1943년 의회에 의해 해체되었다.

광범위하게 계획을 커다란 캔버스에다 그리는 어느 조직이나 자연스럽게 적을 만들 수밖에 없기 때문에 초래 된 일이었다. 또한 이것의 해체는 이념적인 것과 연관을 지울 수도 있다. 좌파 쪽에서 볼 때는 이것의 해체는 자신들에게 주어진 주요한 기회를 놓친 것과 같은 것으로 보았을 것이며 우파 쪽에서 볼 때 이것의 해체는 싹이 더 커지기 전에 사회주의의 망령을 거세한 것처럼 보였을 것이다.

미국은 1943년 국가기획기관인 국가자원기획위원회를 해체시킨 이후 지금까지 전국을 대상으로 한 국가계획은 갖지를 않았다. 국가계획이 없는 이유는 이념적인 이유도 한 몫을 했다. 국가의 종합계획은 사회주의와 같은 의미를 지니고 있어 환영

17) John M. Levy, *op. cit.*, p.51.

을 받을 수 없었기 때문이다. 또 다른 이유는 너무나 계획과 관련된 과업이 거대해질 수밖에 없다는데 있었다. 미국전체를 관장하는 계획을 짠다는 것은 너무나 거대한 일이고 엄청난 일이 될 수밖에 없다.

이외에 다른 이유를 하나 더 손꼽으라고 하면 미국은 주정부가 상대적으로 많은 권력을 가지고 있는 연방정부체계를 가지고 있다는 점을 들 수 있다. 이러한 권력의 분점은 종합적이고 통합된 하나의 국가계획을 만들어내는데 커다란 어려움을 줄 수밖에 없는 것이다. 그래서 네덜란드 식의 상의하달 적인 기획 유형을 미국에선 상상하기 어렵다.[18] 그렇다고 해서 네덜란드가 보다 더 독재적이고 미국만 보다 더 민주주의적이라는 말은 아니다. 네덜란드도 미국 못지않은 민주주의 국가이다. 따라서 이것은 정부 권력이 얼마만큼 집중화되어 있느냐 하는 문제라고 볼 수 있다. 네덜란드는 상대적으로 정부권력이 집중화되어 있는 반면 미국은 그러하지 못한 것이다.

다음 국가자원기획위원회의 창립과 그 활동 이외에 주요한 기획프로젝트로는 앞에서 잠깐 언급했듯이 터그웰의 지도력 하에 1935년 '농촌재정착청'(Rural Resettlement Administration : RRA)을 설립하고 이에 의해 추진된 '그린벨트 타운' 프로그램이다.[19]

농촌재정착청은 세 개의 그린벨트 타운을 건설했다고 앞에서 이미 말한바 있다. 메릴랜드 주의 그린벨트, 오하이오 주의 그린힐스, 위스콘신 주의 그린데일이 바로 그것이다. 이것은 하워드의 정원도시를 기본 모형으로 삼아 이를 유추, 모방한 것이었으나 성공적이지는 않았다는 것이 일반적인 평가이다.

---

18) *Ibid.*, p.288.
19) Anthony J. Catanese and James C. Snyder (eds.), *op. cit.*, p.22.

1935년에 테네시계곡 개발청과 비견될 수 있는 그랜드 쿨리 댐(Grande Coulee Dam) 건설이 의회에 의해 승인이 되어 중앙 워싱턴 주 지역에서 건설이 되어 1941년에 완성을 보았다. 그리고 1936년 콜로라도 강에 후버댐(Hoover Dam)이 완공이 되어 인접하고 있는 네바다 주, 캘리포니아 주, 그리고 애리조나 주가 혜택을 보게 되었다.

1936년에 제정된 사회보장법(Social Security Act)은 어려운 형편에 있는 많은 사람들에게 커다란 희망과 용기를 주는 법이 되었다. 이 법도 정부의 보다 적극적인 역할과 활동을 강조하는 일종의 사회기획 적 관련 입법으로 볼 수 있다. 그리고 1937년 앞서 말한 국가주택법이 개정이 되고 농촌의 빈곤가구들을 위한 '농가안정청'(Farm Security Administration)이 설립이 되었는데 이 기관은 농촌재정착청(RRA)의 후신이다.

아마 뉴딜 정책의 가장 성공적인 기획프로젝트는 홍수통제 및 조절, 발전을 위한 댐 건설[20], 자연자원의 보전 등과 같은 다목적 사업을 포함하여 지역경제개발을 포함하는 포괄적인 지역개발계획을 대규모로 기획하고 주도하면서 지역의 대규모사업 성공의 전형으로 손꼽히는 테네시계곡 개발청일 것이다.

1928년에 의회는 테네시계곡 개발청과 유사한 조직을 만들기 위해 법을 통과시켰으나 쿨리지(Calvin Coolidge) 대통령에 의해 거부당했던 적이 있었다. 그 후 대공황이 왔고 이로 인해 정치판도는 큰 변화를 맞이하였다. 1933년 4월 루주벨트 대통령은 테네시계곡 개발청을 만드는 법의 통과를 요구했고 의회는 신속히 동의를 하였던 것이다. 이 법으로 인해 단일 테네시 계곡 개발청이 지

20) 이외에도 댐으로 인해 만들어진 호수는 여가 레저를 위한 레크리에이션 기획을 만들어 내게 하였다.

역 내의 모든 수자원개발과 정책을 총괄 할 수 있게 되었다.[21]

테네시 계곡 개발청은 여러 지역이 합해져서 전형적인 국가기획의 형태로 추진된 체계적인 기획이었다. 테네시 강 유역은 테네시, 버지니아, 노스캐롤라이나, 조지아, 앨라배마, 미시시피, 켄터키 주 등이 포함되는 광활한 지역이다. 주로 남부의 개발되지 못한 지역을 중심으로 삶의 질을 개선하려는 목적으로 만들어진 사회, 경제, 정치 프로그램과 더불어 댐, 저수지, 발전소, 새로운 타운건설 등으로 이루어진 이 프로젝트는 아주 가시적인 성과를 거두어 들였다. 그래서 이것은 세계적으로 많은 영향을 주었다. 그러나 이것은 그 이후 결코 미국에서는 두 번 다시 재현되지 않았다. 그 이유는 사회주의의 망령에 대한 공포와 연방정부의 힘의 강화를 우려해서이다.[22]

어쨌든 공황 시기는 테네시 계곡 개발청으로 가장 잘 알려져 있는 것과 같은 많은 지역기획노력들이 시작된 시기로 볼 수 있다. 이러한 지역 기획 사업으로는 '뉴잉글랜드 지역위원회'(New England Regional Commission), '콜로라도강상협정'(the Colorado River Basin Compact), '북서태평양지역기획위원회'(the Pacific Northwest Regional Planning Commission) 등이 있다. 후자의 두 개 프로그램들은 보울더(Boulder), 보니빌(Bonneville), 그랜드 쿨리(Grand Coulee) 댐 등을 건설케 하였다.[23]

어찌되었든 이러한 루주벨트 대통령의 경제공황 타개를 위한 뉴딜 정책에 대해 긍정적인 시선 못지않게 비판적인 주장도 없는 것은 아니다. 이들은 끊임없이 자유방임적이고 무분별한 자본주의 시장경제체제가 1929년에 경제 대공황을 초래했고 이것

21) John M. Levy, *op. cit.*, pp.297-298.
22) Anthony J. Catanese and James C. Snyder (eds.), *op. cit.*, p.22.
23) John M. Levy, *op. cit.*, p.52.

을 루주벨트 대통령이 뉴딜 정책을 써서 극복했다는 생각은 잘못된 것이라고 주장하고 있다.

이미 앞에서 살펴보았듯이 정부가 가격과 생산량을 통제하고 은행을 구조조정하며 대대적인 토목사업을 벌리고 매년 수백억 달러의 예산을 쓰면서 수백 만 명에게 일터를 제공하는 등 시장개입을 본격화하였는데 이때 너무 과도한 예산이 사용되었고 이것이 다른 악영향을 만들어내자 정부는 예산을 줄이게 되는데 이렇게 되자 다시 실업자가 늘어나는 악순환을 거듭하게 되었다고 비판론자들은 이해하고 있다.

또한 뉴딜 정책 중 가장 활력 있게 추진 된 것 중에 하나가 앞에서 살펴보았듯이 테네시 계곡 개발청인데 실질적으로 댐 건설은 지엽적 사업이라 공황극복에 별로 큰 도움이 되지 못하였을 뿐만 아니라 발전량도 얼마 안 되고 지역 특성상 수몰지역이 넓어 지역경제는 더욱 낙후되었다는 평가를 하고 있다. 세금면제 등 온갖 특혜를 안고 출발한 테네시 계곡 개발청은 그 결과 오늘날 300억 달러나 되는 부채로 허덕임으로써 공기업의 비효율성을 가장 극명하게 잘 보여주는 예가 되었다고 비판주의자들은 입을 모은다.

그리고 이러한 상황 속에서 제2차 세계 대전이 일어났고 대기업은 군수물자 생산에 전력투구하고 젊은이들은 전쟁터로 향한 결과 공황과 실업이 사라지게 되었다는 것이다. 이들의 시각은 대공황을 끝낸 것은 뉴딜 정책이 아니라 전쟁이라고 보는 것이다. 뉴딜 정책을 비판적으로 보는 대표적인 학자인 프리드먼(Milton Friedman)도 오히려 뉴딜 정책과 같은 반 시장 적 정책 때문에 몇 년이면 끝날 공황이 장기화되었다고 주장하고 있는 것도 이러한 맥락과 그 궤를 같이 하는 것이다.

뉴딜 정책에 대한 공과는 아직도 논란 중에 있는 만치 섣부른 결론을 도출하기는 어렵지만 과 못지않게 공도 컸다는 것이 일반적인 중론이기도 하다. 이러한 일단의 생각은 국가기획의 존재에 대한 정당성을 인정하는 평가이긴 하지만 미국에서는 기획 자체가 사회주의적 사고를 기반으로 하고 있다는 생각과 국가기획이 실시되면 연방정부의 힘이 주 정부나 지방정부보다 상대적으로 강해질 것이라는 우려가 강해서 앞에서 지적한 것처럼 경제대공황이후 국가기획제도는 한 번도 사용된 바가 없다.

제2차 세계대전은 결과적으로 경제공황을 종식시켰으며 전시경제로의 전환은 1930년대의 실업을 빠르게 마무리 지웠다. 그리고 국내의 정치적 초점은 국내에서 국외로 전환되었다. 즉 종래의 국가기획반대론들의 주장은 자취를 감추고 모든 생산수단과 자원을 정부통제 하에 이용하고 전력을 증강하려는 정부기획에 대해 이론(異論)이 존재하지 않았으며 전쟁의 효율적 운영과 독일, 이탈리아, 일본으로 구성된 추축국(樞軸國)에 대한 승리에 주된 관심이 경주되었다.

이로 인해 전쟁을 효율적으로 운영해나가기 위한 기획은 모든 정부 행정의 핵심이 되었으며 그 결과 2차 대전 중의 미국 정부기획능력은 절정에 도달하였던 것이다. 그리고 전쟁이 끝날 때까지 정부의 모든 기관은 그들이 수행한 방대한 사업이나 업무의 기획에 수반되는 여러 문제와 그의 해결방안들에 대한 상당한 지식과 이해력을 가지게 되었던 것이다.[24]

세계대전 중 미국은 그가 보유하는 모든 경제적 자원을 군에 대한 직접지원과 후방국민의 생활을 유지하는 두 가지 부문으로 양분을 하는데 성공을 하였다. 전체 국민생산의 분배계획은

---

24) 권영찬, "앞의 논문", 154쪽.

1942년 가을에 이미 수립을 하였다. '전시생산위원회'(The War Production Board)가 총국민생산중 군에 배분될 비율을 정하면 '합동참모본부'(The Joint Chiefs of Staff)는 이 중에서 다시 지상군, 공군, 각종 해군함정, 민간수송선박 등에 재분배하였다. 또한 자원의 배정, 물가의 통제, 군수물자의 수급 등을 관장하기 위해 전쟁기간동안 '전시동원청'(Office of War Mobilization)이 설립되어 운용되었다. 이리하여 미국 사회전체를 위한 기본적 경제기획이 이루어지고 철저한 국가기획체계가 수립이 된 것이다.[25)]

1941년 12월에 미국이 세계 2차 대전에 참전하게 되자 주의 기획기관은 희소자원을 보전하는데 주된 관심을 가지는 '전시기획위원회'로 바뀌었다.[26)] 이런 관심의 전환은 전시기획위원회로 하여금 자동차사용을 억제하기 위해 교통프로그램과 도시를 재개발하는 중요한 기획을 만들어내게 하였다. 물론 이것은 전쟁 중의 비상계획이었기 때문에 잠정적인 것이었다. 또 방위산업체 근로자들을 위한 비상주택프로그램도 불거져 나왔다. 불확실한 전시상황이라 장기계획은 나오기 어려웠다. 도시기획은 하나의 실천프로그램(action program)이라기보다는 항목별로 논의가 되었다.[27)]

제2절 전후의 성장 시기 : 1945-1950년대

2차 세계대전이 마지막 종착점을 향해 달려가던 1944년에 경제학자 하이에크(Friedrich A. Hayek)가 국가기획을 비판하는 입

25) John D. Millett, The Process and Organization of Government Planning, *op. cit.*, pp.8-9. ; 권영찬, "앞의 논문", 154쪽에서 재인용.
26) Anthony J. Catanese and James C. Snyder (eds.), *op. cit.*, p.22-23.
27) *Ibid.*, p.23.

장에 서서 『노예의 길』[28)]을 발간하자 전시중 수면 아래로 내려가 있던 국가기획에 대한 반대론이 다시 확산이 되기 시작하였다. 이렇게 되자 국가기획을 옹호하는 입장에선 자들의 역할과 활동도 거세어져서 1945년에 파이너(Herman Finer)가 『반동에의 길』[29)]이라는 글을 통해 국가기획을 옹호하고 나섰다.

이러한 국가기획을 둘러싼 논쟁은 1940년대를 뜨겁게 달구었다. 일견 볼 때에는 국가기획에 반대하는 하이에크의 논리가 미국 사회에서 보다 많은 지지를 받는 것처럼 보이지만 그렇다고 해서 국가기획에 친화적인 파이너의 논리가 미국사회에서 자취를 감춘 것은 아니다.

미국 사회가 가지고 있는 다원적 속성과 연방체계라는 정치제도의 특수성 그리고 시장경제를 근간으로 하는 자본주의적 특성으로 인해 국가기획이라는 개념이 명문화되거나 표면화되지 않아서 그렇지 실질적으로 정부나 규모가 큰 기업 등에서는 기획 적 역할과 활동 등이 활발하게 이루어지고 있다. 이런 점으로 볼 때 분산적이고 다양성을 가지고 있는 미국식 기획활동은 미국 자유민주주의 사회의 일부를 형성하고 있는 것만은 부인할 수 없는 사실이다.

2차 세계대전이 종전된 뒤의 기획은 상대적으로 보수적인 틀안에서 이루어졌다. 즉 민간주도와 민간자본에 크게 의존하였다. 전형적으로 주요한 기획주도는 연방, 주, 지방정부의 상호노력의 결합적 혼합물이었다. 기금과 입법가이드라인은 연방정부에서 제공하고 주도와 세부적 기획 그리고 집행은 주나 지방정부에서 행하였다. 1980년대와 90년대 많은 유럽 국가들의 기획

28) Friedrich A. Hayek, *The Road to Serfdom* (Chicago : The University of Chicago Press, 1944).

29) Herman Finer, *Road to Reaction* (Boston, Mass. : Little Brown and Co., 1945).

은 똑같은 이념적 이유로 그리고 경제적 이유로 전후 초기의 미국모델을 많이 닮고 있다.

특히 이 시기의 특징은 시 정부 기획이 확대되었다는 점과 도시재개발, 그리고 고속도로 기획의 시대라는 것이며 도시, 타운 그리고 군(郡) 단위의 기획활동이 크게 확대되었다는 점이다. 그 이유는 여러 가지이다.

전후시기의 번영은 시 정부로 하여금 기획에 쓸 수 있는 보다 많은 기금을 주었다. 민간부문의 만족은 공공욕구에 눈을 돌리게 만들어주었다. 잘 먹고 좋은 집에 살고 재정적으로 안정이 되면 지역사회의 질에 대해 생각해 보게 되는 것이 사람의 마음이다. 1차 세계대전이후 그러했듯이 전후의 교외 화는 수천의 교외도시의 기획활동에 자극을 주었다. 지방기획활동의 성장은 또한 연방정부로 하여금 이 부문에 대한 관심과 강력한 자극의 필요성을 갖게 하였다. 연방보조금, 도시재개발, 기타의 프로그램들은 기획기관들을 늘리는 자극제가 되었다. 1954년의 주택법 701항과 후속 적 입법아래에서 일반적인 기획의도를 위한 지방정부기관들은 연방기금을 유용하게 쓸 수 있었다.

전후에는 복구와 경제성장을 위해 도시기획이 의미를 가졌고 그래서 도시재개발이 주요 사업이 되었다. 연방정부가 주도가 된 국가기획은 사라졌고 주 정부의 기획은 산업 및 경제개발과 일거리 창출에 주된 관심을 보였다. 기획과 관련된 중요한 국가프로그램으로 유일한 것은 주택을 제공하는 것이었다. 대공황과 세계대전으로 인해 건축 및 건설비율이 떨어져 심각한 주택부족을 갖게 되자 이를 경감시키고 슬럼 화된 집들을 밀어버리기 위해 많은 도시들은 주택에 투자하기를 원했다. 그래서 도시재개발은 슬럼을 없애고 주택들을 양산해 내는 프로그램으로 시작을 하게 되는 것이다.

이러한 시류에 부응하기 위해 1949년에 '와그너·엘렌더·테프트법안'(Wagner·Ellender·Taft Bill)으로 잘 알려진 '국가주택법'(the National Housing Act)이 제정이 되었다.[30] 이 법은 최초의 종합계획 적 주택관련 입법으로 8십만 가구의 건설을 목적으로 하였으며 실제적으로 많은 공공주택을 제공하고 관련 지원프로그램과 도시개발을 위한 지원을 제공해 줄 수 있도록 해 줌으로써 도시가 보다 효과적으로 경쟁을 할 수 있도록 해주었다. 또한 이 법은 도시들로 하여금 연방재정지원을 통해 자신들의 문제를 해결하고 계획하는 일을 격려했다.

이러한 노력에 힘입어 도시기획은 불황이전과 같은 활력을 다시 되찾았다. 그래서 많은 도시기획기관이 다시 증가되었다. 이 프로그램이 1973년에 끝났을 때 130억 달러의 연방기금이 사용되어졌다. 이것은 미국 역사상 가장 큰 도시 관련 프로그램이었다. 그러나 이에 대한 비판이 없는 것은 아니었다. 대체적으로 성공적이었지만 이웃분열과 붕괴 그리고 수십만 세대의 이주 등을 강제화 하는 문제 등 매우 높은 인간비용을 강요하였다는 지적도 있었다.[31]

도시재개발에 대한 기본적인 접근을 정립한 것은 1954년의 국가주택법이었다. 같은 해 미국연방대법원도 정부의 경찰권을 인정하는 모양새로 도시재개발의 헌법 성을 지지했다. 도시재개발의 기본적 접근은 간단했다. 황폐한 지역을 정리한 다음 도로와 상하수도 등과 같은 도시기반시설을 재건설하고 이렇게 택지개발이 된 지역을 싼값으로 민간개발업자에게 파는 것이었다.[32] 그런 다음 민간개발업자가 경제적으로 유용한 프로젝트

---

30) Anthony J. Catanese and James C. Snyder (eds.), *op. cit.*, p.23.
31) John M. Levy, *op. cit.*, p.53.

를 꾸릴 수 있게 해주는 것이었다. 도시가 갖는 편익은 슬럼화된 지역을 깨끗이 정리 할 뿐만 아니라 새로운 세수를 확보하게 됨으로써 세수증대의 효과를 얻고 지역사회를 개선하는 일석이조 혹은 일석삼조의 효과까지 얻게 되는 것이다. 이러한 도시재개발과 주택프로그램이 제대로 된 성과를 거두어들이게 하기 위해 연방정부는 '701항 프로그램'(Section 701 Program)[33]을 통해 재정적인 지원을 제공하였다.

이러한 도시재개발, 주택, 기획에 대한 당근과 채찍 식의 접근은 1950년대와 1960년대 초기에 확대되고 개선되어졌다.[34] 이것은 또한 연방정부로부터의 재정지원을 보다 많이 받아내려고 하는 도시들 간의 정부 간 관계도 새롭게 정립을 하였다. 물론 연방정부의 재정지원을 받기 위해서 도시들은 일종의 채찍인 연방정부가 제시한 확실한 지침에 동의를 하여야만 되었다.

그러나 불행히도 이러한 접근은 문제를 야기했다. 도시기획은 연방지원을 위한 자격적격자들을 감소시켰다. 많은 재개발 프로그램들의 강조가 단지 외형적인 것으로 쏠리고 있었다. 거대한 주택개발이 가난하고 사회적으로 불우한 사람들의 사회경제적 문제를 위한 만능 약으로 팔려나갔다. 이런 문제는 다른 연방재정지원 공공사업에서도 덩달아 나타났다.

늘어나는 자동차와 교통량, 물동량 증가 그리고 늘어나는 교외화로 인해 철도만큼이나 자동차나 트럭교통의 중요성이 대두되었다. 이러한 압력 하에 시는 대규모 고속도로 기획을 구상하게 되는 것이다. 이러한 것 중 대표적인 것이 '시카고지역교통

---

32) Anthony J. Catanese and James C. Snyder (eds.), *op. cit.*, p.24.

33) 이것은 종합계획을 만들어낸 지역사회에 대해 상응한 재정기금(matching fund)을 제공하는 것이다.

34) Anthony J. Catanese and James C. Snyder (eds.), *op. cit.*, p.24.

연구'(the Chicago Area Transportation Study)이다.

고속도로 건설을 위해 1916년에 '연방도로지원법'(the Federal Aid Road Act)이 제정이 되었다. 이 법은 도시 내 고속도로의 건설을 지원하기 위해 연방기금을 주에 제공할 수 있게 하였다. 이외에 1938년에 의회는 고속도로 건설을 위한 연구를 하기 위해 '공공도로국'(the Bureau of Public Roads : BPR) 신설을 요구하였다. 그러나 고속도로가 전국적으로 건설되는데 커다란 역할을 한 것은 1956년 아이젠하워 행정부에 의해 제정된 '연방고속도로지원법'(the Federal Aid Highway Act)[35)]이다.

이것이 대공황기의 기획과 관련되어 시도되어졌던 '주간(州間) 방위고속도로프로그램'(Interstate Defense Highway Program)을 가능하게 만들었다. 물론 이 프로그램은 2차 세계대전으로 잠시 선반에 올려놓아져 있다가 의회에 의해 국가 방위를 위해서라는 명분으로[36)] 연방고속도로지원법이 통과됨으로써 빛을 보게 되었던 것이다. 이 법으로 인해 전국적으로 표준화된 고속도로 설계가 가능해졌고 각 주들에게 고속도로 건설기금을 배당하는 방법이 만들어지고 절차적이고 행정적인 문제들이 다루어질 수 있었다.

우선 고속도로 체계의 설계는 '연방고속도로청'(the Federal Highway Administration)과 주 정부 관리들의 공동노력으로 이루어졌다. 또한 고속도로건설에 소요될 매우 큰 규모의 기금을 조달하는 메커니즘도 정립이 되었다. 즉 '고속도로건설신용기금'(the Highway Trust Fund)이 만들어진 것이다. 이 기금은 새로이 생산되어 출고되는 자동차에 대해 부과되는 소비세(excise tax)와 자동차연료에 대해 부과되는 판매세로 충당을 하였다.[37)] 이

35) '국가방위고속도로법'(the National Defense Highway Act)이라고도 불려진다.
36) 도시 소개(疏開)를 위한 병참선을 개선시킨다는 명분이 주 된 것이었다.
37) '국가휘발유세신용기금'(National Gasoline Tax Trust Fund)을 만들어냄에 의해 600억 달

법은 미국 역사상 가장 대규모 단위의 건설프로젝트인 주간고속도로시스템 건설의 첫 단추를 꿰게 하였다. 그래서 주의 지원을 받는 모든 도시들이 거대한 규모의 주간 고속도로체계에 관한 기획을 짜고 건설을 했다.

이러한 결과로 인해 10년 이내에 지금 아주 익숙해진 문제가 발생하였는데 즉 황폐해진 이웃, 교외의 비대화, 자동차위주의 교통체계에 의한 에너지수요 상승 등이다. 도시들은 도시생활의 질을 희생하는 대가로 연방지원에 응답을 했던 것이다. 교외와 외곽의 쇼핑지역이나 사무실지역은 성장해 나갔으나 도시중심지역은 침체하였던 것이다. 이에 대처키 위해 1959년에 의회는 '정부간관계자문위원회'(Advisory Commission on Intergovernmental Relations)를 설립하여 지역정부간의 관련성 증진을 통한 행정의 개선노력을 경주하였다.

어찌되었든 국가방위고속도로법이 통과됨으로써 대공황시대부터의 생각이 현실화되었고 주로 실행은 1960년대와 1970년대 이루어졌다. 1980년대 말까지 몇몇 지엽적인 부분을 제외하곤 이 사업은 완결되었다. 이 시스템은 길이로는 42,500마일에 이르렀고 총 비용이 1,290억 달러에 달하는 대형프로젝트였다.[38)]

제3절 1960년대와 1970년대의 기획

연방관료제에 대한 불만족, 월남전에 대한 회의 그리고 염증, 그리고 마약문화 등은 급진주의를 출현시켰고 이러한 분위기로 젊은 기획가들이 도시문제를 순수한 물리적 기획과 설계로 해

러의 기금을 승인했다. Anthony J. Catanese and James C. Snyder (eds.), *op. cit.*, p.25.

38) John M. Levy, *op. cit.*, p.299-300.

결하려는 것을 거부하였다. 사회정의, 평등성, 그리고 부와 권력의 재분배 등을 목적으로 하는, 또한 그러한 것을 내포하는 기획과 설계로의 재 정의를 요구하고 나왔다. 어떻게 보면 미국식의 사회주의 운동이었다. 그러나 운동의 기획 적 측면은 혁명적이기보다는 보다 이론적이고 절차적이었다.

이러한 것에서 파생된 다양한 접근과 테크닉들이 있는데 이것을 '사회적 기획'(social planning) 혹은 '옹호적 기획'(advocacy planning)이라 불렀다. 이것이 의미하는 것은 도시기획가들이 가장 불우하고 빈곤한 집단을 대변하고 그들의 기획 적 요구와 필요를 표명하는 것이다. 즉 기획테크닉과 기술들을 사용해서 옹호적 기획가들이 시민일반의 이익보다는 특정한 집단의 이익을 대변하는 것이다. 그래서 이러한 집단이 도시 의사결정 토론과정에서 전통적인 파워집단과 경쟁할 수 있게 만드는 것이다.

이러한 운동은 존슨(Lyndon B. Johnson) 행정부가 의욕적으로 추진한 '빈곤과의 전쟁' 프로그램에 대한 정치적 지지를 이끌어 내었다. 특히 '모델시티 프로그램'(Model Cities Program)에서 최대의 적실성 있는 참여를 유도해 낼 수 있었다. 모델시티 프로그램은 하나의 기획과 집행기관아래에서 도시문제에 대해 물리적이고 사회적이며 경제적인 종합복합 적 해결책을 강구해 내려는 것이었다. 이것은 가난한 사람들이 정부에 참여할 수 있게 해주었다.

그러나 이것은 취지나 뜻은 좋았지만 사회적 형평성, 참여 등을 과도히 강조한 나머지 기술적이지 못한 기획가들을 양산하게 되는 결과를 낳았고 결국 그 성과도 그렇게 큰 진전을 볼만큼 돋보이지도 않게 되었다. 이렇게 되자 정치가들은 빠르게 운동에서 흥미를 상실했고 이에 대한 신뢰성은 추락을 했다. 닉슨

(Richard Nixon) 행정부는 이 프로그램에 대한 어떠한 흥미나 지속의 의사를 가지지 않았고 결국 포기를 하였다.

자연환경보호와 관련된 환경기획은 1960년대 말에 들어서면서 관심이 일기 시작했다. 첫째, 인구성장과 번영으로 사람이 환경을 해치게 되었다는 것과 둘째, 우리가 생산하는 것과 생산하는 방법에 커다란 변화가 왔다는 점 등이 그 이유가 되었다.[39] 예를 들어 카르슨(Rachel Carson)은 디디티(DDT)가 먹이사슬로 들어가게 되면 생태계뿐만 아니라 인간에게도 해악적 결과(all sorts of dire consequences)를 가져다준다고 주장했다.[40] 코모너(Barry Commoner)도 환경에 악영향을 주는 생산품과 과정의 변화 목록을 보여주고 있다.[41] 1960년대 말의 환경에 대한 이러한 사회적 관심은 닉슨 행정부로 하여금 환경보전을 초기부터 강조하고 나오게 만들었다. 일련의 중요한 법들이 자연환경보전과 오염통제를 위한 엄격한 기준을 정립키 위해 제정이 되었다.

1969년에 '국가환경정책법'(the National Environmental Policy Act : NEPA)을 통과시켰고 이 법에 근거하여 1970년에 연방 '환경보호청'(the Environmental Protection Agency : EPA)[42]을 설립케 하였다. 그리고 같은 해에 '청정대기법'(Clean Air Act)을 제정하게 하였다. 또한 연방기금이 들어가는 프로젝트에는 '환경영향평가서'(environmental impact statement : EIS)를 의무적으로 작성하도록 하였다. 이러한 요구는 연방기금을 쓰는 많은 사업 참여자들로 하여금 요구조건을 충족시키기 위해 많은 환경 기획가들을 채용하게 만들었다. 뒤이어 많은 주정부들이 국가환경정책

39) *Ibid.*, p.54.
40) Rachel Carson, *op. cit.*,
41) Barry Commoner, *The Closing Circle* (New York : Alfred A. Knopf, 1971).
42) 일명 '연방환경청'(Federal Environmental Protection Agency)이라 부르기도 한다.

법과 유사한 법을 통과시켰다.

의회는 청정대기법, '독성물질통제법'(the Toxic Substances Control Act)등 많은 환경관련 입법들을 통과시켰다. 이러한 법들에서 요구하는 조건을 충족시키기 위해 많은 기획에 대한 관련 사항이 강조되고 이로써 환경 기획 분야가 확대되었다. 기획과정에서 종전까지는 토지사용과 관련된 기획정도로 마무리 짓던 것을 이제는 환경과 관련된 기획까지 포함케 되었던 것이다.

환경과 연관을 지어 에너지 분야도 기획 적 관심이 1973년 아랍-이스라엘 전쟁 이후 점차 증가되고 있다. 세계적으로 몰아닥친 오일쇼크(oil shock)에서 벗어나기 위해 에너지기획부문이 나타나게 되었던 것이다. 예를 들어 에너지를 절약하기 위해 평균근무시간의 단축이나 쇼핑몰의 영업시간 단축 등과 같은 조치들을 들 수 있다. 1970년대의 1, 2차에 걸쳐 나타난 오일 쇼크를 겪으면서 이에 대한 관심이 증대되어 1980년대 초에 에너지 기획에 대한 관심과 노력이 강하게 나타났었다.

2차 세계대전 직후에 정부의 경제적 기능이 국가경제기능을 활성화할 것이라는 믿음이 있었다. 정부의 금융화폐정책이 높은 고용율 과 합리적으로 경제의 주기적 순환을 안정으로 이끌 것으로 믿었다. 빈곤이 실업으로부터 야기된다는 생각에서 보다 많은 사람을 일자리로 내 보내고 임금을 올리기 위해선 경제성장을 해야 한다고 생각했다. 그러나 시간이 지나면서 국가가 번영을 해도 빈곤과 실업은 여전하다는 것을 느끼게 되었다.

지리적으로 이러한 것을 가장 뼈저리게 느끼기 시작한 것이 바로 애팔래치안 산맥지역이었다. 이에 반해 동부해안지역은 보다 번영을 해나갔고 중서부지방 역시 번성해 나갔다. 애팔래치안 지역은 번영하는 그 두 지역사이에서 샌드위치가 되었다. 이를 타개하기 위해 1965년에는 '애팔래치안지역기획법' (Appalachian Regional Planning Act)을 제정하여 애팔래치안 산맥과 그 주위로 위치하고 있는 서부 버지니아(West Virginia)외 12개의 다소 낙후된 주들을 개선시키려는 노력을 경주하였다.

'빈곤주머니' 또는 '구조적 실업'이란 용어가 나와 사용되었다. 1960년대 초에 연방정부는 지방경제개발프로그램을 위해 여러 기관들과 여러 프로그램들을 통해 기금을 풀었다. 낙후된 지역에 자본을 풀어 넣는 기획과 보조금이라는 수단을 통해 목적을 성취시키려 했다. 초기에는 주된 대상지역이 농촌과 조그마한 소규모 타운들이었으나[43) 1960년대 이후에는 도시빈곤으로 노력의 초점이 이전되었다.

그러다가 레이건(Ronald Reagan) 행정부의 정치적 이념으로 인해 이런 프로그램이 난관에 봉착하였고 연방정부는 80년대에 이런 분야로부터 돈을 거두어 들였다. 그 이후 부시(George H. W. Bush) 행정부 때나 2번 재선된 클린턴(Bill Clinton) 행정부 때나 심지어 부시(George W. Bush) 행정부에서도 앞서 시행되었던 연방역할을 다시 회복시키려는 시도는 없었다. 그럼에도 불구하고 수천의 지방정부들은 아직도 많은 노력과 수백 억 달러를 경제개발에 투여하고 있다. 구조적 실업은 이러한 투자의 기본적 동기가 되고 있다.

또 다른 주요한 동기는 재산세감면이다. 재산세감면 동기는 70년대 지방세를 증액하는데 대한 시민저항이 증대됨에 의해 강화되어졌다. 가장 대표적인 예가 캘리포니아 주에서 있었던 '주민제안 13'을 들 수 있다. 시 정부는 한편으로는 시민들의 조세저항과 다른 한편으로는 제공하는 서비스의 비용증대사이에

---

43) John M. Levy, *op. cit.*, p.56.

끼여 이도 저도 어떻게 할 수 없는 상황에서 경제개발을 통해 과표(tax base)를 확대하는 것이 최상의 방책이라 여겼던 것이다. 1990년대에 들어서면서 성장경쟁은 더욱 가열되었고 경제개발계획은 기획의 중요 성장부문 중 하나가 되었다.

1960년대에 성장통제와 관리에 대한 것이 기획의 주요 부분이 되었고 또한 해결이 쉽지 않은 법적, 도덕적 논란을 불러 일으켰다.44) 이렇게 성장통제와 성장관리에 대한 논란이 야기된 이유로는 여러 가지를 열거 할 수 있지만 대표적인 것을 들자면 첫째, 인구성장과 인구의 교외화 현상이다. 많은 지역사회들이 이러한 성장으로 인한 위협감을 느끼기 시작하였고 이에 대한 통제의 필요성을 느끼게 되었다는 것이다. 둘째, 환경문제에 대한 인식이다. 이로 인해 야기된 '인구제로성장'(Zero Population Growth : ZPG)45) 등을 그 예로 들 수 있다. 어쨌든 이러한 성장과 관련된 논란은 여러 관점에서 논의되고 연구되어졌으며 이를 위한 대안들이 개발되어 시행되기도 하였다.

또한 주 정부의 기획의 성장(the Growth of Statewide Planning)을 1960년대 시작하면서 많이 목격하게 되었다. 특히 환경문제와 연관되어 많이 성장을 하였다. 환경문제가 지방정부의 행정구역을 넘는 광역적인 문제이어서 지방문제로는 적합하지 않아 주가 중심이 된 기획을 만들어 내게 하였다.

이 외에 1971년에 '미국기획기구'(American Institute of Planning : AIP)가 기획가나 관련 공무원들이 지켜야 할 '전문기획가윤리강령'(Code of Ethics for Professional Planners)이라는 윤리규범을 제정하였다. 또한 앞에서 이미 언급했듯이 1978년에 '미국기획기

---

44) *Ibid.*, p.55.
45) Paul Ehrlich, *The Population Bomb* (New York : Ballantine Books, 1971).

구'(AIP)와 '미국기획공무원협회'(ASPO)가 합병을 하여 '미국기획협회'(APA)가 새로이 설립되었다.

제4절 1980년대, 그리고 현재의 기획

레이건 대통령은 뉴딜 정책 이후 도시기획에 가장 이념적인 영향을 주었다. 카터(Jimmy Carter) 대통령과 레이건 대통령은 도시기획에 연방정부가 통제를 하는 것을 반대했으며 특히 레이건 대통령은 연방정부의 개입자체를 끝장내고자 하였다.[46] 그는 모든 기획과 발전프로그램들을 주 정부나 지방정부에게 되돌려주기를 원했다. 또한 그는 도시기획에 있어서 민간부문의 보다 큰 역할을 원했다.

이러한 카터와 레이건 대통령의 이념적 영향으로 1980년대는 민간 기업이 도시기획을 이끌어 나가는 가장 대표적인 시대가 되었다. 카터 행정부 때 만들어진 도시개발교부금(Urban Development Action Grant : UDAG)을 통해 80년대 초 도시개발과 관련된 프로젝트에 참여하는 민간 기업들을 집중적으로 육성할 수 있었다.

또한 이 시기의 주 정부나 지방정부에서 운영하는 프로그램들도 도시기획을 위해 정부로 대변되는 공공부문과 민간 기업으로 대표되는 민간부문이 서로 파트너로써 협력하는 시대를 열어나갔다. 미국도시기획역사에 있어서 이러한 바람직한 민관협력은 도시를 계획하고 만들어나가는데 있어 정부와 민간기업의 협력적 역할이 매우 중요하다는 것을 보여주었다.

또한 민간 기업에서도 기획에 대한 인식의 전환과 역할에 대

---

46) Anthony J. Catanese and James C. Snyder (eds.), *op. cit.*, p.26.

한 기대가 커짐으로써 '전략기획'(strategic planning)과 같은 것을 실제 기업에 활용하게도 하였다. 이러한 도시기획에 있어서의 정부와 기업의 협력은 전문화를 위한 새로운 방향을 제시해 주는 기여도하고 있다. 주나 지방정부도 이제 기획을 연방정부가 의도한대로 만들려고 하는 그 어떤 것으로 보지를 않고 자신들의 미래를 가꾸어 나가는데 필요한 그 어떤 것으로 보고자 하는 것이다.47)

그리고 이 시기에는 미국의 기획의 역사적 흐름을 이해하고 나름대로 정리하려는 노력도 경주가 되었다. 1986년에 제1차 '미국기획역사전국회의'(National Conference on American Planning History)가 오하이오 주의 콜럼버스(Columbus)시에서 개최가 된 것도 이러한 맥락에서 이해를 하여야 할 것이다.

20세기 말에 기획에 있어 가장 일반적으로 듣는 말 중 하나가 바로 스마트한 성장이라는 것이다. 20세기 말에 미국 인구는 일년에 200만 명씩 늘어났다. 그런데 이렇게 늘어나는 인구의 대부분은 비 도시지역이 아닌 도시 중심주변에 있는 광역교외지역(Metropolitan area)으로 집중되었다. 이러한 현상은 교통량을 증대시켜 출퇴근 등의 교통문제를 야기하고 주택가격을 상승시켜 많은 사람들로 하여금 자신이 다니는 직장으로부터 더 멀어진 집에서 살게끔 만들었다. 더 나아가 많은 시민들이 넓은 개방공간을 잃게 되었고 삼림 등으로 우거진 숲 등을 잃게 되었으며 환경의 질을 걱정하게 되는 상황에 이르게 되었다. 즉 도시환경의 문제가 악화되게 된 것이다.

미국 '인구센서스국'(U. S. Bureau of the Census)은 2000년 기준 한 해 100만 명 증가가 2050년에는 400만 명으로 증가할 것이라는

---

47) *Ibid.*, pp.26-27.

중기 인구증가예측 추계를 내 놓았다. 만약 현재의 추세대로 나아간다면, 부가적인 인구증가가 현재 증가수준을 넘어 설 것이고 이는 중심도시 주변의 광역교외 지역이 보다 더 인구가 밀집되고 주거지역이 넓어지게 되는 결과를 초래하게 될 것이다.48)

스마트한 성장은 이러한 중심도시 주변의 광역교외 지역의 인구증가의 문제를 다룰 수 있는 기법을 필요로 하며, 이러한 기법들을 가지고 관련 문제들을 다듬어 나가는 것이 바로 성장관리이다. 이를 위해 현존하는 도시지역의 개발과 도시성장의 범위책정, 보다 전통적인 보행자위주의 도시설계원리로 되돌아가야 한다는 주장도 제기되고 있다. 이것을 '신전통주의설계'(neotraditional design) 또는 '신도시주의'(new urbanism)라 칭할 수 있다.

그러나 아직 스마트한 성장이 정확히 무엇이며 무엇들로 구성되는 것이냐 하는데 대해서는 이견이 많다. 여기서 분명한 점은 스마트성장이 무엇이냐 하는 것보단, 지속적인 인구성장에 의한 광역교외 지역의 혼잡과 확대문제가 앞으로 오랜 시간동안 기획의 핵심적 문제 중 하나로 다가오게 될 것이란 점이다.

스마트 성장이외에 현대기획에 있어 새롭게 제기되는 화두는 기획과 공공안전에 대한 관심이 증대되고 있다는 점이다. 안정과 안전에 대한 필요와 요구는 도시가 진화된 이면의 중요한 요인이었다. 과거부터 도시는 농촌주변의 독립된 주거지보다는 더 방어하기 용이한 것으로 간주되었다. 그러나 몇 세기 전에 개발되어진 기술은 이런 그림을 바꾸어 놓기 시작하였다. 15세기 말엽 유럽에 화약을 이용한 대포가 나타났을 때 도시의 성벽은 무가치한 것으로 판명되었다. 20세기에 들어서서 비행기의 발

48) John M. Levy, *op. cit.*, p.57.

명은 2차 세계대전에서 너무나 명료하게 지켜보았듯이 도시를 안전한 장소에서 거대한 공중폭격의 표적으로 바꾸어 놓았다.

2차 세계대전이후 소련이 핵무기로 무장을 하게 되자 미국의 도시들은 주요 군사거점으로 인식이 되고 간주되었다. 도시에 거주하는 많은 사람들이 인구가 밀집되고 많이 모여 살아 도시화가 되면 될수록 핵공격의 주된 표적이 된다고 생각하였고 그래서 핵공격 시 살아남기가 더욱 어렵게 될 것으로 여겼던 것이다.

이러한 분위기 속에서 도시 기획가들과 관련 연방공무원들은 보다 분산적이고 산재(散在) 적인 개발패턴이 국가이익에 부합되는지 여부를 논의하기 시작하였다.[49] 그러나 결과부터 말하자면 방위시설이나 상업지역 또는 주거지역 개발 위치선정에 이러한 분위기와 논의가 약간의 영향을 끼치기는 했지만 미국의 도시개발패턴에 큰 영향을 주지는 못했다는 것이다.

미국이 분산정책을 채택하지 않은 하나의 이유는 미국과 소련간의 핵전쟁은 일어나지 않을 거라고 많은 사람들이 믿고 있었기 때문이다. 핵전쟁이 일어나지 않을 것이라는 주장의 가장 핵심적인 가정은 소련의 지도자들이 주의 깊고 사려 깊으며 냉정하고 온전하며 합리적인 정신의 소유자들이라는 것이다. 냉전이 점차적으로 빛을 잃어가고 긴장완화가 고조되어져 가자 개발패턴에 대한 안보적 고려는 점차적으로 희석되어졌다. 과거를 회고해볼 때 이러한 핵심적인 가정은 정확한 것이었다.

그러나 2001년 9월 11일 일단의 테러리스트들에 의해 자행된 '세계무역센터'(World Trade Center) 등의 공격테러 사건은 주거의 패턴과 안전사이의 관계를 기획가들의 의제로 다시 되돌아오게

---

49) Michael Quinn Dudley, "Sprawl as Strategy : Planners Face the Bomb," *Journal of Planning Education and Research*, Vol.21, No.1, Fall 2001, pp.52-63.

만들었다.50) 어떤 테러리스트의 공격도 핵공격만큼 파괴적이지는 않을 것이라는 믿음이 깨지고 실제 그러한 파괴가 이루어졌다. 소련의 지도부와는 달리 알카에다(Al-Queda)의 지도부는 조심스럽지 않았으며 대부분의 미국인이 볼 때는 결코 온전한 제정신이 아니었다. 테러리즘이 이스라엘이나 아프가니스탄, 이라크, 그리고 스리랑카(Sri Lanka)나 캐시미르(Kashmir)와 같이 먼 나라에서만 일어나는 일아 아니라는 점을 미국인들에게 일깨워주었다.

테러리즘의 공포가 주는 효과가 주거의 패턴과 도시설계에 어떠한 영향을 주게 될 지에 대해서는 아무도 현재로선 자신 있게 말하기 어렵다. 그러나 테러의 공포가 분산의 힘에 무게중심을 얹어 줄 것이라는 점은 분명히 생각할 수 있을 것 같다. 만약 안전을 담보해주는 비용이 교외나 교외밖에 위치할 때보다 도시 중심에 위치할 때가 더 높다면, 기업이나 주거에 대한 투자결정은 도시 중심지역으로부터 멀어질 것이다.

핵심관건은 한마디로 표현하자면 심리적인데 있다. 기업들이 위험을 무릅쓰고 계속해서 사회적 위신과 보다 나은 경치나 경관을 위해 도시 중심의 비싼 임대료를 내려고 할까? 그렇지 않으면 그것을 거부할까? 만약 후자의 생각대로 된다면 투자가들은 도시 중심의 비싼 땅에 높은 건물을 짓기 위해 자기의 돈을 투자하지는 않을 것이다.

기획가 뉴먼(Oscar Newman) 은 자신의 책『방어할 수 있는 공간』(Defensible Space)에서 도시 기획가들이 빌딩설계나 빌딩 군 설계 시 가장 중요한 고려사항 중 하나로 여기는 것은 거리 범죄로부터의 위협을 어떻게 하면 최소로 줄일 수 있을까 하는데 둔다고 말하고 있다.51) 만약 그렇다면 앞으로는 건축사나 도시 기

50) John M. Levy, *op. cit.*, p.58.

획가들은 건축설계를 하거나 도시 관련 기획을 할 때 어떻게 하면 테러에 효과적으로 대비할 수 있을 것인가를 먼저 생각하게 되지 않을까? 그렇다면 접근로를 최소화하고, 안팎의 감시가 용이하도록 설계하고 자동차폭탄테러 등에 대비하기 위해 주차장을 건물과 일정한 거리 이상 이격(離隔)을 시키고 화재가 발생하거나 폭탄이 터졌을 경우 한 건물에서 인접한 다음 건물에 해를 끼치지 않기 위해 건물들 간의 거리를 보다 넓히고, 폭발이나 화재를 버틸 수 있는 건축자재로 바꾸거나, 유사시 탈출을 용이하고 신속하게 해줄 수 있는 비상구 등을 많이 고려하게 될 것이다.

지금까지의 논의를 한마디로 요약하여 설명한다면, 기획이 선호되기 어려운 환경 속에서도 연방정부는 지난 200여 년 동안 여러 가지 다양한 프로그램들과 정책들을 통해 미국의 기반을 만들어나가는 일에 주요한 역할을 수행해 왔다는 점이다.

연방정부는 채찍보다 당근을 선호하는 방법을 주로 구사하였다. 여기에서 당근은 연방 자금이나 연방토지였다. 주로 연방정부는 가이드라인을 설정해 주거나 자금 등을 제공하고 주와 지방정부 그리고 민간부문들이 구체적인 세부사업을 실행해 나가는 형태를 유지해 왔다. 이러한 방식이 가능할 수 있었던 것은 연방이 많은 토지를 소유하고 있었기 때문이다.

1803년에 프랑스로부터 미시시피 강 서안의 루이지애나 지방을 구입하였고 1846년 멕시코 전쟁이후 멕시코로부터 텍사스, 뉴멕시코와 캘리포니아를 넘겨받음으로써 태평양 연안에 이르는 땅을 획득하였고 한때는 영국과 미국의 공동소유였던 오리건을 영국으로부터 양도받았을 뿐만 아니라[52] 1867년에 러시아

51) Oscar Newman, *Defensible Space : Crime Prevention Through Urban Design* (New York : Macmillan Publishing Co., 1973).

52) 오리건은 1859년 미국의 33번째 독립주가 되었다.

로부터 알래스카 등을 구매함으로써 연방정부는 매우 큰 규모의 땅을 소유하게 된 것이다.[53] 이러한 토지와 연방정부의 자금은 주나 지방정부의 기획에 커다란 영향을 끼쳤다. 이와 관련된 연방정부의 활동이나 입법의 예로는 1785년의 북서조례(Northwest Ordinance), 이민자에게 이양되는 자작 농장법(Homestead Act), 모릴토지공여법(Morrill Land Grant Act), 테네시 계곡 개발청(Tennessee Valley Authority), 철도부설을 위한 토지공여(land grants to railroads), 주(州)간 고속도로 건설사업 등이 있다.[54]

앞서 유럽과 미국의 기획에 대해 살펴보았는데 유럽과 미국의 기획에 대한 시각 차이가 있음을 알 수 있다. 그렇다면 무엇이 이러한 시각의 차이를 가지게 하는 것인지 살펴 볼 필요가 있다.[55]

유럽과 미국의 시각이나 인식의 차이로 들 수 있는 것은 미국보다 유럽이 보다 기획에 친화적이라는 것이다. 즉 기획이 받아들여지는데 있어 보다 용이한 여건을 가지고 있는 것이 유럽이라는 것인데 그 이유는 다음과 같다.

첫째, 2차 세계대전 직후 유럽의 대부분의 도시지역은 전쟁의 후유증으로 황폐화되어 있었다. 이를 재건하기 위한 커다란 강조가 기획을 자연스럽게 일반화시켰으며 전 후 유럽의 통합화를 위한 평화적 노력이 기획에 또한 영향을 주었다.

둘째, 미국과 달리 유럽의 여러 국가들은 사회주의가 주요한 정치적 힘이었다. 이러한 미국과 유럽의 이념적 차이점이 정부의 권리와 의무에 대한 인식의 차이를 가져 왔다. 미국의 경우 국민총생산에서 공공부문이 사용하는 부분은 30%선에 머물고 있지만 서부유럽의 대부분의 국가는 40 ~ 50%선을 넘고 있고 특

53) John M. Levy, *op. cit.*, p.289.
54) *Ibid.*, p.306.
55) *Ibid.*, pp.309-311.

히 스웨덴과 같은 나라는 60%선에 이르고 있다. 그만큼 국민의 일반생활에 정부의 역할이 커짐에 따라 기획의 역할도 커진다고 볼 수 있다.[56)]

셋째, 미국보다 높은 유럽의 인구밀도가 기획발전에 영향을 주었다. 개발의 집중과 토지사용의 효율화가 더욱 절실하기 때문이었다.

넷째, 미국보다 사유재산권에 대한 통제력이 더욱 강한 유럽 국가들이 기획가에게 보다 더 큰 힘을 실어주었다.

다섯째, 미국과 달리 유럽 국가들은 대부분의 주택들을 공적으로 짓고 그리고 공적으로 소유한다. 이러한 소유권이 정부에게 인공 환경 조성에 강력한 힘을 부여한다. 특히 스칸디나비아 국가들에 있어서는 상당한 양의 도시 토지가 공적으로 소유가 되어 정부당국이 언제 그리고 어떻게 토지를 개발할 것인지에 대한 절대적인 통제권을 가지게 해 준다.

여섯째, 미국과 달리 유럽 국가들은 기획 분쟁이 있을 경우 이를 해결하기 위해 사법부에 의존키보다는 행정결정에 더 의존한다. 그래서 유럽의 시 정부는 개인소유토지에 대한 정부의 행동이 사법부에 의해 뒤집어 질 것이라는 공포감에서 기인되는 자제가 더 적다.

일곱째, 독일, 오스트리아, 그리고 스위스를 제외한 대부분의 유럽 국가들은 미국연방체계보다 정치권력이 더 중앙집권적이다. 이러한 중앙집권적인 유럽국가의 정부는 중앙집권적 정치체계가 중앙정부로 하여금 지방정부의 계획을 국가기획에 맞도록 요구할 수 있기 때문에 국가적 기획을 보다 용이하게 추진시켜 나갈 수 있다.[57)]

---

56) *Ibid.*, p.310.

::참고문헌

권영찬. (1967). "기획에 관한 몇 가지 사적 고찰", 『한국행정학보』, 제1권.

김신복, (1999). 『발전기획론』, 서울 : 박영사.

Booth, Philip. (2003). *Planning by Consent : the Orgins and Nature of British Developmental Control*, London and New York : Routledge.

Bork, Robert. (1990). *The Tempting of America : The Political Seduction of the Law*, New York : Free Press.

Buder, S. (1990). *Visionaries and Planners : The Garden City Movement and the Modern Community*, New York : Oxford University Press.

Callow, Alexander B. (1973). *American Urban History*, Oxford University Press.

Carson, Rachel. (1962). *Silent Spring*, Boston, Mass. : Houghton Mifflin, .

Catanese, Anthony J. and James C. Snyder (eds.). (1988). *Urban Planning*, 2nd ed., New York : McGraw-Hill Book Company.

Clark, John Maurice. (1945). "Financing High Level Employment", *Financing American Prosperity*, New York : The Twentieth Century Fund.

Commoner, Barry. (1971). *The Closing Circle*, New York : Alfred A. Knopf.

Dudley, Michael Quinn. (2001). "Sprawl as Strategy : Planners Face the Bomb," *Journal of Planning Education and Research*, Vol.21, No.1,

57) *Ibid.*, p.311.

Fall.

Ehrlich, Paul. (1971). *The Population Bomb*, New York : Ballantine Books.

Finer, Herman. (1945). *Road to Reaction*, Boston, Mass. : Little Brown and Co.

Fisher, I. D. (1994). "Frederick Law Olmsted : The Artist as Social Agent", in DA Krueckeberg (ed.), *The American Planner : Biographies and Recollections*, 2nd. ed., New Brunswick, New Jersey : Center for Urban Policy Research.

Galloway, George B. and Associates. (1941). *Planning for America*, New York : Henry Holt and Co.

Garvin, A. (1996). *The American City : What Works, What Doesn't*, New York : McGraw-Hill.

Glaab, Charles N., and A. Theodore Brown. (1973 & 1976). *A History of Urban America*, 2nd ed., New York : The Macmillan Publishing Company.

Hall, Peter. (1996). *Cities of Tomorrow*, London : Blackwell.

Hayek, Friedrich A. (1944). *The Road to Serfdom*, Chicago : The University of Chicago Press.

Hinrichs, A. F. (1934). "Planning and American Tradition", *Plan Age*, December.

Kantor, H. A. (1994). "Benjamin C. Marsh and the Fight over Population Congestion," on D. Krueckeberg (ed.), *The American Planner : Biographies and Recollections*, 2nd ed., New Brunswick, New Jersey : Center for Urban Policy Research.

Kenessey, Zoltan. (1978). *The Process of Economic Planning*, New York : Columbia University Press.

Krueckeberg, Donnald A. (ed.). (1983). *Introduction to Planning History in the United States*, New Brunswick, New Jersey : Rutgers University Center for Urban Policy Research.

LeGates and F. Stout (eds.). (1998). *Selected Essays*, London : Routledge/thoemmes.

Leuchtenburg, William E. (1963). *Franklin Delano Roosevelt and the New Deal*, New York : Harper & Row.

Levy, John M. (2003). *Contemporary Urban Planning*, 6th ed., Upper Saddle River, New Jersey : Prentice Hall.

Marsh, Benjamin C. (1909 & 1974). *An Introduction to City Planning : Democracy's Challenge and the American City*, New York : Arno Press.

Merriam, Charles E. (1941). “The National Resources Planning Board”, in G. B. Galloway and Associates, *Planning for America*, New York : Henry Holt and Co.

Millett, John D. (1947). *The Process and Organization of Government Planning*, New York : Columbia University Press.

Millett, John D. (1959). “Planning”, in F. M. Marx (ed.), *Elements of Public Administration*, 2nd ed., Englewood Cliffs, New Jersey : Prentice-Hall.

Olmsted, Frederick Law. (1870). *Public Parks and the Enlargement of Towns*, Boston, Mass. : American Social Science Association.

Peterson, John A. (1983). “The Impact of Sanitary Reform upon American Urban Planning,” in Donald A. Krueckeberg, (ed.), *Introduction to Planning History in the United States*, New Brunswick, New Jersey : Rutgers University Center for Urban Policy Research.

Peterson, J. A. (1983). "The City Beautiful Movement : Forgotten Origins and Lost Meanings," in D. A. Krueckeberg (ed.), *An Introduction to Planning History in the United States*, New Brunswick, New Jersey : Center for Urban Policy Research.

Newman, Oscar. (1973). *Defensible Space : Crime Prevention Through Urban Design*, New York : Macmillan Publishing Co.

Reps, John W. (1965). *The Making of Urban America*, Princeton, New Jersey : Princeton University Press.

Reps, J. W. (1991). *Washington on View : The Nation's Capital since 1790*, Chapel Hill : University of North Carolina Press.

Scott, Mel. (1965). *American City Planning Since 1890*, Berkeley, CA : University of California Press.

Schlesinger, Arthur M. (1958). *The Coming of the New Deal*, Boston, Mass. : Houghton Mifflin.

Sutton, S. B. (1997). *Civilizing American Cities : Writings on City Landscape*, New York : Da Capo.

Ward, Stephen V. (2002). *Planning the Twentieth-Century City : The Advanced Capitalist World*, New York : John Wiely & Sons, Ltd.

United States. (1937). *Our Cities : Their Role in the National Economy*, U.S. Government Print Office.

White, D. A. (1988). "Frederick Law Olmsted, the Peace Maker", in D. Schaffer, *Two Centuries of American Planning*, London : Mansell.

Wilson, W. H. (1980). "The Ideology, Aesthetics and Politics of the City Beautiful Mivement," in A. Sutcliffe (ed.), *The Rise of Modern Urban Planning, 1800-1914*, London : Mansell.

Wood, Gordon S. (1991). *The Radicalism of the American Revolution*, New York : Vintage Books, Random House.

제11장

한국의 기획[1)]

제1절 정부수립이후부터 5·16군사혁명 이전까지의 기획

1948년 정부수립 당시 국무총리 밑에 기획처가 있어 예산을 편성하는 기능을 갖추고는 있었지만 건국 초기의 혼란상황 아래에서 개발계획을 수행할 수 있는 기능까지 갖추게 한다는 것은 매우 어려운 상황이었다.

이승만 대통령은 6·25직후 한미상호방위조약[2)]을 체결하여 국방과 안보를 챙기고 교육인프라를 대대적으로 확충하여 문맹을 퇴치하고 산업사회에 필요한 인력을 대량으로 배출하는 토대를 다졌다.[3)] 또한 농지개혁[4)]을 통해 경자유전(耕者有田)의 원

1) 이병철, 『행정기획의 역사와 이론』(울산 : 울산대학교출판부, 2006), 제12장을 재편집하여 수성을 함.

2) 1953년 10월 1일 워싱턴에서 한국과 미국 간에 체결된 조약이다. 정식 명칭은 '대한민국과 미합중국간의 상호방위조약'이다.

3) 정부예산 중 국방비(전체의 50%수준)가 가장 큰 비중을 가지고 있었고 그 다음이 교육예산(전체의 20%수준)이었다. 전후 초등학교에서부터 대학까지 교육시설 복구를

칙에 입각하여 지주와 소작 관계를 근절시킴으로써 농업부문에서의 획기적인 변화를 일으켰다. 그러나 이 당시의 경제적 수준은 아주 미약하기 그지없었다. 1950년대의 한국의 총 수출액은 3,500만 달러, 국민소득이 1인당 50~60달러에 불과한 매우 빈곤한 후진개발도상국이었다. 개발계획이 필요로 되는 상황이었지만 이를 위한 토양은 매우 척박하기만 하였던 것이다.

이러한 난맥상을 타개하기 위해 1950년 2월 23일 '경제안정15원칙'이 국무회의를 통과하여 경제안정과 사회 안정 그리고 인플레이션 수습을 위해 적용이 되었다. 이 경제안정15원칙은 일본의 경제안정을 위해 시행 중이던 '닷지(J. M. Dodge) 플랜'과 '샤우프(C. S. Shoup)의 세제권고 안'을 참고한 것이었다.[5] 그러나 이것은 제대로 시행해 보지도 못한 채 한국전쟁 발발로 사문화 되어 버렸다.

전쟁 중인 1952년 '유엔한국재건단'(UNKRA)은 한국 경제의 재건방안을 모색하기 위해 로버트 네이산에게 연구 용역을 맡

국가 최우선과제로 삼았으며 교육시설 확충을 위해 사립학교를 대대적으로 개방을 하였다. 또한 미래를 짊어질 젊은 인재들을 해외로 유학시켜 선진국의 첨단지식과 기술을 익혀오도록 하였다. 서울대와 미네소타대학 간에 계약을 체결하여 교수를 상호 교류하고 많은 학생들을 미네소타대학에 유학을 보냈다. 그리고 중고등학교 교육프로그램은 피바디(Peabody) 사범대학과 연계하여 개선작업을 하였으며 워싱턴대학과 연세대학, 고려대학 간 협정을 맺어 경영학과를 설치하여 많은 인재들을 배출하였으며 서울대 행정대학원과 국방대학원 등이 미국의 기술원조자금으로 설립되어 수월성 높은 인재들을 배출하였고 서울대 행정대학원은 미네소타대학과 계약을 맺고 미국행정학을 한국에 전파하는데 많은 기여를 하였다.

4) 대한민국 정부 수립 후 부재지주를 없애고 영세농민에게 농지를 적절히 분배함으로써 농업경영을 합리화하기 위하여 실시한 농지의 재분배와 관련된 개혁정책이다. 추진과정을 간략히 살펴보면, 정부는 1949년 6월 21일 '농지개혁법'을 공포하고 1950년 약간의 수정을 가해 대통령령 제295호로 시행하던 중 6·25로 인해 일시 중단되었다가 1951년 4월 28일 농림부령 18호 농지개혁법 시행규정으로 남한 전역에 걸쳐 실시하였다.

5) 닷지공사에 의해 제시된 닷지플랜과 샤우프의 세제 권고안은 이제까지의 보조금과 미국의 원조에 의한 경제에서 탈피하여 일본 스스로 자립경제체제로 가져가려고 하는 것이었다.

졌고 그 결과가 1953년 3월에 나 온 『네이산 보고서』로 알려진 '한국경제재건5개년계획'이었다. 이것은 1953년부터 1957년까지를 계획기간으로 하고 있었다. 내용은 한국이 농업에 집중적으로 투자를 하여 농업생산성을 높이고 증산된 쌀을 수출해서 얻은 외화로 공업화 기반을 구축하자는 것이었다. 재건계획의 중심에는 농업이 있었음을 알 수 있다.

뒤이어 1953년 7월 미국의 대한(對韓) 경제원조의 지침으로 한국정부에 '타스카3개년대한원조계획' 일명 『타스카 보고서』(Taska Report)로 알려진 계획내용이 건의되었다. 미국의 아이젠하워(Dwight Eisenhower) 대통령은 한국의 산업경제 실태를 파악하고 그 복구에 필요한 원조액을 산출하기 위하여 1953년 4월 16일 대통령 특사자격의 타스카(Henry J. Tasca)를 단장으로 하는 '타스카 사절단'을 파견하였다.

내한한 타스카 사절단은 2개월 동안 한국 경제 재건과 복구를 위한 기초적 조건과 현상의 정확한 실태를 면밀히 조사, 파악하고 기존의 유엔한국재건단의 원조와는 별도의 전후 부흥원조가 필요하다는 결론을 내렸다.

그리고 6월 15일 대통령에게 제출된 이 보고서를 통해 타스카 사절단은 아이젠하워 대통령에게 3년 간 약 10억 달러의 원조가 필요하다고 건의하였다. 그리고 이 외에 우선 미국은 한국에 대하여 상당량의 원조가 필요한 4~5개년에 걸친 새로운 방위지원과 구호재건계획을 세워야 하며 둘째, 새로운 계획은 유엔한국재건단의 재건계획이나 구급 혹은 구호 적 성격을 띤 한국민간구호계획(CRIK)[6]과 대체되어서는 아니 되며 이와 조정이 되

6) 이 원조는 미국 육군성의 예산에서 지출되는 원조와 유엔 가맹국이나 비 가맹국의 민간단체 및 개인이 증여하는 원조로 구분이 되었다. 미국 육군성이 제공한 자금에 의한 물자도입이 SKO(Supplies Korea)원조이며 민간단체나 개인이 증여하는 물자도

어야 하고 셋째, 새 계획의 자금은 MSA나 이를 계승하는 FOA를 통하여 집행되어야 하며 넷째, 이러한 증가된 원조 량을 중심으로 한 신규 계획을 순조롭게 운영하기 위하여 한국정부는 예산균형, 화폐가치의 안정 등을 목표로 획기적인 개혁을 이루어야 하고 다섯째, 이러한 물자원조와 더불어 한국인의 기술을 급속히 발전시켜야 한다는 것 등을 건의하였다.

타스카는 보고서를 통해 원조의 실시에 있어서 사업 분야별로 우선순위를 책정하여 단계적으로 사업을 진행시켜야 한다는 점도 분명히 하였다. 이러한 우선순위에 입각하여 그는 미국정부에 대하여 1954년도에 4억 달러, 1955년도에 3억 달러, 1956년도에 2억7천만 달러의 원조가 필요하다고 건의를 하였다. 또한 그는 대한민국 정부에 대해서도 3개년 부흥계획을 작성하도록 하였다.

타스카 보고서 제출이후 아이젠하워 대통령은 미국의회에 한국의 휴전이 성립된 후 발생할 미국 국방예산 절약 분을 이용하여 한국을 원조할 수 있도록 우선 2억 달러를 사용케 해 달라고 요청하였으며 이 요청은 특별법 형식으로 의회를 통과하였다.

네이산과 타스카 보고서에 의한 이 두 계획은 당시 한국정부의 독자적인 경제개발계획은 아니었다. 다만 미국의 원조당국이 그들의 대한 원조정책의 일환으로 원조의 배분과 그 방식과 관련하여 한국경제전반에 대한 부흥방침을 세워 그에 따라 원조경제를 펴나간 지침의 성격을 띠었다.

실제로 한국정부 단독의 경제개발에 대한 노력도 없지 않았다. 1953년 대통령령으로 인천의 '대한중공업공사'(현재 '인천제

입이 SUN(Supplies United Nation)원조였다. 그러나 실제에 있어 SUN은 SKO에 비하여 10분의 1정도로 규모가 작았기 때문에 CRIK원조는 사실상 대부분을 미국이 제공한 셈이었다.

철')를 국영기업으로 출범시키고 연산 5만 톤 규모의 평로(平爐)를 건설키로 하고 미국의 자금지원을 요청했으나 거절당하였다. 그러나 정부는 이에 좌절하지 않고 정부가 나름대로 보유한 자체 보유 달러로 서독 최대의 제철시설 제조회사인 '데마그사'를 통해 한국 최초의 제강공장을 건설하였다. 그리고 공장건설과정에서 많은 기술자와 관리자들이 서독에 가서 현대식 철강 산업을 배우고 돌아와 우리나라의 철강 산업의 기초를 닦았으며 이때 양성된 인력들이 '포항제철'(현재는 포스코) 건설에 참여하여 포철신화를 일구어내었다고 한다.

또한 한국정부는 경제개발을 위해 외국기업의 한국진출을 적극적으로 도왔다. 1959년에 외자도입법을 제정, 공포하여 1960년대에 석유회사인 '걸프 오일'(Gulf Oil), 비료회사인 '영남화학' 등 외국기업이 한국에 진출할 수 있는 발판을 마련해 주었던 것이다.

이 당시 한국은 해방이후부터 미국의 '점령지역 행정구호계획'(GARIOA)[7]과 1949년에 발족된 '경제원조처'(ECA)[8]의 구호적 성격을 띠고 있는 원조를 바탕으로 나라 살림을 꾸려나갔었다. 그 이후 1961년 '국제원조처'(ICA)[9]의 원조가 중단될 때까지 미국은 한국에 약 13억 달러의 원조자금을 제공하였다.[10]

그리고 정부는 이러한 자금으로 대충자금(Counterpart Fund)을 설치하고 유엔군의 전비에 충당하거나 정부 예산으로 충당하기 위해 세입으로 편입을 하였다. 또 일부 대충자금은 산업자금 화

7) 영어 원어는 'Government and Relief in Occupied Area'이다.
8) 영어 원어는 'Economic Cooperation Administration'이다.
9) 영어 원어는 'International Cooperation Administration'이다.
10) 이러한 원조자금으로 식량, 유류, 생고무, 목재 등 원자재를 도입하고 디젤기관차를 도입해서 철도교통에 혁명을 가져오고 서독 제 전화시스템을 들여와 통신서비스를 개선하였으며 AID주택사업을 통해 주거시설의 개선을 가져왔다.

하여 융자나 투자 방식으로 방출되기도 하였다. 예를 들어 중소기업 지원 자금으로 2,700만 달러와 대충자금을 묶어 400여 개가 넘는 중소기업에 대출해 준 것 등을 들 수 있다.

경제부흥을 위하여 1955년 2월 '부흥부'(Ministry of Reconstruction)가 설치되었다.[11] 엄밀히 말하면 종전의 기획처가 부흥부로 개편이 된 것이다. 부흥부는 기획과 조정을 주 기능으로 하였으며 원조업무로 많이 편중이 되어 있었다. 물론 예산편성권은 재무부 소관이었다. 이러한 기획과 예산의 이원성이 비효율성을 낳게 된다는 생각 하에 5·16군사혁명 후 집권한 군사정부에 의해 기획과 예산을 일체화하는 기구가 탄생되는데 그것이 바로 뒤에 언급하게 될 '경제기획원'(Economic Planning Board : EPB)이다.

일설에 의하자면 이승만 대통령은 처음 부흥부에 의해 제안된 5개년 계획안을 거부하였다고 한다. 여러 이유가 있지만 계획이라는 명칭과 그 개념이 공산주의 청사진 같기 때문이라는 것이 거부의 이유 중 하나였다 한다.[12] 사실 이승만 대통령이 미국의 프린스턴 대학교에서 박사학위를 받기 위해 공부 할 때만 해도 미국의 기획에 대한 일반적 정서나 학계의 일반적 시각은 사회주의나 공산주의와 동일시하는 분위기였다. 이러한 분위기와 학계의 시각에 알게 모르게 영향을 받았을 이 대통령으로서는 부흥부에 의해 제안된 5개년 계획안이 공산주의 청사진쯤으로 비쳐졌을 가능성은 충분히 존재한다고 이해 할 수 있는 것이다.

각설하고 부흥부 산하에는 산업, 경제의 부흥에 관한 종합적인 계획을 심의하기 위한 '산업개발위원회'(Economic Development

11) 부흥부는 5·16군사혁명 직후 건설부로 개칭을 하였다.

12) 장기 경제개발 계획안을 보고 받은 이승만 대통령은 "아니, 불구대천의 원수 스탈린의 방식을 따르자는 것인가"라고 힐책하여 이 계획을 묵살하였다고 한다. 조갑제, 『내 무덤에 침을 뱉어라』, 제3권 (서울 : 조선일보사, 1998), 238쪽.

Committee)를 1958년에 두었으며[13], 여기서 한국 최초의 정부주도 적인 경제개발을 이끌어 가기 위한 '경제개발 7개년 계획' 중 전반 3개년 계획을 작성[14]하여 1958년을 기준연도로 하여 1960년부터 1962년에 이르는 기간을 계획기간으로 하는 '제1차 경제개발3개년계획'이 1960년 4월 15일에 국무회의를 통과하였다.

이 계획이 가지는 의미는 한국 경제에 있어 경제성장, 투자 및 생산, 고용 그리고 국제수지 전반에 걸친 계획목표와 방향을 제시하였다는 점에서 한국경제의 자립의지를 최초로 계획화하였다는 평가를 내릴 수 있는 것이다. 또 이 계획의 특징은 농업과 공업의 균형, 중공업과 경공업의 조화, 국제수지균형 등 소위 한국경제의 자립적 균형성장을 개발전략으로 하고 있다는 것이다. 그러나 이 계획이 통과된 지 나흘 후 이승만 대통령이 이끌던 제1공화국을 붕괴시킨 '4·19 학생의거'가 터지는 바람에 이 계획은 실행이 되지 못하였다.

여기서 하나 집고 넘어갈 것은 이 당시 경제개발계획을 작성하는데 금전적인 어려움뿐만 아니라 많은 기술적 어려움도 있었다는 점이다. 사실 장기개발계획모형을 설계하고 작성하려면 이와 연관된 전문지식이나 통계관련 기술 등이 필요로 된다. 예를 들어 어떤 공장을 지을 경우 전후방 연관 산업이 어떻게 발전을 해 가느냐를 파악하기 위해 '산업연관분석표'(Input Output Table : IOT)의 작성이 가장 중요하다. 그러나 당시의 우리 수준으

13) 박동묘, 주원, 이면석, 황병준, 안림 등 22명의 위원 외에 보좌요원, 촉탁, 고문 등 각계각층의 인재들과 외국 유학에서 돌아 온 인재들 그리고 미국 오리건 대학의 교수 다섯 명 등이 경제개발계획의 수립에 도움을 주었다.

14) 원래 7개년 계획을 예상하였으나 경제개발계획을 세워 본 경험도 없고, 미래예측지수도 불투명해서 중간에 목표를 수정하였다. 7개년 계획을 목표로 하되 우선 1단계를 3개년으로 하였고 2단계 작업을 그 이후 년도로 잡게 하였다. 즉 3개년 계획을 작성하고 그것을 시행해 나가는 과정에서 얻은 경험을 살려 통계미비에서 오는 오차를 고쳐나가면서 2단계 계획을 작성하고자 한 것이다.

로는 이런 분야의 전문지식이나 통계가 불비(不備) 하여 이것이 거의 불가능하였다. 그러나 1960년대 초에 한국은행 조사부에서 한국 최초의 산업연관분석표를 작성, 발표를 하였고 이것은 경제개발계획을 수립하는데 많은 도움을 주게 되었다.

4·19 학생의거를 통해 새로이 들어선 민주당 장면정권은 그 해 9월에 제1차 경제개발5개년 계획을 정부시책으로 실시하겠다고 발표했다. 이 계획안은 자유당 시절 부흥부 산업개발위원회에서 수립한 1962년부터 1966년까지를 계획기간으로 가지는 '제1차 경제개발5개년계획(시안)'이었다. 이것은 앞선 자유당정권에서 작성한 '경제개발3개년계획안'을 비판적으로 검토한 뒤 새로 수정 작성한 것이었다. 이러한 계획노력의 선두에는 부흥부의 이기홍(李基鴻) 기획국장이 중심이 되어 있었다.

이 계획을 만들면서 정부는 미국 아시아 재단의 자금 지원을 받아 랜드연구소(Rand Corporation)의 울프(Charles Wolf)를 초청하여 자문을 받았다. 울프를 주로 상대한 사람은 이기홍 국장과 이한빈(李漢彬)이었다.[15] 계획안이 성안이 되자 장면정부는 이 경제개발계획을 추진하기 위한 재정지원을 미국 측에 요청하였다. 장면 총리는 '원조 요청 각서'를 미국정부에 제출하면서 내정(內政) 개혁의 단행, 국방비 부담의 축소, 대일(對日) 국교정상화를 약속하고 1961년에서 1965년간 소요 될 4억 2천만 달러의 지원을 요청했던 것이다.[16] 그러나 미국 정부 측의 반응은 냉담했다.

이러한 어려운 과정을 거쳐 탄생한 장면 정부의 경제개발 계획안은 '5·16 군사혁명'으로 제대로 빛을 보지 못하였다. 그러다가 경제개발을 통해 정치적 정통성을 회복하려고 한 군부와 부

15) 조갑제, 『내 무덤에 침을 뱉어라』, 제3권 (서울 : 조선일보사, 1998), 238-239쪽.
16) 『앞의 책』, 238쪽.

홍부 출신 행정 관료들에 의해 1962년 군사정부에 의해 주도된 제1차 경제개발5개년 계획에서 빛을 보게 되었다.

'5·16 군사혁명'으로 정치권력을 장악한 박정희 정부는 경제개발계획기간 내내 민간 기업을 기반으로 하는 개발전략을 추구하였다. 즉 기업들에게 수출을 장려하기 위해 특혜시비도 일으키면서 강력한 정책적 인센티브를 부여해 주었다. 저금리의 은행융자지원, 수입특권부여, 외국자본 유치에 대한 각종특혜, 조세혜택 등이다. 이러한 온갖 특혜나 수혜를 받은 기업들이 뒤에 재벌로 성장하여 한국 경제의 기본 틀로 자리를 잡게 된다. 또한 정경유착이라는 고질적인 병폐가 이때부터 발생되어 한국경제에 어두운 그늘을 지게 만든다. 어쨌든 이러한 흐름 속에서 성장을 가속화하기 위해 1961년과 1964년에 화폐개혁을 하고 원자재에 대한 수입 쿼터를 완화하는 조치를 취했다.

이러한 개발프로그램들은 엄청난 자본을 필요로 하였다. 정부는 미국의 지원만으로 만족할 수가 없었다. 그래서 1965년에 한국과 일본 간의 국교정상화가 이루어졌고 이를 계기로 일본은 한국에 대하여 일제강점시기에 한국 국민에게 고통을 강요한 것과 착취한 것에 대한 보상금과 차관을 한국 측에 제공하였다. 그러나 개발프로그램들을 충족시키기엔 이것만으로는 부족할 수밖에 없었다. 그래서 박정희 대통령은 1964년에 서독(the Federal Republic of Germany)을 방문하였다. 이 결과 서독정부의 재정지원과 상업차관을 들여 올 수 있었다.

이러한 가용재원과 수출증대를 통해 한국정부의 신용도는 상승하였고 이것이 국제금융시장에서 차관을 들여오는데 매우 긍정적인 영향을 끼쳤다. 그리고 월남전으로 인한 특수는 한국경제성장에 큰 도움이 되었다. 내적으로는 잘 교육받은 질 높은 노동력과 외적으로는 한국경제성장에 순기능 적으로 작용했던 국제시장의 덕을 톡톡히 보았다.

그러나 이러한 경제성장의 이면에는 농업부문의 희생이 도사리고 있었다. 농업부문은 정부의 저곡가 정책으로 말미암아 피폐해져 있었다. 농업발전은 경제, 산업발전에 밀려 1971년까지 뒤쳐져 있었다. 그러나 1971년에 들어서면서 정부는 고 곡가 정책으로 정책방향을 선회하고 새마을운동을 추진시켜 나가기 시작했다. 새마을운동은 농촌 환경을 개선하고 농업생산성과 농가소득을 증대시키는데 목적을 두고 있었다. 이 당시의 공식적인 통계를 살펴보면 급속한 경제성장이 이루어졌음을 알 수가 있다.

제2절 경제개발5개년 계획의 역사적 변천

1960년대 초 국민경제를 계획적으로 발전시키기 위해 경제계획이 수립이 되고 이의 시행이 이루어졌다. 수출에 기반을 둔 급속한 산업화관련 프로그램들이 의욕적으로 추진이 되어 나감으로써 한국 경제의 고도성장이 이루어지게 되었다. 1962년부터 1981년까지 4차에 걸쳐 경제개발계획이 실시되었으며 1982년부터는 경제뿐만 아니라 사회복지부문까지 염두에 두는 정책변화에 따라 계획명칭이 경제사회발전계획으로 바뀌어 실시되었다.

이를 좀 더 구체적으로 시기별로 살펴보면 '제1차 경제개발5개년 계획'이 1962년부터 시작이 되어 1966년에 종결되었고 뒤이어 '제2차 경제개발5개년 계획'이 1967년부터 시작이 되어 1971년에 종결이 되었으며 '제3차 경제개발5개년 계획'(1972년에서부터 1976년까지), '제4차 경제개발5개년 계획'(1977년부터

1981년까지), '제5차 경제사회개발5개년 계획'(1982년부터 1986년까지), '제6차 경제사회개발5개년 계획', 그리고 '제7차 경제사회개발5개년 계획'(1992년부터 1996년까지)이 추진이 되었다.

이를 계획기간별로 단계적으로 하나하나 구체적으로 살펴보면 다음과 같다.

제1차 경제개발5개년 계획은 우리나라에서 처음으로 실천에 옮겨진 종합경제개발계획이었다. 부흥부 산하의 산업개발위원회에서 작성한 '경제개발 3개년계획'과 민주당정권 하에서 이루어진 '제1차 경제개발5개년계획(시안)' 등이 그 이후의 정치적, 사회적 변동으로 인해 시행되지 못하다가 5·16군사혁명 이후 '제1차 경제개발5개년 계획'으로 빛을 보며 실천에 옮겨졌던 것이다.

1차 경제개발5개년 계획은 소비지향도 아니고 석유에 의존치도 않는 자급자족 적인 산업구조를 건설하려는데 주안점이 두어졌다. 이 당시의 에너지 정책은 주탄종유(主炭從油)였다. 즉 에너지원으로써 석탄이 중심이고 이를 보조하는 수단으로 석유를 고려했던 것이다.

전기, 비료, 정유, 합성섬유, 그리고 시멘트 부문 등이 강조되었다. 그리고 농업생산력의 확대에 의한 농업소득의 증대와 국민경제의 구조적 불균형의 시정과 전기 등 에너지원의 확보, 기간산업의 확충과 사회간접자본의 충족, 유휴자본의 활용, 특히 고용의 증대와 국토보전 및 개발, 수출증대를 주축으로 하는 국제수지개선, 그리고 기술의 진흥 등이 중점 목표였다.

이 계획기간동안의 국민총생산의 연평균 목표 성장률은 7.1%였으나 실제에 있어서는 8.5%의 성장률을 기록하여 목표치를 상회하였다. 계획기간 중 1인당 국민총생산은 1960년대의 82.60

달러에서 1966년에는 126달러로 증가하여 연평균 5.6%의 증가율을 나타냈다. 그리고 산업구조는 기준 년도인 1960년에 1차 산업이 35.2%, 2차 산업이 19.2%, 3차 산업이 45.6%였던 것이 1966년에는 각각 31.7%, 25.7%, 42.6%로 바뀌었다. 2차 산업의 비중이 상대적으로 높아졌음을 알 수 있다. 그러나 질적인 측면에서 볼 때 경제구조의 개선, 자립화의 진전, 각 산업 간의 연관 및 균형발전은 별다른 향상을 보이지 않았다는 비판도 없지 않았다.

이 시기는 공업단지의 창립 및 태동기로 볼 수 있다. 우리나라 역사상 최초의 공업단지 개발에 초석이 되는 '수출산업촉진위원회'의 설치와 '한국수출산업공단'의 창립, 공단개발을 위한 근거 법을 마련하는 등 여러 가지 기초적 이고 준비 적인 노력이 경주되었다.

1964년 6월 14일 '수출산업공업단지조성법'을 제정하고 이에 근거하여 구로 공단으로 불리는 한국수출산업공업단지 제1단지를 서울 구로동에 조성하였다. 그 후 인천의 부평과 주안으로 확대되었고, 1962년 1월 27일 울산 특정 공업지구의 지정 및 공포로 인해 울산이 국가산업공단으로 자리매김을 하게 되었으며[17] 1968년 3월에는 울산에 대규모의 석유화학공업단지 조성공사가 착공되었다.

2차 경제개발5개년 계획은 산업구조의 현대화와 철강, 기계, 화학 산업을 포함하는 수입대체산업의 신속한 건설이 강조되었다. 또한 개발전략을 대외 지향적 공업화에 목표를 두고 수출의 촉진, 관세 인하, 수입제한의 완화 등의 정책을 실시하였으며 소비재의 수출증대와 중간재의 수출대체에 주력함으로써 공업구조의 고도화에 노력하는 한편 적극적인 외자도입[18]과 사회간접

17) 울산광역시, 『2008 울산시정』 (2008), 60-61쪽.

자본의 확충에 개발방향을 설정하였다.

1966년까지 생산되지 않던 화학섬유, 소모사 등이 생산되기 시작하였으며 합판, 정유, 자동차, 기계 등의 제조업이 눈부시게 발전하였다. 1967년의 2차 산업의 성장률은 20.2%였고 목표연도인 1971년에는 17.3%이었다. 즉 계획기간 중 연 평균 19.9%의 높은 성장률을 이룩하였던 것이다. 3차 산업은 1967년에 14.6%에서 1971년에는 9.8%로 되었고 연평균 12.7%의 성장률을 나타냈으며 1차 산업은 연 평균 1.6%의 성장률을 나타냈다. 전체의 성장률은 1967년의 6.6%에서 1971년에는 9.4%로 상승하여 연평균 9.7%라는 높은 성장률을 기록하였다.

또한 세계경제의 흐름이 자유무역주의의 확대로 나아감에 따라 한국도 '관세 및 무역에 관한 일반협정'(GATT)[19]에 가입하고 관세일괄인하방식(Kennedy Round)에 참여하는 등 개방체제로 적극 이행하였다. 또한 1965년 1월 베트남전 파병 결정에서부터 1973년 3월까지 8년간에 걸친 전쟁특수에 의해 한국경제의 발전이 가속을 받을 수 있었다.

1차와 2차 경제개발5개년 계획기간에 이루어진 성과는 매우 실질적이고 괄목 할 만 한 것이었다. 이 기간 동안에 앞에서 살펴보았듯이 제조업부문은 아주 괄목할만한 발전을 했는데 성장률이 15%에서 21%에 이르렀다. 국내저축률이 증대되었고 수출도 크게 신장되었다. 생산과 무역의 다양성을 강조한 새로운 경제 전략이 1970년대의 성공을 가져왔음이 판명된 것이었다. 그러나 이러한 괄목할만한 경제성장의 뒤에는 투자재의 해외의존도 심화와 그에 따른 외채의 증가, 국제수지의 악화, 기업의 부

18) 이 기간 중 외자가 14억 2100만 달러이었고 이 중 6억 달러가 1965년의 한일국교 정상화로 들어왔다.

19) 영어 원어는 'General Agreement on Tariffs and Trade'이다.

실화, 농업의 계속적 정체, 고질화된 인플레이션 등의 어두운 그늘이 남아 있었다.

제3차 경제개발5개년 계획부터는 지속적인 공업화 성장을 도모하기 위한 질적 충실화에 치중했던 것을 특징으로 하며 이로 인해 중화학공업에 대한 집중이 이루어졌고 수출 지향적인 산업구조가 강조되었다. 철강, 기계, 조선, 전자, 화학, 비철금속 등에 대한 투자가 집중되었다. 특히 철강과 정유능력은 괄목할만한 성과를 올렸다. 아연과 동을 정련 하고 현대식 조선시설을 구축하였고 자동차가 해외의 몇 개 시장에 수출되기 시작하였다. 그리고 가전(家電)분야의 발전이 이루어졌다.

이러한 경제개발계획은 세계시장에서의 경쟁력을 보다 강하게 준비할 수 있도록 모색되어졌고 특히 국산 방위산업체시설 및 장비의 생산을 가능케 하였다. 또한 중화학산업의 개발 기획가들은 이러한 새로운 산업에 원자재, 자본재를 공급하기 위해 노력했으며 외국자본에 대한 의존을 감소시키거나 배제시키려는데 힘을 기울였다. 그리고 이러한 신흥 산업은 북한과의 거리가 최대한 이격 된 한반도의 남부지역에 자리 잡게 하였다. 그리고 이러한 지역적 배려는 서울 이외지역의 경제개발과 산업화를 일구어내는데 큰 격려가 되었고 개발되지 못한 지역의 주민들에게 보다 새로운 고용기회를 창출시켜 주었다.

그러나 1971년 8월의 '닉슨 쇼크'(Nixon Shock)에 의한 국제 경제 질서의 혼란과 특히 1973년 10월에 밀어닥친 세계적 현상으로서의 석유파동(oil shock)은 한국경제에 커다란 위기를 조장하였다. 왜냐하면 한국은 에너지자원, 그 중 석유의 해외의존도가 매우 높은 나라이기 때문이었다. 그러나 외자도입의 급증, 수출드라이브 정책, 중동지역에서의 건설계약과 수주는 수지불균형의 위기를 제압하기에 충분할 만큼의 필요한 외환을 제공해 줄 수 있었다. 그러나 투자 재 조달에서의 외채비중 증대, 공업구조의 취약성, 만성적인 국제수지 적자와 인플레이션의 확대 등의 문제점은 여전히 해결되지 못하고 계속 누적되었다는 비판도 많았다.

'산업기지개발촉진법'이 1973년 제정이 됨으로 해서 산업단지 조성이 전국으로 확대 실시되었다. 이 당시의 산업단지 개발의 특징은 철강, 기계, 조선, 전자, 비철금속, 석유화학공업 등 6개의 주도 업종별 전문공업단지의 입지를 보여주는 것으로 철강공업은 포항과 낙동강 하류, 기계공업기지는 창원, 전자공업은 구미, 조선공업은 부산과 울산, 비철금속은 온산, 석유화학공업은 여천 등이었다.

제4차 경제개발5개년 계획이 발표되었다. 이 계획의 해당 년도는 1977년부터 1981년까지이었다. 수출주도의 성장위주 경제전략은 불가피하게 부수적 효과를 가져왔다. 비록 정부가 이전에 이러한 부수 효과를 충분히 관리할 수 있고 효과적으로 다양한 경제위기들을 타개해 나가기는 했지만 1978년 들어서면서 상황은 악화되기 시작하였다.

수출에 대한 강조는 국내소비재의 부족을 가져왔다. 물론 국내소비재의 부족은 임금인상과 생활수준향상에 의하여 만들어진 수요증대가 악화됨으로써 야기되었다. 소비재생산자에게 강요된 가격통제가 이러한 재화의 제조업자들을 좌절케 하였다. 이와 더불어 급속히 늘어나는 달러의 유입으로 인한 통화 공급의 증대와 이로 인한 인플레이션은 심각한 문제가 되었다. 한국은행보고서에 의하면 소비자물가는 1978년에 14.4% 상승하였다. 그러나 대부분의 관찰자들은 실제 물가상승률이 30%에 달할 것으로 내다보았다.

이러한 높은 인플레이션은 1979년까지 지속되었다. 1979년 8월 경제기획원에서 발간한 보고서에 따르면 평균 가구 당 생계비용이 전년에 비해 26.3% 상승한 것으로 나타나고 있다. 비록 임금이 전년 동안 급속히 인상(숙련 및 반 숙련 노동자부족에 의해 자극을 받아 인상이 됨)이 되었다 하더라도 임금인상은 느리게 인하하기 시작한 것이다. 1979년 8월까지 1년 동안 평균임금은 12% 상승하였던 것이 이러한 사정을 잘 말해주고 있는 것이다.

이러한 문제에 부닥친 것을 만회하기 위해 정부는 1978년 12월 내각의 경제 팀을 교체하였다. 그리고 성장률을 하향 조정하는 안정화조치를 채택하였다. 그리고 엄격한 긴축통화정책과 중공업에 투자하기로 계획된 투자 자본을 소비재를 생산하기 위해 경공업 쪽으로 전환을 시켰고 소비재의 보다 많은 생산을 유도하기 위해 가격통제를 완화시켰다. 그리고 가난한 자들에 대한 지원정책을 펼쳐 나갔다. 그러나 이러한 조치는 경기침체를 야기하였고 은행융자로 영위되던 중소기업의 연이은 파산을 결과하였고 실업을 증대시켰다. 또한 설상가상(雪上加霜)으로 1970년대 말의 정치적 격동과 1980년에 닥쳐 온 정치·사회적 불안과 흉작이 겹쳐 마이너스 성장을 기록하기도 하였다.

이 계획 동안에 정부는 세계 산업수출시장에서 가장 효과적으로 경쟁을 할 수 있는 산업부문을 중점적으로 육성을 하였다. 이러한 주요 전략산업부문은 기계, 전자, 조선과 같은 기술집약적이면서 숙련된 노동집약적인 산업이었다.

또한 정부의 계획은 철강, 석유화학, 비철금속 등 중화학공업에 커다란 비중을 두었다. 그 결과 중화학공업은 1981년에 경이로운 성장률인 51.8%를 기록하였고 수출은 전체산출의 45.3%

로 증대되었다. 이러한 발전은 수출 주 종목을 철, 철강, 조선과 같은 부문으로 선회하도록 만들었고 그렇게 할 수 있었던 데는 한국산 철, 철강, 조선 등이 낮은 비용으로 높은 질의 제품을 생산해 낼 수 있었기 때문이다. 이에 반해 1970년대 말 동안 선진국의 중화학공업은 슬럼프상태였다. 기계부문에서도 발전기, 종합기계, 디젤엔진, 건설 중장비 등에 투자가 배가되었으며 산업부문에 대한 정부의 관대한 재정지원프로그램은 기업들로 하여금 엄청난 편익을 얻도록 해줌으로써 산업과 수출 경쟁력을 증대시킬 수 있었다.

새로이 들어선 전두환 정부는 박정희 정부의 수출주도개발프로그램과 중화학산업위주의 개발프로그램에서 비롯된 모든 부수 효과로 고통을 받았다. 1980년대 초의 국제 경제 환경은 매우 비우호적이었다. 세계경제가 침체의 늪에 빠져있었고 1979년의 제2차 석유파동으로 인해 연료가격의 상승과 인플레이션이 대종을 이루고 있었다. 그 결과 수출이 매우 어려웠으며 엎친 데 덮친 격으로 정치 · 사회적 불안도 가세되었다. 그래서 앞서 지적했듯이 1980년의 경제성장률은 마이너스를 기록하였다.[20]

한국산업구조는 어느 한쪽으로 치우쳐져 있었다. 경제는 악성인플레이션으로 고통을 당했다. 많은 잠재적 구매자들이 중화학제품을 구매하고자 하는 의사가 없는 때에 과도하게 중화학산업분야에 과도한 투자를 한 것이 화근이 된 것이었다.

이러한 난관을 극복하기 위해서 전두환 정부는 경제안정화에 최우선순위를 부여하였다.[21] 그의 재임 첫 2년을 경제회복과 밀

20) 다행히 1981년에는 경제가 다시 회복세를 보였다.

21) 종전까지 경제계획의 기조가 되었던 성장을 빼고 안정, 능률, 균형을 기조로 하여 물가안정, 개방화, 시장경쟁의 활성화, 지방 및 소외부문의 개발을 주요정책 대상으로 하였다.

접한 관련이 있는 인플레이션의 통제에 투자하였다. 또한 투자의 방향은 종전의 자본집약적인 중화학공업에서 탈피하여 소비재를 생산하는 노동집약적인 경공업으로 이전을 하였다. 또한 수입규제도 해제를 하였다. 이렇게 노력한 결과인지 혹은 1986년부터 나타나기 시작한 '3저 현상'의 유리한 국제환경변화의 탓인지는 모르지만 경제는 1983년부터 서서히 개선되기 시작하였다. 경제 전문가들은 이러한 개선조짐은 엄격한 인플레이션통제조치와 세계경제의 회복에 힘입은바 크다고 진단을 내리고 있다.

1983년의 성장률은 8.1%를 기록하였다. 수출 역시 1983년 중반부터 증가를 하기 시작하였다. 1983년 수출목표는 235억 달러로 설정을 했는데 이것은 1982년과 비교해서 7.6%가 증가한 것이었다. 경제가 다시 힘을 얻기 시작한 것으로 볼 수 있는 상황이었다.

이러한 개선조짐에 힘을 얻어 1983년 12월 수정된 제5차 경제사회발전5개년 계획이 발표가 되었다. 종전까지는 경제개발 5개년 계획이었으나 이때부터 경제사회발전 5개년 계획으로 명칭이 바뀌게 되었다. 이는 목표가 경제성장의 지속과 사회발전을 통한 국민 복지향상으로 전환되었음을 의미하였다. 5차 계획의 기본방향은 물가안정의 기반구축, 국제수지의 개선, 생산성의 향상, 사회발전의 촉진, 합리적인 제도의 발전 등이었으나 중간에 수정이 이루어져 항구적 안정의 지속, 국제수지의 균형달성, 불균형의 문제해결 등이 추가로 접목되었다. 이 계획의 해당 년도는 1982년부터 1986년까지이었다.

이 계획은 다음 3년 동안 안정되고 지속적인 성장을 가져올 수 있도록 설정이 되고 특히 낮은 인플레이션을 유지하고 해외채무를 가능한 빠른 시간 내에 상환을 이루어 나갈 수 있도록 하는데 목표가 주어져 있었다. 수출은 15%까지 증가를 시키고 인플레이션은 1.8% 이내로 묶고 1인당 GNP는 1986년까지 2,325달러를 달성하고 년 성장 율은 7.5%로 정하는 것을 골자로 함도 이를 이루어내기 위한 것이었다. 실제 1985년의 실질 성장률은 7%이었고 1986년은 12.9%, 1987년은 12.8%, 1988년은 12.2%를 이루어 내었다. 그러나 해외채무는 이러한 과정에서도 커다란 부담이었다. 1985년 기준으로 해외채무는 468억 달러에 달해 제3세계 국가 중 4위를 차지하고 있었다.

이미 앞에서도 언급이 되었듯이 이 계획기간동안 정부는 중화학공업을 탈피하고 정밀기계, 전자(텔레비전, 비디오카세트 레코드, 반도체관련 제품), 정보와 같은 기술집약적인 산업으로 이전을 하였다. 정부의 계획은 세계시장의 보다 큰 수요에 상응할 수 있는 첨단기술제품들을 생산해 낼 수 있는 부문의 구축에 주된 관심을 경주하고 있다.

1986년 7월 '공업발전법'을 제정하면서 특정산업에 가능한 정부개입을 축소하고 그 동안 선별적이고 직접적인 산업정책에서 기능별, 간접적 지원방식으로 산업정책을 전환하여 민간기업의 창의성이 발휘되도록 유도 지원하는 한편 선진국 형 공업화를 위해 정밀기계, 전자, 정보통신산업을 집중 육성하였다. 또한 공업의 지방분산 및 중소공업단지의 조성에 역점을 두고 국토의 균형개발차원에서 대규모 산업단지 개발을 지양하고 대도시 공업정비를 시도하였다.

제6차 경제사회발전5개년 계획이 발표가 되었다. 이 계획의 해당 년도는 1987년부터 1991년까지이었다. 이 계획도 대부분 지난 계획 년도에 설정한 목적들을 계승 발전시켜 나갔다.

기본목표는 능률과 형평을 토대로 한 경제선진화와 국민복지의 증진이었으며 이러한 목표를 성취하기 위하여 우선 고용안정을 위한 필요성장률을 7%이상으로 책정을 하고 둘째, 공급측면에서의 성장잠재력을 8%수준으로 하며 셋째, 수요측면에서의 성장가능성을 6-8%로 책정하고 그밖에도 성장의 수출의존도 완화, 소득분배의 개선, 지역·계층 간 균형발전을 꾀하도록 하였다.

이러한 계획의 목표달성을 위해 정부는 수입자유화조치를 가속시켰고 다양한 양태의 규제를 해지하고 수입품에 대한 관세장벽을 허물어버렸다. 이러한 정부의 조치는 역효과를 완화하기 위한 것이었다. 여기에서 정부가 우려한 역효과는 통화팽창, 산업구조조정의 지연 등이었다.

정부는 지속적으로 특정한 기업이나 산업부문에 대한 직접지원을 없애나갈 것을 천명하고 실행에 옮겼으며 그 대신에 모든 산업부문에 대해 인적 자원을 훈련시키고 연구개발을 증대시키는 것에 힘을 실어주었다. 특히 이전 정부에서는 커다란 관심이 주어지지 않던 중소기업에 대해 이러한 노력을 경주하였다. 정부는 이러한 조치의 일환으로 1991년까지 GNP의 2.4%에서 3%까지 연구개발투자의 비율을 증대시킴에 의해 과학기술의 발전에 가속도가 붙기를 희망하였다.

이러한 결과 경제성장률은 목표를 상회하여 10%를 달성하였고 실업률은 2.4%로 안착됨으로써 고용안정을 가져왔으며 국내저축률은 36.1%에 이르고 수출의존도도 계획보다 낮은 26.4%로 떨어져 경제기반이 보다 탄탄해졌다. 그러나 물가는 3.3%로 억제하는 선에서 그쳤고 국제수지면에서 87억 달러의 적자를 기록하여 흑자기조 정착에는 실패를 하는 등 어두운 국면도 없지 않았다.

제7차 경제사회발전5개년 계획이 발표가 되었다. 이 계획의 해당 년도는 1992년부터 1996년까지이었으며 이 계획은 1989년에 수립이 되어졌다. 김영삼 정부 출범과 함께 수립된 경제계획으로 이전까지의 경제개발계획과는 내용과 성격이 다르다. 자율과 경쟁에 바탕을 두어 경영혁신, 근로정신, 시민윤리 확립을 통해 21세기 경제사회의 선진화와 민족통일을 지향한다는 기본 목표 아래 기업의 경쟁력 강화, 사회적 형평 제고와 균형발전, 개방·국제화의 추진과 통일기반 조성 등을 3대 전략으로 삼았다.

이 기간 동안 연평균 7.5%의 실질경제성장률을 달성하기 위해서는 기업의 소유 집중을 분산하고 산업구조조정을 원활하게 하며 기술개발·정보화를 도모하고 사회간접자본에 대한 투자를 확충시켜나가도록 하였다. 또한 서민주택 공급을 확대하고 사회보장·복지제도를 확충하여 균형발전을 함께 추구하며 개방·국제화를 위해서는 금리자유화, 농산물·서비스 시장개방, OECD가입을 추진키로 하였다. 또한 남북경제협력도 적극 추진하여 통일기반을 조성해 나가도록 하였다. 또 이 밖에 민간주도에 의해 경영효율을 높임으로써 전체 산업의 효율과 경쟁력을 높이는 공기업 민영화 등 을 실시하고자 하였다.

이 계획은 특히 전자, 신소재, 정밀화학, 유전공학, 첨단광학, 그리고 우주항공 등 고도의 첨단 기술 분야를 개발에 주안점을 두었다. 정부와 기업들은 산업의 지리학적 분포에 있어 보다 지역 균형을 가질 수 있도록 7개의 지역거점도시들을 선정하고 이 도시들 안에 고도의 첨단기술 산업단지들을 함께 건설하는 노력도 계획이 되어졌다.

이 경제사회개발계획은 1993년 3월 김영삼 정부가 7차 경제개발 5개년 계획과는 별도로 '신경제 5개년계획'을 발표함으로써 이와 겹쳐 추진됨에 따라 지금까지 7차례에 걸쳐 추진되어왔던 5개년 계획은 1996년에 사실상 종료되었다고 볼 수 있다.

제3절 경제개발기획기관의 역사적 변천

1948년 7월 17일 정부수립 시 '재무부'(the Ministry of Finance)가 발족이 되었다. 국가세제에 관한 정책의 수립, 국고 및 정부회계의 관리, 금융과 외환정책의 수립과 집행을 주 업무내용으로 하였다. 그리고 경제부흥을 위하여 1955년 2월 '부흥부'(Ministry of Reconstruction)가 설치되었다.[22] 엄밀히 말하면 종전의 기획처가 부흥부로 개편이 된 것이다. 부흥부는 기획과 조정을 주 기능으로 하였으며 원조업무로 많이 편중이 되어 있었다. 물론 예산편성권은 재무부 소관이었다. 이러한 기획과 예산의 이원성이 비효율성을 낳게 된다는 생각 하에 군사정부에 의해 기획과 예산을 일체화하는 기구가 탄생되는데 그 것이 바로 '경제기획원'(Economic Planning Board)이다.

부흥부 산하에는 산업, 경제의 부흥에 관한 종합적인 계획을 심의하기 위한 '산업개발위원회'(Economic Development Committee)를 1958년에 두었으며[23], 여기서 한국 최초의 정부주도 적인 '경제개발 7개년 계획' 중 전반 3개년 계획을 작성[24]하여 '제1차

22) 부흥부는 5·16군사혁명 직후 건설부로 개칭을 하였다.

23) 박동묘, 주원, 이면석, 황병준, 안림 등 22명의 위원 외에 보좌요원, 촉탁, 고문 등 각계각층의 인재들과 외국 유학에서 돌아 온 인재들 그리고 미국 오리건 대학의 교수 다섯 명 등이 경제개발계획의 수립에 도움을 주었다.

24) 원래 7개년 계획을 예상하였으나 경제개발계획을 세워 본 경험도 없고, 미래예측지수도 불투명해서 중간에 목표를 수정하였다. 7개년 계획을 목표로 하되 우선 1단계

경재개발3개년계획'이 1960년 4월 15일에 국무회의를 통과하였으나 나흘 후 '4·19 학생의거'가 터지는 바람에 이 계획은 실행이 되지 못하였다.

4·19 학생의거를 통해 새로이 들어선 민주당정권은 1961년 5월 부흥부 산업개발위원회에서 수립한 1962년부터 1966년까지를 계획기간으로 가지는 '제1차 경제개발5개년계획(시안)'을 가지고 있었으나 이 것 역시 '5·16 군사혁명'으로 제대로 실행되지 못하였다.

부흥부의 후신인 건설부를 폐지하고 '경제기획원'(The Economic Planning Board : EPB)을 신설하는 '경제기획원 직제 및 국토 건설청 직제안'을 공포함에 따라 1961년 7월 22일 설립이 되었다.[25)]5·16군사혁명으로 정권을 잡은 군부는 경제발전을 정권의 주요 목표로 설정하고 각 부처에 분산된 경제정책과 관련된 조직을 하나로 묶어 경제기획원을 설치하였다. 특히 경제정책을 수립하여 그 집행을 감독하고 경제부처를 종합적으로 조정하여 각 부처 간의 유기적인 협조를 이루어 가용자원을 효율적으로 사용하려고 하는데 경제기획원 설립의 뜻이 있었다.

이 기관은 1961년 7월에 발족하여 국무총리 소속 하에 두었으며 국가경제발전을 위한 종합계획을 수립하고 예산을 편성하며 투자의 우선순위를 심의하고 경제부처간의 이견 조정 및 물가안정과 대외 경제정책을 총괄하였다. 이 기관은 1948년 7월에 세운 '기획처'가 모체가 되었다. 기획처는 경제부흥을 위하여

를 3개년으로 하였고 2단계 작업을 그 이후 년도로 잡게 하였다. 즉 3개년 계획을 작성하고 그것을 시행해 나가는 과정에서 얻은 경험을 살려 통계미비에서 오는 오차를 고쳐나가면서 2단계 계획을 작성하고자 한 것이다.

25) 경제사회개발5개년 계획의 수립 등을 포함한 경제개발을 위한 종합경제발전계획의 작성 및 수립과 국가예산의 편성, 공정거래질서 확립 등 업무를 담당하였다.

1955년 2월 부흥부가 설치됨에 따라 해체되었다. 그리고 부흥부는 1960년 5·16혁명 직후 건설부로 개칭되었다. 이러한 맥락에서 볼 때 엄밀한 의미로 말하자면 경제기획원은 신설된 것이 아니라 건설부가 확대개편 된 것으로 이해 할 수 있다.

민주당 정권 하에서도 중앙기획기구를 만들어야 한다는 생각이 존재하였다. 재무부 예산국장 이한빈, 부흥부 기획국장 이기홍 등 네 사람으로 조직된 '정부기구개편 소위'를 가동시켜 이러한 생각을 현실화하려는 노력을 경주한 것이 그러한 예 중 하나라고 볼 수 있다.

5·16군사혁명 직후 정부주도하의 경제개발에 착수하기 위해 경제개발기획기구를 창설하려고 하였다. 이 당시 부흥부는 기획국, 조정국과 산업개발위원회, 지역 사회개발위원회, 국토건설본부[26]를 임시기구로 가지고 있었다. 부흥부는 혁명정부에 의해 건설부로 바뀌었으며 건설부는 재무부로부터 예산국, 내무부로부터 통계국을 흡수하였고 건설부 산하의 국토건설국은 내무부의 토목국을 흡수하여 국토관리청이 되었다. 건설부가 경제기획원으로 확대개편 된 후 국토건설청이 건설부로 승격이 되었다.

1963년 12월 경제기획원장을 국무위원으로 보하고 부총리로 격상시켜 정부 내에서의 위상을 강화하였다.[27] 이와 같은 경제

26) 국토건설사업은 주로 농촌을 대상으로 하는 수리·치수사업, 도로개수·확장사업, 사방·조림사업 등의 단기사업과 도시를 대상으로 하는 토목사업으로 구성되어 있었다. 그리고 이와 별도로 많은 자금과 기술 그리고 시간을 요하는 다목적 수자원 개발사업이 포함되었다. 이 사업으로 우선 소양강댐, 춘천댐, 남강댐 등 세 댐 건설이 계획되었다. 정부는 이 계획을 실천하기 위해 부흥부 산하에 국토건설본부를 설치했으며 본부 안에 기획부, 관리부, 기술부, 조사연구부 등 4개 부서를 설치했다.

27) 경제기획원의 권한강화와 경제기획원장관의 부총리제에 대해 많은 비판들이 있었다. 국가최고회의 최고위원들 뿐만 아니라 내각의 반대도 많았으며 김유택 당시 재무장관조차 재정과 금융의 보완관계를 들어 예산국의 이전은 전통적인 재무부기능

기획원의 위상강화는 권력의 정통성을 고도 경제성장을 통해 확립하려는 권력층의 의지의 반영이었다. 조정기능이 사실상 존재하지 않는 일본의 '경제기획청'이나 부처사이의 요구를 배분만 하는 인도의 '기획위원회'(Planning Commission)와 비교해 볼 때 경제기획원은 막강한 권한을 가지고 있었다고 평가 할 수 있는 것이다. 이후 경제기획원장이 경제부처를 통솔하고 경제장관회의를 주재하는 제도가 정립되었다.

창립 초기에는 고도의 자율성을 갖고 경제정책 전반에 대한 계획, 집행, 조정 기능을 주도하였다. 그러나 1970년대에 들어서면서 8·3사채동결조치, 중화학투자조정 등에서 알 수 있듯이 산업 환경의 악화와 유신체제에 대한 저항, 그리고 안보환경의 급격한 변화로 경제정책의 주요기능은 권력의 핵심인 청와대가 주도하게 되었다.

따라서 제도적 자율성이 위축되었고 게다가 민간경제부문이 활성화됨에 따라 계획, 집행, 조정 기능이 모두 위축되었다. 1980년대에 들어서면서 한국경제가 국가주도경제에서 시장주도경제로 전환됨에 따라 경제기획원의 위상은 더욱 약화되어 부처 간 업무조정과 예산편성의 기능만이 남게 되었다.

그러나 경제기획원 33년을 되돌아 볼 때 이 조직이 한국 경제의 발전과 연계해 나타내 보인, 그리고 다른 나라들의 기획기구들과 비교해 볼 때 다소 특이한 조직적 특징들을 몇 개로 정리하여 살펴보면 다음과 같다.

을 없애려는 것이라면서 반대를 하였다. 또한 경제기획원장관의 부총리제 문제는 논란 끝에 법제처장이던 박일경에 의해 해결의 실마리를 찾았다. 경제기획원장관을 동등한 지위의 국무위원인 각 부장관으로 두되 내각수반이 직무를 수행할 수 없을 때는 경제기획원장관이 그 직무를 대행 할 수 있도록 하는 서열로 결론을 내린 것이다. 이 전례는 나중에 부총리제도로 확정이 된다.

첫째, 세계에 유래 없이 정부지불보증제도를 활용하였다는 것이다. 1962년 7월 18일 장기결재방식에 의한 자본재도입법과 차관에 대한 정부지불보증법을 제정한 것이 바로 이것이다. 이 중 정부지불보증법은 민간 기업이 빚을 갚지 못할 때 대한민국 정부가 이를 책임지고 갚겠다는 내용을 가지고 있다. 둘째, 경제개발 특별회계와 예산회계법을 제정했다는 것과 셋째, 경제부총리의 리더십과 경제장관회의 실시와 넷째, 월례 경제동향보고를 들 수 있다.

이러한 영욕의 33년 동안 한국 경제의 견인차 역할을 해왔던 경제기획원은 1994년 12월 정부조직개편에 따라 독립 부서로서의 위치를 상실하고 재무부와 함께 '재정경제원'으로 통합되었으며, 1998년 2월 정부조직법 개정에 따라 다시 '재정경제부'로 개칭이 되었다.

1994년 12월 23일 경제기획원과 재무부가 합해져서 '재정경제원'(Ministry of Financial and Economy : MOFE)이 되었다. 예산, 국고, 조세 등 국가재정부문운영의 통합운영이 이루어져서 정책의 일관성과 효과성은 높아졌으나 재정, 금융 등 모든 정책수단이 집중되어 정부 내 견제와 균형이라는 문제가 발생을 하였다.

이러한 문제점을 해결하기 위해 1998년 2월 28일 정부조직법 개정으로 '재정경제부'가 발족되었다. 경제부총리 제가 폐지되고 원이 부로 개편이 된 것이다. 이에 따라 재정경제부는 경제정책, 세제, 국내금융, 국제금융, 국고, 경제협력, 국민생활안정을 위한 시책을 수행토록 하였다. 그리고 재정경제원이 관장해 온 예산기능을 분리를 해서 '기획예산위원회', '기획예산처'(Ministry of Budget and Planning)를 신설하여 그리로 업무를 이관시키고 금융감독 기능은 '금융감독위원회'(Financial Supervisory Commission)로,

대외통상기능은 '통상교섭본부'로, 그리고 통화신용정책 기능은 '한국은행'(Bank of Korea)으로 업무를 이관시켰다. 그리고 '대외경제조정위원회'는 국무총리실로 이관을 시켰다. 이로 인한 조직개편은 종전의 2차관보, 4실, 4국, 15관, 65과에서 1차관보, 2실, 6국, 8관, 45과로 조직 감축이 이루어졌다.

현재 재정경제부는 중장기 경제사회개발정책개발에 책임을 지고 있고 조세, 재무, 재정, 국유재산, 외환관리, 외채관리, 외부적 경제협력 등의 업무를 관장하고 있다. 이를 좀 더 자세히 설명하면 다음과 같다.

첫째, 중장기 경제사회발전 방향 및 연차별 경제정책방향의 수립과 총괄조정을 담당하고 있다. 주무부서는 경제정책국[28]이다. 둘째, 주요 경제정책의 총괄조정을 담당하고 있다. 주무부서는 정책조정국이다. 셋째, 조세정책 및 제도의 기획입안 및 총괄조정을 담당하고 있다. 주무부서는 세제실[29]이다. 넷째, 국고, 국유재산, 정부회계, 국가채무에 관한 정책의 수립과 관리를 총괄 담당하고 있다. 주무부서는 국고국[30]이다. 다섯째, 금융정책의 기획 및 총괄조정을 담당하고 있다. 주무부서는 금융정책국[31]이다. 여섯째, 외국환 및 국제금융에 관한 정책을 총괄하고 있다. 주무부서는 국제금융국[32]이다. 일곱째, 대외관련 및 남북경제교류협력 장단기 경제정책의 개발, 기획입안 및 조정을 담당하고 있다. 주무부서는 경제협력국[33]이다.

---

28) 1948년 11월 4일 대통령령 제17호로 기획처 산하에 경제계획국으로 출범하였다.
29) 1948년 11월 4일 대통령령 제20호로 출범을 하였으며 1990년 9월 10일 대통령령 제13098호로 세제국을 세제실로 확대 개편하였다.
30) 1948년 11월 4일 대통령령 제20호로 회계국 및 전매국으로 출범을 하였다.
31) 1948년 11월 4일 대통령령 제20호로 이재국으로 출범을 하였으며 1998년 2월 28일 대통령령 제15703호로 금융정책실을 금융정책국으로 축소 개편하였다.
32) 1963년 12월 16일 각령 제1691호로 외환국을 신설하여 이재국에서 관장하던 외환관계 업무를 이관 받아 출범을 하였다.

1999년 2월 25일 경제정책조정기능을 강화하기 위해 새로이 '경제정책조정회의'를 신설하였다. 그리고 이 조정회의의 효율적 운영을 위해 재정경제부의 경제정책 조정기능을 강화하고 금융기관 인가사무는 금융감독위원회로 이관을 시켰다. 그리고 외국인투자유치기능을 산업자원부로 이관을 시켰다. 이로 인한 조직개편은 종전의 1차관보, 2실, 6국, 8관, 45과, 2소속기관에서 1차관보, 2실, 6국, 7관, 41과, 2소속기관으로 조직 감축이 이루어졌다.

2001년 1월 29일 경제정책의 총괄 조정기능 강화를 위해 재정경제부장관의 부총리 승격이 이루어졌으며 2001년 4월 21일 '공적자금관리특별법'이 제정, 공포(법률 제6281호)됨에 따라 '공적자금관리위원회'의 업무보좌와 실무지원을 위하여 '공적자금관리위원회사무국'이 신설되어 재정경제부에 설치되었다. 그리고 2001년 11월 29일 '특정금융거래정보의보고 및 이용 등에 관한법률'에 의거 재정경제부장관 소속 하에 '금융정보분석원'이 신설되었다.

이러한 체제개편을 통해 재정경제부는 경제사회발전 중장기 정책의 수립 및 조정, 조세제도 및 관련 정책의 수립, 금융정책 및 제도에 관한 정책의 수립, 국고 및 국유 재산에 관한 사무의 관리, 외환 및 외채관리 정책의 수립, 대외경제협력에 관한 정책 수립, 국민생활안정을 위한 시책의 발전 등의 사무를 관장하게 되었다.

33) 1983년 8월 3일 대통령령 제11185호로 국제경제협력기능을 효율적으로 수행하기 위하여 경제협력국을 신설하였다.

::참고문헌

강인재 · 이달곤 외. (1998).『한국행정론』, 서울 : 대영문화사.

김신복. (1999).『발전기획론』, 서울 : 박영사.

박문옥. (1969). "행정과 경제", 이한빈 외,『한국행정의 역사적 분석 : 1948-1967』, 서울 : 한국행정문제연구소.

박정재. (1971).『한국경제 100년 : 한국경제의 근대화과정』, 서울 : 한국생산성본부.

울산광역시. (2008).『2008 울산시정』.

이한빈. (1968).『사회변동과 행정』, 서울 : 박영사.

조갑제. (1998).『내 무덤에 침을 뱉어라』, 제3권, 서울 : 조선일보사.

차동세 · 김광석 편. (1995).『한국경제 반세기 : 역사적 평가와 21세기 비전』, 서울 : 한국개발연구원.

최병선. (1989). "정치경제체제의 전환과 국가능력 : 경제자유화와 민주화를 중심으로",『한국정치학회보』, 제23권 제2호.

최신융 · 강제상 · 김선엽 · 임영제. (2005).『행정기획론』, 서울 : 박영사.

Economic Planning Board. (1961). *Monthly Economic Research*, Vol.6, No.3.

http://www.mofe.go.kr/about/about__03__.html

http://www.mpb.go.kr/servlet/loadmenu?menuFlag=k114

찾아보기

(ㄱ)

(ㄴ)

(ㄷ)

(ㄹ)

(ㅁ)

(ㅂ)

(ㅅ)

(ㅊ)

(ㅋ)

(ㅌ)

(ㅎ)

이름찾기

(ㄹ)

(ㅁ)

(ㅂ)

(ㅅ)

(ㅇ)

(ㅈ)

(ㅊ)

(ㅋ)